多情漫作他年忆

苏曼殊传

赵冠舒 著

南方出版传媒
花城出版社
中国·广州

图书在版编目（ＣＩＰ）数据

多情漫作他年忆：苏曼殊传 / 赵冠舒著. -- 广州：花城出版社，2019.10（2020.1重印）
ISBN 978-7-5360-8884-9

Ⅰ．①多… Ⅱ．①赵… Ⅲ．①苏曼殊（1884-1918）—传记 Ⅳ．①K825.6

中国版本图书馆CIP数据核字(2019)第160252号

出 版 人：肖延兵
责任编辑：黎 萍 蔡 宇
技术编辑：凌春梅
封面设计：介 桑
封面插画：姚炫妃

书　　名　多情漫作他年忆：苏曼殊传
　　　　　DUO QING MAN ZUO TA NIAN YI SU MAN SHU ZHUAN
出版发行　花城出版社
　　　　　（广州市环市东路水荫路 11 号）
经　　销　全国新华书店
印　　刷　佛山市迎高彩印有限公司
　　　　　（佛山市顺德区陈村镇广隆工业区兴业七路 9 号）
开　　本　787 毫米×1092 毫米　16 开
印　　张　21.75　1 插页
字　　数　318,000 字
版　　次　2019 年 10 月第 1 版　2020 年 1 月第 2 次印刷
定　　价　59.80 元

如发现印装质量问题，请直接与印刷厂联系调换。
购书热线：020 - 37604658　37602954
花城出版社网站：http://www.fcph.com.cn

序

叶延滨

　　《多情漫作他年忆——苏曼殊传》是一本值得向读者推荐的好书。这是中国现代文学史上的一位文学奇才苏曼殊的传记。在中国百年现代文学史上，苏曼殊是承前启后的人物，也是充满传奇色彩的一代名士。由于种种原因，这个曾经闪烁奇异光彩的天才作家，被蒙上历史的尘埃，不仅从描述现当代文学的各种文学史中消失，也不为一般读者知晓。苏曼殊的传奇人生和他的天才著述，是中国进入20世纪后，中外文化交流与冲撞掀起的历史大潮中一个弄潮儿的写照。苏曼殊（1884—1918），原名戬，字子谷，小名三郎，更名玄瑛，号曼殊，广东珠海市沥溪村人，文学家，能诗文，善绘画，通梵文。苏曼殊的父亲是广东茶商，母亲是日本人。苏曼殊曾入日本横滨大学预科、东京振武学校学习。光绪二十八年（1902），在日本东京加入留日学生组织的革命团体青年会。次年加入拒俄义勇队。同年归国，任教于苏州吴中公学。1903年，在广东惠州削发为僧，法名博经，旋至上海，结交革命志士，在《民国日报》上撰写小品。光绪三十年（1904），南游暹罗、锡兰，学习梵文。1906年夏，革命党人、著名汉学家刘光汉邀其至芜湖皖江中学、安徽公学执教，与在日时旧友陈独秀相遇，是年与陈东渡日本省亲未遇，归国后，仍执教于芜湖。1907年，在日本与幸德秋水等组织亚洲和亲会，公开提出"反抗帝国主义"的主旨。同年和鲁迅等人筹办文学杂志《新生》，未成。宣统元年（1909），再度南游，任教于爪哇中华学堂。辛亥革命后归国，参与上海《太平洋报》工作。1913年，发表《反袁宣言》，历数袁世凯窃国的罪恶。他一生波涛汹涌，他的命运曲折起伏，时而壮怀激烈，时而放浪不羁。他独特的生活经历和思想性格，恰是处在中西文化交流与冲荡中，一个天才作家难以逃脱的宿命。1918年5月2日，苏曼殊在上海病逝，年仅35岁。他的著述丰富而驳杂，柳亚子先生曾编辑五卷本《苏曼殊文集》，但印行较少，后少有再版，苏曼殊如珠贝沉入岁月的河床。《多情漫作他年忆——苏曼殊传》从波光月影的岁月之河中，打捞一个风云英杰的身影和传奇，实在是值得点赞。

《多情漫作他年忆——苏曼殊传》能够在今天与读者见面，不能不感谢苏曼殊家乡对这位游子念念在心。2015年1月，珠海市香洲区政协八届五次会议上，有委员提议香洲区应成立"苏曼殊文学院"以推动香洲文艺事业。这个议案得到了领导的支持和相关部门的关注。在区委、区政府、区政协和区文联的共同努力下，苏曼殊文学院完成所有注册手续，于2017年2月25日正式挂牌成立。这是一件重视文化复兴的好事，也由此提升了当地民众的文化自信，助推了对传统优秀文化的发掘和整理。以苏曼殊文学院为平台，香洲区以及整个珠海，加紧进行对苏曼殊的研究工作，并借力培养本土作家，加快步伐，开展工作。珠海市香洲区文联在资金不足、设施尚简的情况下，以极大的热情开拓局面。第九届香洲政协又责无旁贷，把香洲文史的研究编纂工作当作政协的任务和使命，以每年出版两本文史专著的速度，加快"香山记忆"文史书系的编辑出版工作。在这个文史书系中，《多情漫作他年忆——苏曼殊传》列入了2018年出版计划的重点。

作家赵冠舒是本书的作者，她是苏曼殊家乡沥溪村所在的珠海市香洲区政协文史委员、香洲区作家协会副主席。同时，她也是发掘和开拓苏曼殊文化的参与者，担任了珠海市苏曼殊文学院秘书长、珠海市作家协会副秘书长和《香山》杂志编辑。这位从吉林移居珠海的女作家，大学主修汉语言文学专业，多年从事教育工作。喜爱琴棋书画，遍读经史子集，熟悉国学脉络，精研唐诗宋词，对中国文学有较为深厚的研究和积累，同时多年来在小说、散文、诗歌方面有50余万字作品付梓。这些都为她深入研究苏曼殊打下了基础，为她完成修复和再现苏曼殊的文学形象创造了条件。

《多情漫作他年忆——苏曼殊传》以人物传记的形式，以晚清及民国初年为时代背景，梳理了苏曼殊的家庭出身和成长经历，探讨和描绘了苏曼殊的性格基调和命运轨迹，比较全面地介绍了苏曼殊在小说、诗歌、译著、绘画等方面的显著成就，叙述了他投身革命洪流的种种际遇，长卷式地展现了苏曼殊传奇而短暂的一生。

苏曼殊的经历及著述，在他生前逝后，都充满争议和迥异评价。《多情漫作他年忆——苏曼殊传》的作者不仅认真研读史料，写作上也有相当的文学功力。《多情漫作他年忆——苏曼殊传》可以说是一部文学性和史料性俱佳的传记。当然，文学界和史学界对苏曼殊经历的某些事件和他的某些作品，一直有不同的看法，因此，这本传记也是一个作家对苏曼殊的认识和理解。欢迎有不同意见的朋友对此发表自己的独到见解，从而进一步推动苏曼殊研究。

祝贺作家赵冠舒完成了一部重要的作品，也祝贺苏曼殊文学院的朋友们几年来所取得的进步。文学是一项薪火相传的事业，希望有更多的读者了解苏曼殊和他热爱的文学。

是为序。

2018年11月于北京

（作序者系诗人、作家，中国作家协会诗歌委员会主任）

目　录

多情漫作他年忆——苏曼殊传

公元1884年，清德宗光绪十年，甲申年（猴年）。

四月，因"北黎事件"亦称"观音桥事件"发生，李鸿章与法国代表福禄诺签订了《中法会议简明条款》（又称《李福协定》）。清政府遂下诏对法宣战，命令陆路方面滇桂各军迅速进兵，沿海各地严防法舰入侵。同年，清政府在朝鲜取得仁川清租界。此时，中国与欧洲之间的局势十分紧张，一大批中国商人、早期华侨将目光投向了距离中国更近、与中国关系相对融洽的日本岛。

此时，日本正值明治天皇十七年。1884年的日本神奈川县拥有一座重要的通商口岸，即县首府横滨。这里拥有日本第一条铁路线东京—横滨线。凭借交通的优势，横滨迅速发展起来。由于贸易频繁，它的街市展现了在那个混乱时代少有的繁华，各类货物囤积待售，店铺、商会、住宅、学校鳞次栉比。这里有着浓郁的东洋气息，店铺门口悬挂着各式暖帘。这种起源于镰仓时代（1185—1333）的装饰帘像是日本的一个缩影，成了日本沿袭至今的独特风景。当然，最美的风景是那些比樱花还灿烂柔美的身穿和服的日本少女，她们低眉碎步从缓步昂首的浪人身边韶秀而过的模样，总能令人怦然心动。

在横滨东部山下町一带，有一个距今有140年历史的华人居住区，属于俗称的"唐人街"。1884年这里居住的华侨三千多人，以祖籍为中国广东省的为主。广东沥溪人苏杰生与其妾大陈氏便居住于此。

苏杰生姓苏名胜，字仁章，又字朝英，号杰生，大家惯常喜欢称呼他为杰生。其父以经营进出口业起家，主要对日本出口苏杭疋头。那时的日本还不能大量生产丝绸，大部分要依靠从中国进口。苏杰生18岁时便东渡，到横滨为家族经营丝绸生意。这时日本政府察觉到丝绸的市场价值，于是大力鼓励养蚕纺丝，渐渐地也能自己生产丝绸，这就是19世纪日本"丝绸之路"的开端。日本人把从群马县富冈（当时拥有世界罕见的机械化制丝厂之地）生产出来的丝绸运送至日本代表性港口城市横滨后，再运往世界各地，进一步奠定横滨的贸易地位。苏杰生早在明治维新之前就意识到横滨将会越来越繁华，但是，从中国出口丝绸的生意已经慢慢行不通了，遂改为经营茶叶。由于经营有道，重信轻利，有孟尝之风，渐渐地，苏杰生在横滨有了影响力，于华人中声名颇佳，因而被山下町三十三番地一家英国人经营的万隆茶行聘为买办。其时，苏家在山下町已算大户人家，以旺族之姿立于华人之中。

苏杰生的宅邸十分别致，具有十分典型的平安时代风雅清丽之风。日本的古建筑颇受大唐审美情趣影响，屋宇的设计虽不似中国古建筑那般高大，却也蕴含着诗意，明暗流转，轻重相间，简洁不乏精致，植物与建筑在空间中交织，日星更迭、光影变幻，带来流动的美感。这样的居所无论在视觉还是心灵上都使人感觉极美，苏杰生带着两个妾在此生活得颇为自在。他的正妻黄氏尚留在广东老家，为其养育二子一女，妾陈氏暂无所出。不同于当时许多中国人有排斥外族的想法，他深深迷恋柔顺的日本姑娘，于是在日本纳了小他三岁的河合仙为妾。这是一个极具柔情的女子！她性情纯良，稳重温和，从不乖僻，平素看似懵懂无知，却也总能在恰当之时显出别具一格的聪慧。苏杰生对妻妾的要求素来不甚严格，时常奔波在外，回来得到河合仙的侍奉，倒也认可她细心周到，有中国妻妾不可比的好处。因此，他对河合仙宠爱颇多。长此以往，陈氏妒心大起，惯会欺辱河合仙，家中纠纷起而不休。苏杰生在华人生意圈里虽是个举足轻重的人物，但在家中性情温和，难以平息妇人之怨，久之日渐惧内。又因家规不容外族妇，无奈之下，他为河合仙在他处另寻了一处住所，虽不及本邸这样精致，但也算重金买下，不失典雅精致。

日子似乎又平静了下来，苏杰生渐得喘歇。然而，河合仙和大陈氏皆一直无所出，他的内心因郁积烦闷而愈觉空落。这些年，他身边虽不缺妻妾伴身，却从未有过海誓山盟的冲动。苏杰生一直在默默地寻觅着不同的女子，终于遇到了一个令他神魂颠倒的红颜——河合叶子。

叶子的出现使他三十几年生命里出现了没有过的内心激荡。她是河合仙的胞妹。初见叶子时，他正厌恶陈氏的刁蛮，跑来河合仙这里躲清净。一进门便看到叶子站在院前的几竿竹子下，穿着藕色的振袖和服，浅碧色的八寸带打成灵动的结，她包裹在宽大的衣衫之中，露出仙鹤般的颈，白嫩的皮肤泛着吹弹可破的光泽。见到苏杰生，她局促地低下头俯身行礼，高高的发髻上青色的绢簪垂下细碎的流苏，轻漾在她绯红乍起的腮庞上。苏杰生忍不住走上前，伸手拂开那细碎的流苏，轻声问道："你是从哪里来的？"

"御主人，这是舍妹叶子。"

河合仙不知何时已站在廊下，苏杰生看向她，有些不好意思地缩回手："原来是这样。"他的声音已然有些沙哑阻塞，身旁的叶子梨涡轻漾，浅笑着唤了声"姐姐"，便闪入屋中。苏杰生知道，平日在家，河合仙很少这么正式唤自己为"御主人"，惯常用的称呼是"老爷"，或随日本习俗叫"旦那"。今日直呼"御主人"，想必是看到了自己刚才的失态而有提醒之意。他有些莫名的不满，淡扫了一眼河合仙便进屋去了，未再理会她。

连着几日，苏杰生都没有去商会，总赖在榻上饮茶，若有若无地看向院子里。河合仙带着她的妹妹叶子正在那里做家务。家中虽有仆妇，但一些家务河合仙还是会勤劳地亲自操持。

苏杰生感慨：为何叶子每一日都那么美呢？有时路过她的身边闻不到脂粉的香气，而是几分松枝的清香。他常闭了眼，伸出手，仿佛摸到了她鬓边青色的绢花流苏。

家中上下似乎都察觉到了苏杰生对叶子的眷恋，叶子每每于苏杰生面前泛出的了无因由的羞涩，就是明显的诠释。一种微妙的气氛笼罩着苏家。

每一次路过叶子的房门，他都有忍不住想要向内窥探的冲动。一夜，不知是有意还是无意，叶子更衣时房门竟留了一条缝隙，那雪色的柔荑无意间抚过沉璧般的肩头，像是小猫的爪子细碎地挠在苏杰生的心头。他赫然发

现叶子的胸口有一颗樱桃色的朱砂痣。家乡有传说，胸有朱砂痣的女子必生贵子。苏杰生站在廊下，见叶子像是初绽的桃花，浑身泛着如月的光泽，窗外的微微细雨像是爱人沉醉的呢喃，他像着了魔般猛地拉开叶子的房门。叶子低低惊呼出声，苏杰生反手迅速拉上门，快步上前捂住她的嘴，紧张地说："别慌，是我！"叶子小鹿般的眼神，让他的血一下子奔涌上头。什么也顾不得了！他抓住她的手急切地问："叶子，我的叶子，做我的女人好不好？"叶子像是惊呆了，又像是羞怯，苏杰生试探性地吻上了那樱瓣双唇，在叶子的半推半就间苏杰生度过了从未有过的陶醉一夜。

河合叶子成了苏杰生的女人。这种事在中国会令人觉得非常不可思议，甚至羞于启齿，但在当时的日本，却并不罕见。日本人深受中国文化的影响，在中日甲午战争之前，对中国人十分尊重甚至崇敬，能属于中国男人是一件荣耀的事。

日本自古有"访妻婚"的习俗，与中国云南摩梭人的走婚相似。男子求婚时在女家门户外唱求婚歌，女性会唱答歌，这种方式称为"歌垣"，若女子答允，则会留男子过夜，称为"夜这"。天明男子离开，第二夜男子若还有意于此女子，便还复相会，无意则不再来。由此，一个男人可以有多个配偶，男方只在经济上有支持妻儿的责任，据说甚至可以计日付钱，这无疑类似于"权妻""外妇"。日本早在大和时代就产生了"访妻婚"的习俗，直到平安时代，延续了一千多年，之后仍然在民间存在，至明治维新后才渐行绝迹。

叶子虽成了苏杰生的女人，但他却没有正式纳她为妾。苏家也算大家族，苏杰生深知自己的行为有悖族规，会为长辈们所不容，因此，并未给叶子名分，也未将此事传信回广东沥溪村的苏家。

叶子不久便有了身孕，姐姐河合仙生性温婉，又加姐妹情深，倒也周到体贴地照顾她。怀孕五个月时，也依照日本习俗"束腰"。这一日，本该邀请一些近亲为她庆祝，并向他们散发红豆饭和年糕，等于公布一个小生命的存在，承认他即将拥有出生权。但河合仙并未敢将此事告知父母，因此只请了些邻居友人来为叶子"束腰"庆贺。待得叶子产期将近，河合仙不免愁苦。日本虽同中国一样认为生孩子是一件喜事，但生产却被认为是"赤不净"，因此，女人在生产时都会被送回娘家，尤其是第一胎。但叶子的情况河合仙不敢告知父母，恐遭父母捶打，引他们悲伤，因此只得求苏杰生让她们搬出宅子，在外另找居处生产。苏杰生为她们在临街找了住所，终于安顿下来，等待小生命的降生。

1884年10月9日，河合叶子顺利产下了一名男婴。因苏家暂未认这孩子归宗，遂取了个日本名字：宗之助。这个孩子就是本书的主人公，日后在文坛上大名鼎鼎的苏曼殊。

苏杰生对这个儿子的降生既喜悦又烦闷，他膝下单薄，能添一子必然是大喜，但他顾忌家中长辈和正妻恼怒，一直未敢言说，难免烦闷。

叶子生下孩子后，因家中父母多次来信催嫁，在孩子仅三个月时便含泪离开了。苏杰生一直忘不了自己对叶子的爱，忘不掉她胸口的那颗朱砂痣。胸口有朱砂痣的女子会产下贵子，现如今叶子离开了，这个孩子将来极可能是大有作为之人，而他却无法给他一个身份。善良的河合仙在这个时候，又一次体谅了她的丈夫，她决定亲自抚养这个孩子。苏杰生在云绪町一丁目五十二番地为他们找了新住处，开始了平静的生活。

苏家的族谱上这样记载着：

> 苏杰生，有妾河合仙（1849—1923）无生育，姘河合叶子（1866—？）育有一子曼殊（1884—1918）。

苏曼殊，便是将来在清末民初的中国文坛产生了巨大影响的人物。他能诗擅画，通晓汉文、日文、英文、梵文等多种文字，曾投身革命，与孙中山、陈独秀、章太炎、宋教仁、蒋介石、鲁迅等皆相识，在诗歌、小说等多个领域颇有建树，被誉为"古典诗最后一座山峰"。他的一生令后人迷惑、仰慕、怜悯不休。

　　年幼的苏曼殊随姨母河合仙一起生活，开始了他苦难但却传奇的一生。这世上有些人生来就不是为了享福的，他们从出生起就拥有了常人没有的际遇，自然也要承受常人没有经历过的苦痛。年幼的曼殊因生母孕育他时就处在担忧隐忍的惶惑中，从娘胎里就先天不足，出生后更是病痛不断，两岁时，甚至几乎早夭。

　　河合仙一直没有生育一儿半女，她极尽心力地照顾着小曼殊，在很多个西风萧萧落、叶纷飞的夜晚，看着在生死线上挣扎的孩子，垂泪至天明。河合仙哀伤地想：是谁说过，所有受过的苦都因前世的亏欠。难道她与苏杰生隔着千山万水，国界种族，前世也牵连在一起对他有过亏欠吗？

　　河合叶子听闻小曼殊多病，亦是更加忧心。这个女子是至今唯一一个与苏杰生有过海誓山盟的人，可是她那荼蘼的花期已过，曾经的烂漫与美好掩埋在了乡下朝暮一样的风景里。她甚至写信给苏杰生，称愿意继续做他的"权妻"，她宁可每夜在屈辱中陪伴苏杰生，也不愿胸口的朱砂痣从此埋葬在家乡寂静的衰草中。人言"花红易衰似郎意，水流无限似侬愁"，这个曾在竹影下让苏杰生魂销情怯的女子，如今也抵不过族法的束缚，甚至抵不过陈氏的跋扈。苏杰生没有复信给叶子，他将信笺退了回去，又因心内不忍，托人送去了些钱财加一对珐琅珠花簪子作纪念，算是了断这一段不伦的恋情。

　　"雨歇梧桐泪乍收，遣怀翻自忆从头。摘花销恨旧风流"，一切都将烟消云散了吗？可怜的叶子收到退回的信笺，几近断了生念，又见那簪子艳色醉人，想着苏杰生到如今还能送此定情时常用之物，定是有难言之痛，便在情断与情痴中徘徊纠结。在百般折磨中，她娇艳的生命迅速地枯萎下去。重病时，她写信给自己的姐姐，言尽愧疚之意，并在信中附写了一首和歌，希望姐姐务必转交至苏杰生：

败壁荒山里，频年寂寂春。

愿君怜抚子，叨沐雨露恩。

河合仙意识到她的妹妹与这个可怜的孩子，都有可能在某一夜离开她，想到姐妹二人的不幸遭遇，本欲回信给叶子令她务必振作，以图来日相见，可笔墨未落便引出泪雨涟涟，心头哽咽。苏杰生在门缝处见到河合仙的哀痛，内心除了怜惜，还有身为男人的挫败感。他决定为她们姐妹，为这个垂死的孩子做些为夫为父者当为之事。

夏气清朗，春寒渐退，小曼殊终于熬过了严寒，身体日益好起来。叶子频繁收到姐姐的信笺，知道孩子的身体日渐康复，自己也慢慢地从这段苦痛的感情中走了出来。家中父母见她愁眉渐展，欣慰不已，忙着替她寻觅良缘。叶子的新婚事，比预想的还要令人满意。男子是一名海军军官，他与苏杰生一样，仅第一次见面，就被叶子的温婉娇弱深深吸引，不久就正式提请迎娶叶子。婚后，叶子随丈夫去了东京。至此，"苏杰生"这个名字，只在午夜梦回时独自供她泪湿枕衾，再未与人提起。

1886年的重阳是一个好日子。苏杰生的正妻黄氏受丈夫之命，安顿好家乡沥溪诸事，赴日本与丈夫团聚。夜深，皓月高悬。苏杰生向妻子坦陈了在日本的所作所为，直到天边朝霞微露，方在黄氏的安抚中入睡。

黄氏是典型的中国式主母，做事沉稳，敦厚慈善，当然也拥有比妾室陈氏更深远的眼光。她知道自己虽为丈夫生下两个儿子，但小儿子苏煜却早早夭折。目前丈夫虽有一妻两妾一姘，但膝下空虚，身为正妻自然无法向父母宗伯交代。如今得知杰生尚有一子沦落在外，生母改嫁，心中自然有了考量。

第二日，陈氏早起，恭敬地为黄氏梳妆，黄氏少有疾言厉色，却就着陈氏梳头落发的由头，拿她做筏子训斥一番后，复言："你为妾常有不恭，妒言怨语频生，以致河合氏携幼子有家不得归！"陈氏争辩河合氏乃异邦之女，卑贱不得入我宗籍。黄氏不容她诡辩："即便异邦蛮女亦是老爷所选，入不入得宗籍不由你一妾室分说，自有父母尊堂、宗伯长辈定论。况已有子嗣乃我苏家香火，怎可因你欺凌沦落在外！"陈氏知道自己人微言轻，见黄氏已有怒容也不敢分辩，机敏圆滑地赔尽不是。不到晌午，她便带着几名仆妇，连着疋头、茶叶、银钱随着黄氏去了河合仙的居处。

河合仙初见黄氏难免紧张，礼数必定周到恭敬。黄氏也不与她多言，寒暄之后言明要带走孩子。河合仙自然舍不得，黄氏安抚她只是带孩子去小住几日，若想孩子随时来领。她见河合仙有所松动，又温言相劝："况且你身为人母，自然懂得认祖归宗的要处。孩子若真能随我长住，也未尝就不是你的夙愿。"河合仙见黄氏为人温和有主母严正之范，想起自己时常为了苏曼殊不能名正言顺地长在苏家而心生遗憾，便强忍不舍，反复交代孩子体弱，饮食衣着各方面的注意事项，方送至门外，目送一行人在街角离开。

黄氏这次在苏杰生去商会不在家时，带着陈氏一同接回了苏曼殊，让苏杰生甚为欣慰。只是黄氏言明孩子乃骨血至亲，不得怠慢，而河合氏毕竟是异邦之女，暂且养在外不可少了衣食用度。苏杰生虽知河合仙乃他正式迎娶的妾，但黄氏接回孩子已甚得他心，眼下也不好多说什么，便同黄氏、陈氏带着苏曼殊一同住在山下町。

有黄氏庇护，苏曼殊的日子还算如意。仆妇们除畏惧主母，也念昔日河合仙待她们宽厚，常亲自陪她们做家务，吃穿上对孩子也就格外上心。就这样，曼殊的身体一天天康健起来，也能像其他孩子一样调皮捣乱。偶尔，苏杰生也会搬搬家法之词吓吓他，但从不真的动手打骂。

苏家在黄氏的操持下过了一年平静日子，苏杰生每至河合仙处也会带着苏曼殊。黄氏虽然待苏曼殊很尽心，但总不如河合仙倍加疼爱，孩子在心里依然坚定地认为河合仙才是他的母亲。

河合仙很少在苏杰生面前提起叶子，苏杰生也很少会想起她。他开始习惯将苏曼殊认知成他和河合仙所生。日子似流水，短短四年就将曾经的刻骨柔情忘却了。这世间青春年华都注定是要付诸流水的，再深再重的长情在时光面前也难免会被打磨得索然无味，苏杰生对叶子的形象开始模糊，更遑论记得她曾寄给他的和歌。如今他每日思考的大多是商会的买办生意、家中陈氏的刁钻，以及如何能开枝散叶多添几子。他所有的想法都更像是一个男主人，一个淡漠的有些惧内的中国家庭的老爷。何况他也真的不年轻了，如今他已过不惑之年，家族的兴衰才是他最该考量的事，至于女人，只要青春貌美、温婉贤淑便好，除此，似乎世间的女子都是一样。

与苏杰生不同的是，河合叶子从未忘却他。女人似乎天生要比男人懂得长情，她从未忘却当初是多么期盼能名正言顺地留在他的身边，她忘不了苏杰生那双温热的手，忘不了他拂去她鬓边绢花流苏，温柔地问她："你是从哪里来的？"

几年时光过去，丈夫虽对叶子礼遇喜爱，但她的心里始终忘不了那个多情的中国男人。他的身上没有日本男人的生硬，由里而外散发的都是柔和的君子之风。当然她也明白，桥归桥路归路是他们的宿命，只是即便情能深埋，母子骨血却无一日可以淡化。终于，她鼓足勇气写信给河合仙，想要接孩子去小住。

这一封信无疑似一枚炸弹丢进了苏家平静的生活，黄氏自然是坚决反对。黄氏担心苏曼殊太小离家奔波身体吃不消，更为担心的是河合叶子接了孩子就不会送回。她远在东京，丈夫又是海军军官，到时他们当真不归还孩子，在这异国他乡，他们苏家就是再富有也是势单力薄的，况且民不与官争的道理在哪个国家都应是一样的。大陈氏相比黄氏要目光短浅得多，她极力同意苏曼殊能与叶子母子团聚，因她对这件事的想法要简单得多。她心想：能把这个碍眼的野种赶出苏家，又让黄氏少了个依靠，对自己是再划算不过的买卖。于是她吹起枕边风，劝苏杰生要顾念母子情分，怜悯叶子十月怀胎之苦，况且说好是小住不几日便送回了。

苏杰生在陈氏的聒噪中又隐约想起了叶子的朱砂痣，那是他生命里仅有过的一点嫣然。虽然如今他已过了儿女情长的年纪，但是曾经的痴迷必定还留有余念。于是，他不顾黄氏的反对，让河合仙带着孩子去见叶子，并附上丰厚的银钱算是补偿对叶子的亏欠，只是让河合仙必须对叶子言明：这是

第一次也是最后一次让他们母子相见，日后各自安好，不必挂念。苏杰生认为，这样做是对这段孽缘最好的了却。

山高水远，从此萧郎是路人。

苏曼殊随着河合仙带着一名仆妇，穿着黄氏为他准备的昂贵的男式袴去东京与他的母亲相见。虽然母子情深，河合叶子见到孩子难免失态地拥着孩子痛哭，但始终克制着以"姨母"的身份陪伴他。幼小的孩子突然有了一位对他倍加疼爱的"姨母"，又离开了黄氏的管教和陈氏的冷眼，张开他幼小的翅膀度过了一段难得的惬意时光。

成年后的苏曼殊对这段记忆十分模糊，他至死也不知道这位"姨母"便是他的生身母亲。不然的话，他一定会珍藏这段时光的更多记忆碎片，一片也不肯轻易丢弃。在后人看来，这便是苏曼殊最为让人唏嘘怜痛之苦。天地人伦，这种际遇于千万人中恐亦不多。

成年后的苏曼殊唯一能清楚记得的就是在东京时，姨母曾带自己出门玩耍，他曾在公园见到石狮子。叶子告诉他："雄狮一头金色卷毛，振声长吼，四面皆响。它迈开步子，威风凛凛，目光无惧于任何人。钢鞭似的长尾不断地挥舞，真是好不威风！更有那幼狮憨态可掬，走起路来，像极了醉汉，摇摇晃晃，粉粉团团，好不可爱！"

石狮子给年幼的苏曼殊留下了深刻的印象。回家后，他凭着记忆画了一只狮子，大家看到后无不惊叹：极为相像，神态毕现。或许是周围人的鼓励，也是天性热爱，这只狮子便是日后一个伟大画家人生中的第一幅作品。它像是一颗种子，让成年后的他可以在一次次希冀与离别中，在盈盈一水间，或是芳草天涯岸，抬笔画出他心中的苍松、孤山、过客、流云。

苏曼殊在东京的特别经历除了绘狮子，便属见到了奈良的裹头法师。奈良县是日本较有名的古城，位于日本纪伊半岛中央，古称大和，是一个内陆县，它是日本历史和文化发祥地之一。这里佛教文化发展较好。日本在唐时就有著名的空海法师与最澄法师随遣唐使入唐学法，他们辗转到长安，后拜在青龙寺惠果法师门下，得其倾囊相授，直至惠果法师圆寂，又四处参学，留唐两年多方回国。回日本时他们携回大量的佛教经典，对此后的日本佛教产生重大影响。

4岁的苏曼殊遇见奈良的裹头法师，时常效仿他的装束将自己扮成和尚的样子，又加上他幼时便少言语性沉静，成年后遁入空门，是不是因了童年的际遇而终修的果？

很快，苏曼殊归家的期限到了，河合叶子肝肠寸断，知道此一别母子再见无期。年幼的孩子读不懂"姨母"眼中的悲痛为何如此浓郁，他默默地随着河合仙回到了横滨。苏家的一位后人曾说："曼殊，自幼失怙，多病寡言，依太夫人河合氏生长江户。"

　　且来再说说苏杰生的妾大陈氏，她应当是最典型的封建社会的妇女形象之一。无论在东方还是西方，女性的地位与权利在很长一段时间与男性有着极大的不平等。男尊女卑在人类社会维持了很长一段时间，极大地扼制了人类思想的进步。尤其在中国封建传统上"妾妇之道"很长时间在社会意识领域、政治思想领域都产生了深远影响。

　　那时候，男子在婚姻上"正妻"通常由父母之命决定，而"小妾"则大多数由他们自己的喜好决定。即便是男权社会，男子想要休妻都必须有严格的"规章制度"，比如大家所熟知的"七出"之罪。因此，休妻要报父母长辈共同商讨定论；妾就不同了，妾甚至可以作为男性社交之间的礼物互送，是男人彻彻底底的附属品。

　　陈氏作为妾与河合仙最大的不同是，她有着中国传统妾室更为深刻入骨的不安全感。在苏曼殊出生后，她在1886年和1888年为苏杰生又有两次生育，但都是不如愿的女儿，分别取名为惠龄、惠芬。在苏家的族谱上只记载着陈氏女儿们嫁与了何人，连她们的卒年都没有记录。而妻黄氏所生的一女两男都有明确的生卒年，甚至黄氏长子苏煦亭的妻子，都有明确的记载。由此可见，妾陈氏在苏家的地位，她所生的女儿是连媳妇都比不上的，妾生的女儿出嫁后基本上就与苏家断了干系。

　　大陈氏内心对苏曼殊有极深的敌对意识。若这孩子真是黄氏所生名正言顺，她也便不敢有何置喙，但她认为孩子是异邦野种，尤其得不到苏家的承认，陈氏对他不由得多了几分放肆。暗地里，年幼的孩子没少遭受她的冷眼恶言。

若说陈氏的言行苏杰生一点不知是不可能的，毕竟同处一个屋檐下，一个眼神都可以是最好的人性传达。只是苏杰生性情温和，不欲因一己放荡频繁惹出家庭事端。但是，他时时思虑，如何让孩子认祖归宗，这不仅是对那段不伦之恋的交代，也是填补自己膝下空虚的失落。终于，陈氏第二个女儿的出生让他更增添了信心。虽说陈氏第二胎又是一个女儿让他难免失落，但既然都是姜室所生，小曼殊在苏杰生心中的地位与陈氏所出的孩子并无差别。这个女儿的出生，让苏家面临了又一次的失望，黄氏趁机致电广东苏家，苏家尚有一子未入宗籍，可堪考量。当时中国电报业的发展，大大节省了消息的传递时间。

早在清同治十三年（1874），在日本侵略我国台湾事件中，清王朝第一次认识"非电报不足以通消息"。此后，光绪六年（1880），中俄伊犁交涉失败，其中因消息传递不及时，中国损失惨重，清王朝从此决心建立电报通信。同年9月16日，直隶总督、北洋大臣李鸿章奏筹设津沪电报线路。10月，津沪电报总局在天津成立，任命直隶候补道盛宣怀为总办。到了苏曼殊出生的1884年，中国电报总局从天津迁往上海，陆续建成干线多条，商线官线遍布各省。

到黄氏发出电报的时候，苏曼殊已经5岁，以苏家的财力，他们已经依靠电报传信。很快，苏母就收到了消息，她内心虽有些芥蒂这个"异邦之子"，但孩子毕竟是苏家骨血，便承认了孩子的"家籍"。这一年，苏曼殊改名"戬"。苏戬便是苏曼殊第一个正式的中国名字。从此，他终于被承认是一个真正的中国人。

这一次"家籍"的承认，是作为父亲的苏杰生一次勇敢的责任担当。因为承认了孩子的身份，就等于是承认了自己的不伦行为，苏家的族谱上此后便要永世记载他这一荒唐行径。

后来我们看到，苏家族谱关于河合叶子"姸"的记载，以及苏曼殊属河合叶子所生，也可窥见中国家族对族谱的认真程度。无论是多么不光彩的事，一旦承认就必须真实严格地记录，清楚地记录他们的血脉归属。当然，

那时的苏杰生考虑最多的已经不是脸面的问题，他心里终于放下了这个包袱，无疑轻松自在了许多。这孩子虽不是嫡子，但苏杰生的想法又一次发生了转变。如今他的生意越做越大，在日本的华人圈已属头角，他希望能好好教导苏戬，以盼日后能协助他的长子苏煦亭继承家业。

正妻黄氏来日本已经几年，她自知以自己的年纪恐怕再难生育，如今苏家承认了孩子的"家籍"，她也惦念家中子女，遂想带着孩子一同回广东老家。这也便于孩子脱离他的日本"母亲"河合仙，长大后能更好地作为自己的儿子协助亲生儿子煦亭。河合仙对于送孩子回国是没有任何发言权的，她的存在从来都是一件摆设，一件最体贴最顺承人意的摆设。无论是丈夫与妹妹的背叛，还是孩子面临即将到来的"骨肉分离"，她都没有阻止的权利。对丈夫的言听计从，是她骨子里的思想意识，这一点日本女性比许多民族的女性表现得更为突出。

就日本当时的经济状况而言，河合仙嫁给的是一个能让她衣食无忧、生活富足的男人。但是，这个男人拥有那么强势的妻妾，让她连家门都不得入。她不能说自己所嫁非偶，也从不敢认为自己嫁给了幸福。在这个属于自己的国度，她连一份归属感都得不到，时光对她来说是身不由己，是泪水长流。清凉的夜晚，一位寂寞的女子，只能垂泪守着烛火，所有少女时代期待的幸福，都是在水一方。如今苏家终于承认孩子的身份，这不是她一直期盼的吗？可是，没有了曼殊作为依傍，日后她又如何能应付陈氏的跋扈？她没有妹妹美丽可人，没有家中父母袒护，没有丈夫的重视，如何生存下去？曾经她也是在那烟雨迷蒙中撑着素洁的伞，被杰生一眼看中。她也曾绾青丝、施罗粉、暗涂丹蔻希望能从此得到仰慕的男子一生温柔以待。没有哪个少女对幸福没有憧憬，也没有哪颗心可以被无休止地伤害后不觉伤痛。河合仙日夜难眠！她知道她无力抗争，可是生活并没有让她完全麻木，她必须证明什么，证明孩子是她的？证明苏杰生日后不可抛弃她、再忘记她？

于是，她大胆地提出要接家乡的父母来送孩子，并且以后与他们一起生活，她希望以此来更加明确她是苏杰生的女人。这是多么卑微而悲哀的一个要求，看似无用却能极大地安慰河合仙。

苏杰生对赡养老人没有什么异议，作为传统的中国男人，他认为这是理所当然，便很快将河合仙的父母从乡下接来横滨。他们将小曼殊从黄氏身边接了出来，与孩子度过了一段快乐的时光。在一个春寒料峭、碧空如洗的午后，他们还带着小曼殊去相馆拍了一张合影。二老坐在两张椅子上，小曼殊站在中间。两位白发苍苍的老人正襟危坐，脚下踩着日本传统的圆脚垫，上面用竹片束边，大颗的铆钉崭新锃亮。孩子扶着二位老人的腿站立，外祖父膝上工整地放着他的圆帽，三个人表情是典型的日本式的严肃，眼神略显空洞。这张珍贵的照片是对苏曼殊身世的又一项权证。回国后，他经过中国传统文化的教育熏陶，日后照片中，他的目光都更加深邃幽远，表情也不再这么生硬。

河合仙见到照片后甚为喜爱，她将自己昔日与孩子仅有的一张合影也一并放进了孩子的行囊。那张照片中，她精心梳妆，穿着最爱的和服，表情惆怅而温柔。她没有让孩子站在旁边，而是将他放在自己的膝上抱在怀里，她柔和目光中溢出满满的母爱与不舍，那是一种骨子里的柔顺和无助，是旧时女人特有的温柔。没有抗争的情绪，没有自主的思绪，她的母爱慈悲都给了这个孩子。只是以后当她想起在那个比天涯还要遥远的中国广东，即便身旁是花光柳影，蝶飞鸟欢，她只会愁苦益浓。她接受自己婚姻的那一刻，从成为苏杰生妾的那一刻，眼睁睁看着苏杰生走入叶子房间的那一刻，便接受了自己未来悲剧的命运。

1889年夏，6岁的苏曼殊随同他的嫡母黄氏，踏上了回国的航船。一同回国的还有黄氏的弟弟黄玉章、陈氏的大女儿惠龄。苏杰生难得地将大陈氏丢在一旁，拥着河合仙的肩，轻轻拍着她的背安抚。河合仙泣不成声，此后夕阳日暮，更鼓声声，她将会更加寂寞。任眼神忧伤，任岁月泛黄，失去孩子的她连最后的期盼都变得渺茫了。

这艘海轮的大小超出了苏曼殊的想象。年幼的他离开河合仙本有几分怯意，一下子置身于乘客组成的人群之中，不知所措。似乎人们在路途中容易多话，周围的人一上船就开始热闹地谈论着各种话题。其中中国人较多，一些人由于长期在日本生活，都说着浓浓东洋腔调的汉语，而和黄氏一行人相同的是，许多广东人还说着地道别致的广州话。

轰鸣的马达震动着耳膜，船员们忙碌不停，轮船逐渐驶离海港，岸上的

苏杰生、河合仙、陈氏的身影开始模糊。小曼殊努力挥舞着手臂，他越发看不清母亲脸上的泪水，也看不清陈氏得意的暗笑。此时的陈氏暗想：不管如何，以后的日本又是她和河合仙的领地，而这个女人完全不是她的对手，至于那个异邦杂种回去后自有他的苦头吃，老家的人必定比她更要蔑视他那个日本外妇的娘。

黄氏见孩子难舍河合仙，便双手扶着他的肩膀，以期能略微安慰孩子。日本在苏曼殊的生命中暂时告一段落，一页更丰富精彩的人生徐徐打开。海浪裹着洁白的浪花一排排涌来，涡轮似的在海面上展开一条白色的缎带。轮船向遥远的地平线驶去，阳光散发出金灿灿的光芒，云霞像扇面一样散开来，太阳与海天交接的地方像是一道巨大的拱门，那是他通往未来，通往孤苦悱恻、浓墨淡彩、无羁无畏、多情多才的人生大门。

清光绪十五年（1889）的香山县，民众安居乐业，为岭南富庶之地。早在清顺治二年（1645），香山县隶属广州府管辖，到了道光七年（1827），全县11个坊都合并为9个都。香山人自古有着务实精神，在这一地区形成了独特的"香山文化"。因其名字由来十分美好，此处不得不多言几句。

香山县源起香山镇，地处五桂山分支凤凰山山麓。据史料记载，五桂山盛产"异花神仙茶"，"异花"乃指"王者之香"的兰花，香闻十里，人们称它"隔山香"，所以五桂山也叫"香山"，香山镇由此而得名。古时的香山场（今珠海市山场村），为香山镇前身，是当时香山地区经济、政治、文化中心。

1849年，葡萄牙人就在英国人的支持下，与中国政府签订《中葡和好通商条约》，侵占香山县澳门地区，驱逐了中国官员，并捣毁了香山县丞官署。第一次鸦片战争之后，广东民间排外活动时有发生。当时的两广总督兼五口通商大臣叶名琛采取默许态度，对外国的一切投诉置之不理，这才有了后来英法联合出兵中国的导火线，由此发生了著名的"亚罗号事件"。虽然这一系列历史事件在当时以中国的失败告终，但是广东人骨子里的这种排外思想却是根深蒂固的，对外籍人士普遍抱有一定程度的排斥和鄙视。

苏曼殊随嫡母经白鹤港到家的时候，已是薄暮时分。夏日的月亮早早地挂了起来，淡淡的白色映照着群山翠竹，路边的荷塘蒸腾着暑气。穿过狭小的百乐巷就到了苏家居住的巷子。苏家家业兴旺，独自住在这条巷子里。后来苏家败落后几个儿子才另立门户，苏家后人在巷口挂了牌子，名曰"苏家巷"。年幼的曼殊见到一个衣着光鲜的老妇人正站在门外对着他们慈祥地微笑，黄氏赶紧拉着曼殊上前殷切地说："娘，我们回来了，这就是三郎！"苏家在年幼的孩子眼里是亲切而美好，也带着一丝神秘。

苏杰生在苏曼殊之前生有两个儿子，皆为黄氏所出，一个叫煦亭，一个叫苏焜（已早夭），前文已有冗言，此处不再细表。由此，曼殊在家中孙辈男孩中排名第三，苏家人惯常唤他"三郎"。

苏家门口的老榕树伸展开浓密的枝叶，树荫间垂下嫩红色的气根。行至屋前是棵杨桃树，上面挂着青翠的小果尚未成熟，接着种有几棵小桂树，散发着甜腻的芳香。眼前的屋舍低矮简陋，不见奢华，是普通的岭南民居建筑，只有前后三间小房，皆用白灰涂墙，青砖铺地。碧色的苔藓从青砖缝中恣意生长，像是画出了翠绿色的整齐方格。屋内空间狭小，尚不如他们在日本时的庭院宽敞。

进屋后，正堂摆放着老旧泛黑的红木桌椅，一个铜制的水盆放在盆架上，小曼殊看到那架子下面还结了细密的蛛网。一只灰白色的壁虎趴在墙上，见有人来，惊慌地向屋顶跑去。那屋顶倒是比日本的屋顶高出许多，但并未填平，中间处尖尖的距离地面最高，虽是傍晚尚未点灯，也看得到屋顶的青瓦和棕黑色的房梁。

黄氏拿了个蒲团命小曼殊跪下，让他对着祖父、祖母磕了三个头，她说道："今有庶出河合氏幼子苏戬，随儿媳自东瀛归来认祖归宗，特拜见高堂尊父慈母。"说罢，带着曼殊一起郑重地磕了三个响头，命曼殊唤太老爷、太夫人。

"母亲，今日已晚，不便劳烦族内宗伯。待明日儿媳去通禀家中亲眷苏戬已归，定得吉日吉时方请族谱，摆香案祭祀祖先、扫墓、庆酒，录苏戬入宗籍。"黄氏说罢又俯身叩头，苏母慈眉善目地点头道："应当如此，便由你去操办吧！"

第二日，黄氏去苏杰生的弟弟德生家告知苏家三子归来认祖，与苏德生商量好了日子时辰，严格遵照认祖的仪式，一番操持后方在族谱上正式地写下了苏戬的名字。

时间过得飞快，苏曼殊归乡后的日子还算顺遂，除了偶尔会想念他的母亲河合仙之外，乡村的生活也带给了这个孩子无限的乐趣。苏家以经商为生，虽不必像同村人那样春耕夏忙、日出而作，但是，年少的孩子依然是与山野乡田相伴。苏家的十六世祖苏瑞文（苏杰生父），娶妻林氏名棠（苏杰生母），便是曼殊祖母。林棠有二子：杰生、德生。德生的妻子张氏十分好生养。至苏曼殊回家时，张氏共生了四男两女，其中一男早夭。苏曼殊同辈的姊妹尚不算少，除嫡姐苏燕、大哥煦亭、妹妹惠龄外，尚有堂兄维春、维翰，堂弟维锵，堂姐妙清，还有襁褓中的堂妹妙珍。

　　苏家虽经商海外，但算不上书香门第，家规并不十分多，孩子们白日里也可自由玩耍。小曼殊日间常在山里跑。堂兄维翰教他如何认知野果，不管是甜中带涩的稔子，还是酸酸的野黄皮、清香的番桃果都让年幼的孩子尝到了迷人的味道。

　　苏曼殊生性少言。他时常遭受孩子们的白眼，偶有争执时听到别人骂自己野种，内心委屈愤怒，却从不敢开口驳回。遇到别人不喜欢他时，他便躲得远远的。有时孩子们聚得多些，大家只顾着玩并不欺辱人时，他也凑到近处跟在后面。要是能遇到维春、维翰就更好了，他们兄弟二人性情淳厚，从不恶言伤他。维春年长曼殊7岁，是苏杰生弟弟德生的嫡子，十分活泼好动，村里的孩子都跟着他玩，他俨然孩子头儿般受众人追捧。而比他大两岁的煦亭就从不出来跟着他瞎胡闹。平日里若见着一个半大小子领了一群娃娃摸鱼打鸟，那准是维春不假。维春也愿意带着小曼殊一同玩耍。在他眼里，所有的玩伴都是一样的。这令曼殊身心放松，渐渐喜欢上了乡村的日子。

　　有一天，遇到维春召集孩子们帮家里打蔗鼠，那可是很肥美的乡间野味。过去，广东甘蔗地里常常老鼠成灾，蔗鼠之多实在匪夷所思。它们似乎智商极高，喜在蔗田里搞集体派对，有时一竹竿抽过去能打到五六只，孩子们挨着蔗田轮换着打，就能得到一麻袋的老鼠。蔗鼠不同于其他鼠类，它体态肥硕，最大的足有两斤。它们的日子实在逍遥，在蔗田里集体过夜生活，在庄稼地里尽情地胡吃海喝，这种奢靡的生活使得每一只蔗鼠都长着鲜亮的皮毛，头大尾粗，脸上都肉嘟嘟的，不似其他老鼠那样尖嘴猴腮让人又厌又怕。它们恰如人类的肥胖儿，行动缓慢，动不动就气喘吁吁，早没了老鼠的

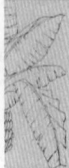

机警。孩子们常帮着大人们捕捉蔗鼠，乐此不疲。每一只被捉到的蔗鼠都肚皮厚厚的软软的，孩子们常在它们肚皮上拿着小竹枝戳来戳去，引得它们躺在地上左右摩挲着肥胖的身子。见到这憨态可掬的样子，孩子们不时嘻嘻哈哈笑作一团。

"三郎莫怕！等我们捉只最大的，烤熟了给你尝鲜！"带头捉鼠的维春这样说。

"维春哥，不用了，我不敢吃。"苏曼殊自小在日本，家中每次有老鼠，不过几寸长，河合仙都要惊慌失色，冷汗涟涟。如今他听说这地里的老鼠似小狗一般大，早已吓得恨不得跑回家去。

维春不理会他，带着一群孩子在蔗田捉了一袋的蔗鼠，高兴地送回家去，临走还不忘询问曼殊："三郎，你当真不想尝尝？"

"不了，不了，真不想！"苏曼殊吓得连忙摆手。

"三郎，你怕老鼠，那我们去钓螃蟹吧！"维翰长曼殊一岁，虽也是个孩子，但自小在乡间长大，熟谙乡下各式游戏。"钓螃蟹既不吓人，又简单得多，运气好时我能钓一大篓子！"曼殊喜欢钓螃蟹，平日里都是看其他的孩子钓螃蟹，自己并不敢上前。如今维翰提议，当然最好不过。

"好啊，维翰哥，我喜欢钓螃蟹。"曼殊高兴地答道，转头一想又有些后悔，忙言，"只是我从未钓过，你会不会嫌我笨？"

维翰性情温和，平日里也听自己的母亲时常对父亲念叨，什么大哥家来了个日本的杂种，性子蠢笨，连话都说不明白。但维翰性情率真，并不似他的母亲，他伸出手臂搭在小曼殊的肩上仗义地说："那有啥！我教你钓，就算你钓不到，我钓来你吃不好吗？"

维翰搂着小曼殊兴致不知有多高，开始口若悬河地讲着如何钓螃蟹：

"我同你说，螃蟹看着凶却是大笨蛋，只要弄一小块指甲大的肉绑在线上，就能骗它们夹住不放。其实啊，最后这块肉，哪只螃蟹都吃不到……"

孩子毕竟是孩子，他们会忘却大人们传递来的刻薄话，愉快时也都拉着曼殊一起钓虾、放牛、捉四脚蛇、逮草蜢。曼殊常操着东洋腔的汉语，不敢多言，沉默地跟在大家身后。

晴朗的午后，满山的稔子树记载下了他那短暂快乐的童年。

一日晌午，煦亭放学回来，见到小曼殊坐在苏家巷口，脸色蜡黄，豆大的汗滴从脸颊滑落。他不禁皱眉问道："三郎，你怎么独自在这儿？"

"大哥……"曼殊有些胆怯地说道，"维翰他们跑……跑得……快，我……我追不上。"煦亭年长曼殊9岁，抱起他温和地安慰他："无妨的，他们打小跑惯了自然快些，娘说你向来体弱应少晒暑热，以免伤了肝气。哥哥抱你回家。"曼殊对这位大哥始终有种难言的依赖，从他的眼里没有见到过鄙夷的神色，好似他本来就是他的弟弟，和他一样的苏家儿郎。

煦亭一进屋黄氏便迎将上来，见他抱着曼殊累出了汗，不觉皱眉道："三郎，你已长大，再不许让哥哥抱你。莫要这么不懂事！"言语中透出威严。煦亭怕曼殊被训斥，忙道："娘，是我要抱他的。我也不知他最近长肉了没，便抱了两下，索性不过是从门外走进来罢了。"

"看他这满头的汗，不知又跑去了哪里。前几日方大病一场，身子尚虚就四处乱跑，委实不让我省些心！"

"娘，您别生气，能跑能跳就是好事。三郎的身子骨跑跑就结实了，长大也好帮衬我。"煦亭温言哄着母亲，生怕因自己抱了弟弟而让他受母亲责骂。

"说得也是，如今病好了，也不能由着他去撒野，该找先生约束着，读些书日后才能帮衬你。"黄氏听煦亭提起让三郎长大后帮衬自己，正合她意，当初将三郎养在自己膝下也无非是想多个依靠，也使煦亭日后多个兄弟帮手。

"三郎已经满7岁，不如明日随我去祠堂念书吧。"煦亭的提议恰是时候，黄氏欣然同意。第二日一早，她便打点妥当，带着学资以及拜师礼，领着小曼殊去见先生。

话说沥溪村里住着几十户人家，主要是苏家和简家两个家族。苏曼殊随嫡母回国的时候，正是苏家鼎盛时期，整个沥溪村里只有苏杰生一家在外经商，并且经营得有声有色，所谓家业兴盛、财源广进亦不过如此。但苏家几代经商经济上颇为宽裕，言谈行事也都妥帖，却于书香中尚待进取。况且苏杰生常年在外经商，顾不上家乡诸事，子女们学业上不甚上心。沥溪村里唯一的祠堂是简家祠堂，而苏家当时如此富有却没有修建自己的宗祠，这一点在注重宗祠香火的广东人看来实属有些费解。

沥溪村的私塾就设在简家祠堂。苏曼殊求学时香山地区还没有设立官立学堂，只能是本家族的私塾。直到清光绪二十二年（1896），香山仿照西方设立学堂，将丰山书院改为丰山官立高等小学堂，此为香山历史上最早设立的小学。

出百乐巷不远有一处小空地，那里有一口地井，青石条围成圆形的井沿，六七个妇人在排队汲水，另有三两个女童在帮母亲用新汲的水淘洗稻米。过了水井转个弯便是简家祠堂，门口有两个高高的石门刀墩。还没有到上学时候，宗祠大门紧闭，几个孩子坐在上面正聊得起劲。大门十分高大，棕黑色的门板上绘着金色的吉祥腾纹，令人望而生畏。青石条搭建的门廊下，挂着棕色大匾额，方正地写着"简氏大宗祠"，两边挂着黄杨木刻的楹联，金色的大字，书曰"范阳绵世泽，宗德振家声"，上下各绘有金色祥纹图案。小曼殊还不认得字，但他竟觉得那字十分漂亮，自有一种说不出来的气势。回廊下是金色琉璃瓦烧制的镂窗，瓦上是兰草的纹路，下面绘有五色云纹。

先生名唤苏若泉，也是沥溪人，是苏、简两家专为本家子女聘请的老师，所教学生不多，因此可顾及每一个学生，十分严厉。他见黄氏领着苏曼殊恭敬地等在宗祠门口，暗自点头。宗祠大门打开后并无院落，首先映入眼帘的是一个高大的红木屏风，上面镂刻着精美花纹，隐约可见屏风后的祠堂正厅。

女子无故不得擅入宗祠，何况黄氏并非简家人，她识礼数地将曼殊送至门口便不再入内，恭敬道："日后我家三郎就拜托先生指教。如遇顽劣不恭先生尽管打骂，感激不尽。"苏若泉笑呵呵道："太太切莫客气，吾自当尽力，愿不负所托。"说罢，领着小曼殊走入宗祠内。那门槛实在是太高，小曼殊几乎是被苏若泉提着拎过去的。

绕过屏风是一个窄小的内院，不足十米宽，走过后便是宗祠正厅，正厅与院落相通，没有门户。这是典型的岭南建筑，它是我国建筑之林中一枝奇葩。岭南建筑大多简练、朴素、通透，淡雅不失大气。隔屏在功能上挡热、遮阳、通风，又藏风纳气利风水。由于气候温和，人们的活动空间向外推移，因而出现了这种独具特色的敞厅。

正厅的最中间是摆放牌位的高大的老木架子，最上面的堂牌上竖写着"简门堂上历代宗亲"，用红绸装饰，下面的架子依次按辈分摆放着简家历代先人的牌位。整个宗祠遍铺青石砖，凡屋脊廊头皆绘有彩色祥纹。这是苏曼殊第一次见到极具中国特色的古典建筑，年幼的他深深地被这种由内而外的气势所震撼，那高大的门廊让他觉得自己是如此渺小。他不禁疑惑：人们是如何建出这么大的屋子，又如何有人能绘上那么精美的图腾？他喜爱这里，喜爱这里没有长辈们的约束，喜爱这里暗色的木桌，喜爱堂上那威严的先生。

苏若泉在沥溪一带是出名的饱读诗书之人。他虽然没有入得仕途，但深受村民尊敬。苏先生教育学生从不含糊，向来言传身教严格要求，为孩子选读"三百千"开蒙，即《三字经》《百家姓》《千字文》；待得诵读熟练，便习教四书，即《论语》《孟子》《大学》《中庸》；声律启蒙《龙文鞭影》；对格律声韵有所掌握之后，方教习《千家诗》《增广贤文》。诵读之余，他惯常讲解的是《论语》《左传》之类。所教学业依次严格按着教、背、温、讲的次序，在识字授课上讲究描红、影本、临帖三个阶段。可以说我国古代的蒙学教育在国学的传承上是相当成功的，除此之外，诸如道德伦理教育亦是相当成功的，儒家思想在两千多年的传承中已经深入人心。经过正统儒家教育的子弟严守伦常之道，仿先贤遗风，走坐站姿皆求儒雅，声音表情内敛含蓄，行文书字笔法端正流畅，音韵格律严谨不失先风。

苏若泉为曼殊取了一个字——子谷，从此便常唤他的字。小曼殊在庞大的国学经典教育面前，慢慢地纠正了他蹩脚的汉语发音，同时也在与亲人交流中，学会了说标准的广州话。他懂得了行其所当然，懂得礼仪之规、进退之节、处世之方，成功的开蒙教育为他日后名噪文坛、赢得民国各种大人物的赏识奠定了基础。

入得桑梓认祖归宗后的苏曼殊，非但没有归属感，内心倒是始终存在寄人篱下之感。他从来不似学堂里其他孩子那么顽皮，在学习上总是刻苦温书，认真习字，生怕记性差答错题而惹来责骂。他的聪慧和努力很快赢得苏若泉的赏识，苏先生认为这个学生是他所教孩子中最为聪慧的一个。他在语言文字上极具天赋，并且在诗词文藻上也有更丰富的情感。苏若泉认为他天赋异禀，更加用心严格地教导他，对他的关注远胜其他孩子。

苏曼殊十分珍惜他的课堂时间。这里可以当成他的世外桃源，听不到长辈的责骂，孩子们也不敢嘲笑辱骂他，相反，只要他用心读书，先生还十分欣赏他，常常夸奖他优于他人。然而，木秀于林风必摧之。先生越是赏识他，他的朋友便越少，除却煦亭、维春、维翰、惠龄等人，其余众人都对他冷嘲热讽，嗤之以鼻。简家的孩子也常在课间辱骂他："苏家野种，安得入我简氏宗祠？"煦亭每回听到他人如此言论，虽能喝止，但除此也未帮他如何出头，只好私下安慰他说："三郎，不必与他们一般见识。"由此，小曼殊变得更加自卑懦弱，平日里也只同维翰玩耍多些。但维翰是个野性子，常丢下他与别人玩作一团，令他孤苦不已。

一个人的时候，小曼殊便去藏书室取书看。他对书十分爱惜，从不肯让书有一点折痕。苏若泉每次询问："子谷，近日可读完前几日借走的书？"他便恭敬奉上。虽然小曼殊时常在书上有所圈点，但先生接过去细看其表亦犹如未曾借阅时一般。

姜大陈氏生的五女惠珊——曼殊的小妹在日后回忆他说："三兄曼殊素爱文学，书法极端整齐。所读的书，犹是如新，一圈一点，无不注重。我在幼年时也读古书，每到藏书室时，皆喜选读三兄所读过的书。如其作文、作对、诗词等，重箱叠叠藏于书室内，而其画刊卷笔生，藏于书柜中。……悉由长辈庶祖母及三庶母陈氏等料理。"

也许命运的不幸真的是诗家之大幸。苏曼殊坎坷孤独的童年虽让他形成了忧郁寡欢的性格，但也让他更为喜欢在书中的世界寻到那一席邈远的净土。

第六章

童年寡欢

苏曼殊在沥溪的生活尚算平静，除了同村孩童偶尔的讥笑，唯有一样令人不忍。其在日本时便体弱多病，迁居广东后由于水土不服，加之饮食习惯的不同，小曼殊一年四季病痛不断。人们见到这个孩子总是面黄肌瘦，眼下青晕、双唇无色，一副无精打采的样子。

小曼殊常有病痛，有时一月之内数次病倒无法去私塾就读。每次生病十之八九高热不退，且尤以胃肠不适居多。每次病得厉害，他便会更加脆弱，心内渴盼河合仙能在身边照料他，渴盼母亲能抱抱他，温柔地安慰他，就像以前在日本时那样轻轻地唱着和歌，哄他入睡。

只要饮食稍加不慎，小曼殊便会腹泻数日。黄氏常被他的身体搅扰得烦忧，便严格地控制他的饮食。孩子们寻常吃到的小点心，乃至蔬果之类，小曼殊都难以品尝到。黄氏规定他一日三餐规律，不可多食，且只吃些性温甘平之物。虽说黄氏是出于对他的关怀，亦难免稍假辞色，年幼的孩子日复一日这般节制饮食，常常感到腹内空空，嘴馋不已。只苦于母亲河合仙不在身边，从不敢索要一饮一食，皆听从黄氏安排。

小曼殊时常趴在窗檐下，见惠龄吃着钵仔糕，抑或是糖冬瓜之类的小食，无意识地舔着自己干涸的嘴唇，他是那么想吃上一口，像以前那样在母亲河合仙的怀里吃上几口美味的零食。年幼的惠龄渐渐显现出她母亲的那种刁钻，明知曼殊嘴馋，却从不肯主动分与他吃，还偏偏咂巴着嘴凑近他身边，故作美味不已。

"三郎，你猜我今日吃的是什么？你是不是很想吃啊？"惠龄举着一颗糖莲子伸到曼殊眼前。那圆圆的莲子，外面裹着厚厚的一层糖霜，在阳光下散发出诱人的色泽。

"不知道。"苏曼殊低下头，好似被惠龄发现了不可告人的秘密。

"那我再拿近些，让你看得仔细点。"惠龄将糖莲子又拿得近一些。曼殊趴在窗檐下赶忙说："不必了，你吃就是了，我不想看。"

"三郎，你还是出来好好看看，这叫糖莲子。我吃了几颗才知道世上竟有这么好吃的东西。"惠龄见他羞赧，便又一次逗引他。

"娘不叫我吃这些零嘴！"

"哎呀！娘又不在，我偷偷给你吃怕得什么？"

"娘知道了要训诫的。"苏曼殊低下头，只是还看着那粒莹白的糖莲子，舍不得移开目光。

"你同我出去，到拐角里我给你吃，你擦干净嘴，我保证不告诉娘。"这一次惠龄的话击垮了曼殊最后的防线。他咬咬唇道："好，那你千万别告诉娘。不对！你谁也不要讲！"

"好！快点吧，等会儿我就自己都吃了。"说完惠龄抬腿向拐角跑去，曼殊从屋内飞跑出去，追着惠龄到了檐下拐角。惠龄拿起一颗糖莲子塞进他嘴巴里，曼殊迫不及待地咬开了，甜腻的滋味瞬间在嘴巴里蔓延开来，实在是太美味了。甜糖的滋味让他快乐起来。吃了一半他突觉不舍，将嘴里剩下的半颗糖莲子拿了出来，仔细端详了一番。他有些懊悔刚才吃得太快，没在嘴里多含一会儿，就将半颗糖莲子咽下了肚子。这半颗他一定要慢点吃。

"三郎，没骗你吧，很好吃对不对？"

"是！真好吃，真甜！"

"三郎，你还想吃吗？"惠龄凑近了殷切地问。

"你还愿意给我吃吗？"苏曼殊看着惠龄不好意思地问。

"当然了，但你要答应我一个条件！"

"什么条件？"

"帮我将先生留的描红都写了！"原来惠龄的算盘是让曼殊帮她写功课。曼殊有些犹豫，他向来是胆小的，担心先生发现会恼他，要是从此不喜欢他就更糟了。惠龄见他不说话着急道："三郎，你就不想吃糖莲子吗？你只写得潦草些就好，那样才像是我写的。这对你很容易的！"

"惠龄，还是算……算了吧。我不敢！"曼殊失落地低着头转身要回去。他心想：好在嘴里还有半颗糖莲子，慢慢地品尝滋味就好。

"三郎，你站住！你要是不帮我写，我就告诉娘你抢我的糖莲子吃！"

"我没抢！是你给我的！"

"反正娘不让你吃！你帮不帮我写？"

苏曼殊突然从心底害怕起来，他犹豫着不敢回去。

"三哥，好三哥！你要是帮我写了，我把剩下的糖莲子都留给你！好不好啊？"苏曼殊看看惠龄，胆怯地点点头。他实在还想吃糖莲子，也实在怕惠龄去娘那里告发他。

于是，他写了很久，终于将惠龄欠下的描红都写完了。撂下笔还来不及洗，他便跑出去找惠龄，惠龄在巷口同简家的几个女孩子玩得正起劲。

"惠龄，你……你过来。"

惠龄见到他，赶忙跑过来偷偷问他："三郎，你写完了吗？"

"写完了。糖莲子呢？"

"哈哈！早让我吃光了。你可真笨！"惠龄大笑道，不再理他，跑回家去。她心急地想看苏曼殊替她写的功课。周围的几个女孩子听惠龄喊他笨，也跟着笑起来："这小呆瓜，他的妹妹都说他笨！哈哈！呆瓜！"说罢几个女孩子围着他嬉闹起来，口里不停喊着"呆瓜！呆瓜！"苏曼殊委屈极了，跑回了家，见惠龄正高兴地怀里抱着描红本出来。她得意地道："把桌子收拾干净哦，不然我还是会告诉娘你抢我的糖莲子！"说罢高高兴兴地跑了。小曼殊一边收拾笔墨一边委屈地哭泣，他真的很想念自己的母亲。他在心里问：为什么母亲不随我回来？为什么母亲要抛开我？为什么她不来看看我现在难过的样子……

自此，年幼的曼殊与惠龄更加疏远了，每次见到她心内都是委屈还有害怕。他怕惠龄再想出什么点子折腾他，每次下学遇到巷口的孩子他也是尽量低头快步走过。时日久了，孩子们见他每次都躲着大家，便养成了一个奇怪的习惯，每当女孩子们见到曼殊便会围上来追着他，口中齐齐喊着："杂种！杂种！呆瓜！呆瓜！"他每次都选择快快地跑过，从不敢和她们顶撞。同时，他的心里对待食物有着不可抗拒的向往，尤其糖果之类更是日思夜想般喜爱，他总是回味着那半颗糖莲子滚在嘴里的滋味。

一日，他终于忍不住趁人不备跑到厨房偷食蔗糖块，被仆妇捉到后诉于黄氏。黄氏听闻后大怒。苏家向来是殷实之家，向来只接济旁人，未承想家中出了如此贪食之人，竟为了一口吃食去做小偷。若老爷听闻她将孩子教导得如此不周，自己定会大失颜面，于是请来了家法，并令家中孩子皆站在院中。

"为娘素日教导你们应知礼，行君子之为。今日三郎竟为了一口吃食去厨房行窃，不仅罔顾为娘对他身体的担忧，还丢尽我苏家颜面！"

"是的！娘！昨日您给了我几颗糖莲子，三郎就贼鼠一样盯着看。我还对他说：'娘不叫你乱吃东西，你应听娘的话！'没想到今日便馋得自己偷去了。"惠龄见黄氏发怒，赶紧跟着加码子。这孩子同曼殊一样，亲娘不在身边，但是她遗传了大陈氏的泼辣胆大，平日不似曼殊那般唯唯诺诺。这一年她跟在黄氏身边，小小年纪便学会了察言观色，心性颇为不善。

煦亭年长，生性淳厚，听惠龄这么说，不由得怒道："不可胡说！三郎年幼，稚子爱糖本是天性。家中兄妹应互助相亲，怎么小小年纪学得落井下石！"

"煦亭你不必替他说话，我苏家虽不是书香门第，但你父亲经营家业有道，我们也算望族，怎么能容得家贼！今日必要好好责罚他，以后才知当行正路！"

"娘，三郎还小，做错事当罚，但也不要真的打他吧。"

"你懂什么？来日你执掌苏家，也要记得家法不是摆设！"

"娘，我是哥哥，没能管好弟弟，你也该罚我，不如打我吧。"黄氏心中为煦亭的善良感到欣慰，但一想也是不妥，便道："煦亭，你除了是哥哥，还是你父亲的嫡子，将来要接掌苏家的。你凡事要顾全宗族颜面，不能一味偏袒弟妹。懂吗？"黄氏气头正盛，无心听煦亭多为曼殊辩驳，接着道，"娘要你去简家送定头，你送了没？那边都在等，你还不快去！"黄氏有意支开煦亭。煦亭苦劝无果，心想娘也不会真的打伤曼殊，便只得先去简家办事。苏曼殊不舍地看煦亭出了院子，心内凉了半截。

黄氏取了家法，那是一根通体黑红的木板。起初她狠狠地打了曼殊几下手心，但是板子太宽，孩子掌面窄，她担心打坏了指骨，便开始打他的屁股。小曼殊只觉得自己的屁股要疼得炸开来了，他可怜地大声哭喊着向黄氏求饶：“娘！我错了！我错了！再也不敢了……”

曼殊求饶了几声黄氏并未停手，他更加哀切地喊道：“娘，救我！救救宗之助！”

惠龄听到他求饶，不屑道：“三郎你是傻了吗？本来就是娘在罚你，你还喊着让娘救你！”黄氏知道曼殊口中喊的娘是河合仙并非自己，不由得更加气愤，觉得这孩子疼爱了这么久也养不熟，终究心里还是想着那个异邦贱妇，下手又重了几分。

“我叫你乱叫！这养不熟的白眼狼！养不熟啊！”黄氏的板子打在孩子细嫩的屁股上，声音清脆刺耳。

“不敢了！不敢了！救我啊！救救我啊！疼啊……”几岁大的孩子，疼得狠了喊叫得含糊不清。家门口路过简家的几个妇人，都不免停下了探头观望，见被打的是三郎也就不奇怪了，嘀咕着：“果然不是亲生的，难怪打得这么狠。”

“可不是！打死了省心，这么小的孩子犯了天大的错？难为她舍得下这么重的手。”

“可不，号半天了，没娘的孩子可怜见的。”

几个人嚼了几句闲话，咂咂嘴悻悻然地走了。

黄氏打了一会儿，又训斥了孩子们几句。惠龄见曼殊被打得厉害，也吓得不敢再出声，一味乖巧地听黄氏训话，不再插嘴。黄氏对孩子们的反应很满意，又命曼殊在院子里罚跪一下午，自己方回屋休息去了。

7岁的孩子因恐惧和羞愧，孤零零地跪在院子里哭泣了许久。也许黄氏的教导是对的，因为从此苏曼殊再也未敢在家中表现出口食之欲，更不必说偷食之事。只是多年后，当他远离苏家长大成人后，养成了暴饮暴食的癖好，并因此早早地断送了自己的性命。黄氏的教导对他是福是祸？人生福祸相依，过犹不及，这些感念便由后人评说。

　　日子就这么平静地又过了近两年，曼殊在苏家像一棵卑微的草，悄无声息、小心翼翼地活着。所有晦涩的光阴都长成生命里的悲观，流淌在哀哀的血液里，一生都无法真正展颜。他不再贪嘴偷食，也不再信任惠龄，手足情在小曼殊心里开始淡漠。每年他有一大半的时间都在生病，大多数时候都是肠胃不适加之高热不退，无病痛时也没有孩子喜欢同他玩耍，他惯常是一个人安静地读书。他竟因此成了苏家巷最刻苦勤学的孩子，甚得先生苏若泉喜爱。

　　所谓盛极必衰，物极必反。苏家生意在苏杰生的经营下可谓发展迅速，财源滚滚也不外如此。苏杰生早不似当初刚到日本时精打细算，如今他财大气粗，出手阔绰，每日于风月场中，当真是逍遥快活。那个曾让他深深动心的河合叶子早已淡忘于脑后，就连住在外面的河合仙也甚少理会，只每月定期送了月钱便罢。往日的鲜花已经没有让他新奇的香味，都说好梦易醒，苏杰生总会在一场美梦将醒时投入下一场黯然销魂的梦乡。1891年他又娶了第三房妾，这名小妾亦姓陈，所以大家称呼她小陈氏。小陈氏生得格外柔美，足足小了苏杰生27岁，千娇百媚的年纪嫁得一方富豪，每日打扮得花枝招展，莺声燕语哄得苏杰生眉开眼笑。苏杰生十分宠爱小陈氏，每日都在她的房中过夜，家中仆妇都看小陈氏的眼色过日子，一时间，大陈氏也不能奈她何。

　　苏杰生新得佳人又财源广进，日子过得顺风顺水。然而苏家赚不完的银子，终挡不住杰生、德生兄弟只图虚名地豪掷千金。不知何时，他们开始热衷于捐官，苏家的家谱中极为荣耀地记载了苏家兄弟的三次豪捐：

> 光绪十七年（1891）四月二十八日，苏浙赈捐第十三次奖案：苏仁章（苏杰生）捐银一百八两，准作监生。十三次奖案两江总督册报：苏仁章捐银一百两，准予县丞衔。十三次奖案两江总督册报：县丞衔苏仁章，捐年四十六岁，捐银五百两，准给蓝翎。

> 光绪十七年（1891）四月二十八日，苏浙赈捐第十三次奖案：奉旨事，两江总督册报：俊秀苏朝晖（苏德生）三十九岁，捐银一百八两，准作监生。册报：监生朝晖捐银一千两，准予同知衔。册报：同知衔朝晖捐银七百十两，准加带一级，并给予父仕昌、母林氏、兄仁章、嫂黄氏从四品封典。

> 光绪十七年（1891）辛卯，苏仁章捐银百元，印送《验方新篇》，有书存在。又捐百元，印送《太上感应篇图说》，有书存在。

苏家兄弟这三次大额捐款，距苏曼殊回乡已经三年。对于历史我们总有许多费解的地方，比如苏家兄弟常年在海外经商却如此看重国内乡下的虚名，不知可否变相地理解为这是中国人骨子里的乡梓情结，是异域也洗刷不掉的光宗耀祖的思想。只是，苏家如此富庶又看重声名，为何连一个自家的宗祠都没有修建，而是让孩子们挤在简家宗祠里学习？再者，苏杰生也是经营有道之人，极有经商头脑，会不知市场变幻莫测，经商须留有余钱以备不时之需？兄弟二人一味地大肆捐款，最终导致了生意周转不灵惨败收场的结局。可见，世上之事，本是想来简单，但是在欲望面前极为简单的道理也常常被忽视掉，不可不谓利欲熏心常使人智昏。如果苏杰生能冷静下来，哪怕只有那么一盏茶的工夫，仔细想想自己的疯狂举动，也许苏家的命运、苏曼殊的命运都会有所不同。

然而，事实是苏杰生此时远在海外生意正是兴隆之时，兄弟二人一时只觉得家业丰厚，已赚下了几世用不完的钱，他们无所顾忌地开始了虚荣的挥霍。他们通过捐钱买官，来换取虚无的荣耀感。这种事情在苏家早不是第一回了。

早在1869年，苏家的十六世祖苏瑞文，也就是苏曼殊的祖父便在广东为陕西灾民捐银三十二两五钱、米六石五斗，封典监生。监生在清代是可以捐来的官，没有实职，只是个虚衔，除了自欺欺人地拿来光宗耀祖没有什么实际意义。但是对于香山县的小村庄沥溪来说，这无疑是件大事，一件足以荣耀乡里的有派头的事。苏家因这次捐官带来的荣耀感，对捐官一事越发情有独钟。1884年苏杰生最早只捐银八十两，封典九品职衔，从九品职衔。得到九品虚衔后，苏杰生又报捐九百两，这一次封了光禄寺署正职衔。

而小苏杰生六岁的同胞弟弟苏德生，在见哥哥因捐官大得好处后，心内更加激发了捐官的热情。他也同捐了八十两，亦封典九品职衔，从九品职衔。德生似乎比哥哥更加痴迷，接着又报捐千两，封同知衔。他走火入魔般在同知衔再次报捐七百两，得加一级，封父母并封及其兄嫂从四品衔。

苏家在大肆捐钱后，生意上因周转不灵陷入了僵局。国内国外一大家子吃穿用度银钱是一时都不能短缺的，苏杰生突然意识到他们兄弟二人疯狂地捐官可能将苏家带入了难以挽回的颓败之地。1892年，在苏杰生苦苦支撑无果的情况下，苏家的生意又一次惨遭失败。这一次元气大伤令苏杰生在日本无法再经营下去。于是，他决定带两位姜室和两个女儿返回广东老家。临别前，他去辞别了河合仙。河合仙多年来都是那样温婉，她知道如今苏杰生落败更是不可能带她回国，她似乎看到了自己无依无靠的未来。她什么也没有说，精心做了几样日本吃食，温了一壶清酒，只安静地给苏杰生布菜。

"你会怪我吗？"几杯暖酒下肚，苏杰生满怀歉意地问她。

"御主人，你不要这样想。能得到你多年疼爱，妾已心满意足。"

"你总不似我们中国女子那般依附我。"

"并非我不依附你，只是我不想因我增添你的烦忧。"

"是未曾爱过我吗？"苏杰生目光炯炯地看着她。

"若没有爱意，怎么会忍下如此多的苦楚？"河合仙温柔地笑着，给苏杰生斟满酒。

"我不能带你回国，我的家乡恐不能接受你。"

"御主人，多吃点鱼吧！我们不谈这个。"河合仙双目盈满泪水，了然地看着苏杰生。

"他日待我生意好转再来接你。"

"不要理会我，这里是我的国，我可以生活。只是，你回去要好好待宗之助。可以吗？"河合仙扶着苏杰生的手臂，哀哀地对他说。

"你放心，我会好好教养他。"苏杰生饮尽杯中酒。这一夜他留在了河合仙的住处，事实上，他已经很久没有来看过她了。他抚摸着河合仙略微松弛的皮肤，感慨着在日本风花雪月的岁月，如今一切大梦都该醒了，他要打回原形回到那个贫瘠的小村庄去了。不管是叶子发上的流苏，还是河合仙怀里的馨香，以后都与他彻底告别了。

一个阴沉的下午，苏杰生带着大、小陈氏和两个女儿惠芳、惠芬踏上了南下的航船。几年前，他曾拉着河合仙的手目送这艘船载着苏曼殊远去，如今他定定地回望岸上河合仙孤独的身影，不免心内凄凉。他知道亏欠她们姐妹，只是以往兴盛时从未觉得悔恨。如果时光重来，他应当对她们再好一些。

父亲的归来并没有让苏曼殊多么高兴。这几年来在日本的记忆日益模糊，除了十分想念河合仙，他对日本的许多事都已经记不清了。父亲的形象在他的心里一直是隔着一层厚厚的纱。他看得到纱后是他的父亲，只是从不真切，他们之间充满了淡漠和疏离。

当然，苏杰生的归来并没有改善苏曼殊的现状。相反，大陈氏在日本时就嫉妒排斥河合仙，回国后又见到苏曼殊，这妇人旧日的凶恶嘴脸更甚一层。起初在人前她尚知收敛，虚情假意地关怀小曼殊，但背地里总是对他白眼相加，绝无半分好脸色，有话出口也必是冷声呵斥。时间久了，她常在苏杰生面前说小曼殊的坏话，说他顽皮贪婪、品行下流。苏杰生正值人生低谷，心情本就抑郁，听大陈氏说起苏曼殊的错处难免心烦，气头上也会将曼殊唤来无故地训斥一番。更甚者，苏杰生孩子多，常无心管教这个日本女人生下的孩子，便吩咐大陈氏多加管教小曼殊，结果往往是关起门来一通凶狠的打骂。大陈氏言语无状，有时打骂曼殊连着河合仙一起骂出口来。黄氏听到几回，忍不住呵斥了大陈氏，可转过头无人的时候，她待曼殊变本加厉。时间久了，小曼殊每天下学回来都是战战兢兢，见到大陈氏不自主地怯懦惧怕。

苏家在沥溪村的宅子是普通农户的建筑，屋内本窄小，现在苏杰生又带

着一大家子返乡，一时间家里也是拥挤不堪。小曼殊犯错时便常被大陈氏赶去柴房睡。这孩子本就体弱，如此一来更是十日有九日都是病的。大陈氏借口曼殊肠胃弱不能吃荤腥，常常每顿饭只给他一碗薄粥，任谁也想不到苏杰生的儿子竟每日过着饥寒交迫的日子。苏家的孩子都有母亲在身边照料，唯独这个孤苦无依的孩子渐渐地活成了苏家一道影子，他卑微得像是苏家的一件家具，抑或是庭院里的一棵杂树。他的存在可有可无，他的喜怒牵动不了任何人的情绪，除了大陈氏乐此不疲地欺凌外，其他人常常将他忽视了。

同时，苏家的落败使得沥溪村里的人们生出了许多往日不敢有的酸话。他们似乎早就看到苏家会败落，为时不晚地显现了先见之明。这些话，村人们自不敢当着苏杰生的面说，毕竟瘦死的骆驼比马大，苏家即便败落了，在沥溪村还是唯一不农耕的家庭，只是当着小曼殊的面他们往往会肆无忌惮地打听，诸如：你父亲是不是没有钱了？在日本欠债了没有？封的官会被收回去吗？

自古拜高踩低，在哪里都不是罕见的事。只是这些世态炎凉在九岁的孩子面前过早地拉开了帷幕，让他经历了寻常孩子没有的童年，提前体悟到了浮世的孤独寂寞、人情冷暖。

恰如前文所言，当日苏杰生兄弟若有一盏茶的工夫仔细想想这无休止的捐官散钱是多么荒唐，苏家的命运、苏曼殊的命运也许都会改变。若苏杰生在日本一直能妥善经营下去，苏曼殊长大后想必会顺理成章地回到日本帮助他的父亲及兄长打理家业。历史往往并不尽如人意，它喜欢曲折变幻，让我们在命运的摆布中开启悲哀与抗争的篇章。

　　《黄帝内经》有言："真气者，所受于天，与谷气并而充身者也。"也就是说，阳气是由先天的元气即由父母之精所化生，再加上后天水谷精气和自然清气结合而成。

　　我们不难想象河合叶子在怀苏曼殊时，苏杰生并未给她名正言顺的身份，况且她有了身孕后苏杰生对她的宠爱日渐消退，叶子必定是心内郁结常常忧思难安的，苏曼殊便可谓"先天不足"。离开了河合仙后，在岭南本就水土不服常年体弱，加上后来大陈氏回来后在饮食上对他多有苛待，他常常肠胃不适又得不到细心的调养，可谓"后天不补"。日积月累，苏曼殊年幼的身体渐渐被掏空了，十日有九日是病恹恹的样子。

　　苏杰生在乡下无所事事，本就心内烦乱，大陈氏每日在其耳边又从不说苏曼殊一个字的好，总说他：异邦之子毫无良心，何谈事亲至孝？每次见了她这个姨娘总是看不见似的绕着走。时间久了，苏杰生为父的天性也淡漠下来，对这个儿子竟几乎到了不管不顾的境地。

　　这大陈氏毕竟是过来人，她心内知道黄氏是有定见的人，难受她巧言蛊惑，便盯上了黄氏的长女苏燕，极力拉拢讨好苏燕以求稳固其在苏家的地位。苏燕并不如她的母亲黄氏那样有着统观家族的大格局，她心内本就十分厌恶苏曼殊，加之大陈氏对她百般讨好，她似乎更加找到了志同道合之人，加上大陈氏的三个女儿遗传了她们母亲的刁钻刻薄，由此苏曼殊在家中到了苏家无论长幼皆鄙薄轻视、白眼相加的地步。

1895年，苏曼殊12岁。此时，苏杰生在乡下居住了几年，休养生息之后，本就不欲在沥溪多留，便又一次丢下曼殊带着有身孕的大陈氏以及她所生的女儿们去了上海。

苏杰生总是宠爱大陈氏，此次去往上海又是带走了大陈氏和她的孩子，这让黄氏觉得自己对于苏杰生而言不过是一个不讨他喜欢的管家婆。她心里常想，要是大陈氏在上海此胎生下个儿子，苏杰生保不准以后就在上海带着他们另辟宅邸长住不归。她日夜难安，总有主母地位不保的隐忧。近日，她为了稳固在家中的地位，终于想出了个法子，她急于给煦亭娶妻，希望媳妇进门后早日生下嫡孙，至此大小陈氏无论如何折腾，最多是得丈夫宠爱多些，这苏家做主的依然是他们母子。

黄氏的算盘打得精，可现今苏家屋舍本就不宽敞，煦亭娶妻必要有新房给二人居住。她正烦恼间，可怜的苏曼殊在这个时候终于大病了。他高烧不退，腹泻不止，常在床榻上忍不住便溺。年迈的苏家祖母早已无力照顾他，黄氏的心力全在长子苏煦亭身上，加之曼殊常常便溺弄得屋内臭气熏天，每日里都是高烧说胡话，连家中仆妇都嫌弃他屎尿脏臭，说苏曼殊得的是疟疾，又像极了瘟疫，怕被传染谁都不肯靠近他，更何谈精心照料？黄氏忍着令人恶心的异味走进苏曼殊的房间细瞧他，骨瘦如柴，已吃少排多，呼吸微弱几不可闻，心想他可能是养不大了。那个年代，物质匮乏医疗条件差，常有贫苦人家的孩子夭折，黄氏自己的孩子苏焜也是没养到六岁便夭折了。她见苏曼殊此时的光景还不如苏焜，心下一狠，便将他丢入柴房让他自生自灭。

苏家新娶的媳妇亦姓陈，同姓但不同本性。新嫂子过门没两天便捺不住心内的良知，大着胆子向黄氏请命。她觉得如此对待一个孩子太过残忍，况且这孩子还是煦亭同父异母的兄弟，这般放任他的死活不管，实在有违积善之家的祖训。煦亭十分疼爱新婚妻子，加上他在苏家本就是心性较为淳善之人，便也支持妻子努力救治小曼殊。

他劝说黄氏："娘，不可如此对待三郎，传出去宗族邻里会议论您没有主母雅量，容不下姜室所出的孩子，甚至会非议您是故意要害死三郎。"黄氏听他言之有理，便同意为曼殊请来大夫诊治。

年幼的曼殊内心悲苦万分，小小年纪眼泪便似流干了。加之病痛的折磨，心性渐渐麻木起来，似乎不知疼痛，不知冷暖，他已经隐约感到自己会这样死去，像只看门犬般臭烘烘地病死在柴房里。这时，新嫂子请来沥溪村最好的大夫为他诊治，每日里也不嫌弃他脏臭帮他擦洗、送饭、喂药，将他照顾得十分妥帖。苏曼殊的内心恢复求生的欲望，他开始恐惧起来，恐惧病痛，恐惧死亡，恐惧黑漆漆的柴房。他想自己能好起来，不必这么受罪，可以奔跑着回到河合仙的身边，像以往那样做一个有娘疼爱的孩子。他常常见到新嫂子打开柴房的门，在明媚的阳光下走进来，她的笑容是那么柔美，像极了他的母亲河合仙。在巨大的死亡阴霾下，新嫂子为年幼的他重新点燃了生的希望。

苏曼殊总是乖巧地将药一滴不剩地喝下，吃光新嫂子给他带来的食物，他的身体竟奇迹般地开始好转。他的先生苏若泉也开始来探望他，并给他带来了几本好书。在这脏乱阴暗的柴房里，他却觉得这里是难得的温暖人间。

当他终于有力气站起来，虚弱地扶着门框走出来，又闻到了院子里桂花浓郁的香气时，终于忍不住泪流满面。他从未有过地痛恨这个家，痛恨这家里的一切，然而他又不可控制地希望这些让他委屈痛恨的人能给他多一丝的关爱。如果，如果黄氏能让他回到房间里住，如果大陈氏再回来时能给他吃饱饭，如果长姐能不在背地里打骂他，如果父亲能对他好好地笑一次，他还会原谅他们，他还会爱他们，愿意听他们的话，愿意做苏家最乖最乖的孩子。因为他知道，他们都不是坏人，他们也懂得对别人好，他们也会很温和地讲话，他们也愿意做好吃的食物给家里别的孩子吃，他们都不是最坏的人，只是他们讨厌自己，不爱自己罢了。这又有什么？他们只是不快乐，看见他就会不快乐，他们不快乐时也是很可怜的。如果他们有一日能对他好一点，就好那么一点点，他就会很满足，他就会很感谢他们！

然而，苏家的人对他的态度并没有一丝好转，除却新嫂子对他时常关心，连煦亭也顾不上他，每日在外面忙碌。当然，煦亭要是真的对他特别在意，也就不会轻易地让黄氏把他丢入柴房。他只是比家中其他更刻薄的人要多一丝厚道。

有一日，黄氏因为新媳妇对苏曼殊过于关心，而训斥了她几句，说道：

"你与三郎毕竟是叔嫂关系，你如此关怀他未免有伤教化，日后应注意几分，不可再如此胡来。"陈氏被婆婆训斥后不免委屈，关上房门一下午没有出来。晚饭时，曼殊见她红肿着双眼，他难过得饭也吃不下，心里内疚极了，想着自己还是早点离开这个家吧。自己不应该在这里生活下去，会连累了善良的嫂子，而且再那样大病一场，要是嫂子都不敢管自己，那也是必死无疑的。

命运总是过分地巧合，让我们常觉得它像是早就写好的剧本等待我们去演绎，其中充满了不可思议的机缘，让人生往往比故事更为精彩。正当苏曼殊每日想着如何离开苏家，离开后又能去哪里的时候，新会慧龙寺的赞初大师游历至沥溪村。他慧眼独具，见这孩子生得胎骨不俗极有佛缘，便鼓励他出家，跟自己回慧龙寺。曼殊听到大师如此褒赞自己，又肯带自己走，如此有食有住的好去处，自然令他十分心动。几乎没有任何犹豫地，他便跟着赞初大师一路游历离家而去，告别了这个令他惧怕又心痛的小院落。

成年后的苏曼殊在自己的小说中对寺庙有着十分精彩的描写，他笔下的寺庙庄重不失秀美，古朴兼具灵气。他心中对佛法的尊崇便是由此打下了基础，一代奇僧苏曼殊从此与佛法结下了不解之缘。

只是无论他一生的经历是多么不平凡，所创文学的高度是多么令人仰视，他的内心总有那么一个脆弱的角落，便是他自幼母爱的缺失，以及对母亲不断的思念与呼唤。同时，他幼年虽然遭受了家人不公平的对待，但本性的纯善和佛法的熏陶令他比常人更加懂得珍惜，懂得原谅。

在著名小说《断鸿零雁记》中，他这样写道：

> 住僧数十，威仪齐肃，器钵无声。岁岁经冬传戒，顾入山求戒者寥寥，以是山羊肠峻险，登之殊艰故也。
>
> 一日凌晨，钟声徐发，余倚刹角危楼，看天际沙鸥明灭。
>
> 是时已入冬令，海风逼人于千里之外。读吾书者识之，此日为余三戒俱足之日。计余居此，忽忽三旬，今日可下山面吾师。后此扫叶焚香，送我流年，亦复何憾！如是思维，不觉堕泪，叹曰："人皆谓我无母，我岂真无母耶？否，否。余自养父见背，虽茕茕一身，然常于风动

树梢，零雨连绵，百静之中，隐约微闻慈母唤我之声。顾声从何来，余心且不自明，恒结凝想耳。"继又叹曰，"吾母生我，胡弗使我一见？亦知儿身世飘零，至于斯极耶？"

《香赞》既阕，万籁无声。少选，有尊证阇黎以悲紧之音唱曰："求戒行人，向天三拜，以报父母养育之恩。"余斯时，泪如缏縻，莫能仰视；同戒者亦哽咽不能止。

　　1895年，12岁的苏曼殊随着赞初大师一路游历颇有见闻。一路化缘风餐露宿虽说辛苦，但其在家时亦常受苛待，竟比寻常孩童显得更耐苦些。为此，赞初大师心内欣慰。大师路遇饥渴之人总是热心地关怀帮助，出家人的慈悲心肠与苏家众人的尖酸冷漠相比，让曼殊感受到的不只是温暖，还有胸怀。

　　师徒二人最后行至广州。一座高大挺拔的宝塔立于苍翠之间，苏曼殊早就远远地看见了此塔，不由得惊叹。赞初慈祥地对他说："三郎，我们便在此挂单为你剃度吧。"说着便带他登山向着宝塔而去。

　　赞初知道此地有一座千年佛教古刹——六榕寺，始建于南朝梁大同三年（537）。当时梁武帝萧衍母舅昙裕法师，千里迢迢去到柬埔寨求得佛舍利带回广州。广州刺史萧裕特地营造宝严寺迎接供奉，后改名为长寿寺。直至宋朝元符三年（1100），苏东坡被贬海南奉诏北归时，曾途经广州，慕名到寺内游览。他被寺内六棵苍劲如虬龙的榕树所吸引，欣然挥笔题"六榕"二字。东坡字迹潇洒苍劲，寺僧将此墨宝刻于石壁之上，自此这里便俗称"六榕寺"。六榕寺是正宗的禅宗道场，与海幢寺、光孝寺、华林寺并称为广州佛教"四大丛林"。

　　苏曼殊跟着赞初大师行至六榕寺。他胆怯地低着头，紧跟着赞初大师安静地步入寺中。走近一佛堂，曼殊抬头见堂前有一牌坊上书"曹溪法乳"，廊上悬挂着匾额，书曰"六祖堂"。步入堂中，见堂内供奉着北宋端拱二年（989）重修时便供奉的禅宗六祖慧能法像，因其以修净业，此地也曾因此改名"净慧寺"。苏曼殊见堂内佛像法相庄严，通体以紫铜铸造，高近两米，想必重达千斤。细看六祖结跏趺坐于太师椅上闭目参禅，其容貌和神态栩栩如生，其容超凡脱俗，又自然和蔼，不由得心生敬畏之情，不敢直视。

曼殊垂首偷偷地向堂外望去。堂前椿树绿意盎然，杏黄色的院墙有透彻洁净之感，青灰色的殿脊、苍绿色的菩提树，全都沐浴在瑰丽的晚霞之中。几棵葱郁的古树高耸入天，阳光透过茂然阴翳留下斑驳的叶影子，树下秀然的"补榕亭"前立着苏东坡亲书的"证道歌"碑刻。他曾觉得简氏宗祠建筑的气势不凡，高高的门槛、雕花的木门曾让他惊叹不已。现如今到了六榕寺，方知沥溪村内的种种，不过是百姓寻常建筑，与这千年古刹比起来，小小的院子未免显得拘谨。

赞初大师从他的眼中看到了敬畏与惊叹，暗暗点了点头，对他道："三郎，你随我来。"苏曼殊赶忙答应。赞初站在院子里指着前方的高塔说道："三郎，此花塔颇有些年头了，还请寺内高僧为你详解。"旁边的法师便笑呵呵地对苏曼殊道："此塔始建于梁大同三年（537），曾毁于大火。直至北宋绍圣（1097）重建。通塔砖木结构，你看那塔面为八角形，它外九层、内十七层。待明日我带你们登塔，便可一览它的全貌。"曼殊听到明日要登塔，内心雀跃不已，但面上却不敢表现出兴奋之色，只攥紧拳头忍住笑意暗自喜悦。

晨钟惊飞鸟，朝霞映宝刹。第二日一早做完早课，赞初等人便带着寺内一众小僧开始扫塔。行至塔前，方见塔底层直径宽广并有副阶，一行人行过佛礼便入塔内。它的楼梯为穿壁绕平座式，各层塔身外设有回廊，各层层檐以绿色琉璃瓦覆顶，檐端微翘。赞初对曼殊说现塔冠为元至正十八年（1358）所铸的千佛铜柱，柱身刻有一千零二十三尊佛像并祥云天宫宝塔图，连同塔顶的火焰宝珠、三层九霄宝盘、九层宝轮、一层双龙宝盘、八根铁链组成庞大的塔刹。曼殊见整个花塔朱栏碧瓦，丹柱粉壁，心内对古人的建造技艺钦佩不已。

几个小僧人带曼殊来到塔东的天王殿。其面阔三间，进深二间，六架椽屋用三柱，檐柱外出两跳插拱承托挑檐梁，碌灰筒素瓦，硬山顶，保存了明代的建筑风格。

这几日在六榕寺的见闻，令曼殊目不暇接，开阔了他的眼界。对一个12岁的少年来说，僧人们对佛学的尊崇虔诚，打开了他心中那扇慈悲的门。他的内心对佛学充满了憧憬和敬畏，对佛法的慈悲普度之心有了最初的体悟。

赞初见曼殊在六榕寺内比往日多了几分安静与沉稳，便对他说："三郎，佛法有三戒：沙弥戒、比丘戒、菩萨戒。你如今年岁尚不满十三可受沙弥戒，依《四分律行事钞》之分沙弥为三种：年七至十三为驱乌沙弥；年十四至十九之间为应法沙弥；年龄已超过二十岁，然尚未受具足戒，为名字沙弥。"

"师父，那我如何才能正式成为沙弥呢？"

赞初温和地笑道："不论何种沙弥，必须受十戒，方能正式成为沙弥。"

"师父，那何谓十戒？"

"沙弥十戒即，一不杀生，二不偷盗，三不淫，四不妄语，五不饮酒，六不着花鬘好香涂身，七不歌舞娼伎亦不往观听，八不坐卧高广大床，九不非时食，十不捉持金银宝物。"

"这么多！师父，我记不下怎么办？"

"不急，不急，你只口中常念佛号，心中常恩慈悲。我出家人不争高低，不享富贵，不杀生灵，不贪口舌之快便可。至于戒律我日后自会细细教导于你。"

"是，师父。"苏曼殊恭敬地听着赞初的教导。在他心中，慈祥的赞初法师和沥溪的先生苏若泉一样，他打心底由衷地尊敬爱戴着他们。

曼殊就这样受了沙弥戒，法号"曼殊"，在六榕寺平静地住了下来。他年方12岁便唤作"驱乌沙弥"。驱乌沙弥本为驱逐乌鸟不使夺比丘食之沙弥也。《僧祇律》曰："阿难有亲里二小儿孤露，阿难养畜之。佛问是二小儿能作此驱乌未？答能。佛言听作驱乌沙弥。最下七岁，至年十三者，皆名驱乌沙弥。"

苏曼殊在六榕寺终于能像个平常少年般生活下来。在这里他不必受人白眼，不必每日听冷嘲热讽。因他聪慧好学，对佛法了悟也比同龄的小僧要透彻，赞初大师亦常称赞他。

这里的日子似乎事事顺心如意，但只有他心里只知道出家什么都好，唯有一件事让他烦恼，他所受十戒第二戒便是不可杀生，出家人不能吃荤。苏曼殊在苏家时便常吃不饱饭，大陈氏更是不让他沾荤腥，那时他因大陈氏的跋扈不敢索要，但不敢并非是他不馋，毕竟是一个年幼的孩子。现在每日青灯古佛，青菜豆腐，虽说日子过得顺心没人苛待，但是他心里还是十分想吃肉，每日里见院子里飞来的鸟雀，心中总是幻想着能捉几只来烤着吃该是何等美味。于是，他在心中偷偷地策划一起简单的"谋杀"，他终日思考着：该如何成功地捕捉一只肥鸽，并偷偷地把它烤来吃掉。

有一日，他如平常般驱赶寺中鸟雀，见一只小鸽子翅膀受伤飞不高，这一幕瞬间刺激了他的味觉。他吞了吞口水窥探一圈，见四下无人便如捕猎的小犬般扑了过去，可怜的鸽子几经躲避还是被他逮了个正着。苏曼殊将鸽子揣进自己的僧袍飞速地向后门跑去。这鸽子怎么肯乖乖地在他怀里待着，它拼命地扑腾不时发出惨叫，苏曼殊惊慌极了，他死死地按住鸽子用力地捶打了几下，鸽子的反抗微弱下来。他几乎是飞奔着跑出院门的，心中不断地祈祷千万不要遇见人，更不要遇见师父。

苏曼殊一直疯跑到寺庙院后的荒草丛方敢停下来，他从怀中紧紧地攥住鸽子的翅膀将它拖了出来。这倒霉的小家伙早就断了气，奄拉着脑袋宣示着曼殊的胜利。曼殊双眼放光，想着终于可以吃到美味的鸽子肉了，不禁舌下生津。他找了处溪水将鸽子好生宰杀一番，洗得干干净净，心内计划着一场盛大的晚宴。待一切准备就绪该烤鸽子时，他突然发现自己跑得慌乱并未带调料和火石出来，便用芭蕉叶包裹好鸽子藏在草丛里，又飞速跑回庙里偷调料和火石。他精心地将每一种调料都取了一点，混在一起包了个纸包，又偷偷地取了窗台上的火石。早前寺庙的窗户与现今大为不同，那时因为房梁高的原因，窗户也开得很高，苏曼殊够不到火石又跑去搬了个鼓凳，着实费了一番工夫。等他匆匆忙忙急不可待地跑出后门，直奔他的小鸽子而去时，并未发现身后一个小僧狐疑地看着他慌乱的样子。

他一路飞奔早不似先前体弱的样子，如今倒十足像只小狮子，直奔他的大餐而去。刚才藏得匆忙，现在找了几处都没有找到鸽子，他还以为被野狗叼走了，找着找着竟然急哭了，嘴里不禁骂道："哪里来的毛贼，偷了小僧的肥鸽？我已快一年未食肉味，如今被你们这些畜生偷了去，你们尚不知我的日子过得还不如你们好呢？呜呜……呜……"哭着哭着，他胡乱地拿着根树枝抽打着草丛，竟将那包着鸽子的芭蕉叶子抽了起来。失而复得让他太过惊喜，直接扑了上去将鸽子抱在怀里好好查看了一番，确定一块肉也没掉方安下心来，咧嘴笑了。

苏曼殊撸起袖子用偷来的调料细细地涂抹鸽子。他偷时也不知是什么调料，见到就拿，如今闻起来倒真像五香调料粉的味道，急急生起一堆火，便用树枝穿着鸽子慢慢地烤了起来。

起初火猛了些，很快鸽子的表皮便焦煳起来，苏曼殊赶紧抬高烤鸽，不敢再贪急，忍着嘴馋吸着口水慢慢地烤。吃过山中烤味的人都知道，这种烤野味最是磨人。黄亮的肉皮在火焰中嗞嗞地冒着油花，咸鲜的烤肉香气浓郁得四散开来充斥着口腔，可是这肉就是迟迟不肯熟。苏曼殊等不及，隔一会儿扯一块肉下来尝尝，半生不熟地吃了大半只鸽子，终于剩下的半只滴着黄亮的油外焦里嫩地烤熟了。他迫不及待地大咬一口，烫得舌头炸痛，嗷嗷叫了几声。但他依然顾不上疼，急急地吹着气，狼吞虎咽地将剩下的半只鸽子全塞进了肚子。说实话，这只鸽子真的是瘦小得可怜，总共也没多少肉，但苏曼殊还是吃得极为满足，他舍不得丢掉任何一块细小的肉渣，将刚才啃过的骨头挨个仔细地又啃了一遍，又将刚才穿鸽子的树枝捡起来，细细地挑着上面的肉屑。

正自意犹未尽间，忽听一声大喝："你在做什么！"苏曼殊吓得蹦了起来。由于起来得太急没有站稳，脚下一滑重重地摔倒在地，他抬头见两个师兄领着三个小沙弥，正愤怒地瞪着他。

原来是刚才见他偷跑的小沙弥觉得不妥，报告给了寺里几个较大的师兄。众人寻出后门，见院后这边有烟火气，担心是哪位粗心的路人留下了火种，便急急地赶过来查看。众人见他在这里偷吃烤肉，犯了戒律，不顾他的求饶，愤怒地将他扭送到赞初面前。赞初大师失望地摇摇头，无奈众人为证，苏曼殊自己也全都坦白招认了，只能按寺规戒律处置。

赞初大师收回了他的僧衣、僧钵，依戒律杖责了他，命众人将他赶出了六榕寺，并在寺门口贴了告示，将他所犯戒律写明，并言明已逐出本寺，不再为佛门弟子。

曼殊虽被逐出六榕寺，但这几年跌宕起伏的人生，早已让他学会了接受人生的变故。他穿着来时的衣衫，揉着疼痛的屁股，一瘸一拐离开了六榕寺，心内并未有太多伤感。这次偷鸽子肉将他放荡不羁的本性初显出来，大他三岁的好友章士钊先生日后曾写诗戏言他道：

> 五香鸽子清斋具，方丈番茶解渴宜。
>
> 口食甘为焚齿象，书痴敢作卖饧诗。

苏曼殊12岁这段出家经历虽然短暂，但对他一生的影响极大，这次经历为他打开了佛学的大门。后来，他多次探寻佛法，平日喜着僧衣，剃发示人，一生几次受戒，深入研究梵文经典……在佛学研究的路上，苏曼殊走出了中国近代史的新高度和独特风采。他的侄子苏绍贤后来回忆他说："先叔……初入大同学校，常于暇绘僧像，学念经，以为乐。所着之衣，所剃之头，一举一动，酷似僧人，同学咸呼之曰'苏和尚'。"

　　离开了六榕寺的苏曼殊，自是不愿回到沥溪的家中，在那个让他伤心的家唯有祖母真切疼爱他，嫂子虽也是善心之人，但后来碍于家中长辈的压力并不敢对他明目张胆地关怀。曼殊本是心性极善之人，又随赞初大师受佛学熏陶，此时更不愿回去连累嫂子。于是，他左思右想，想到了自己还有一个可投奔的亲人，便是苏杰生的胞妹，他的姑母。

　　曼殊的姑母为人最是嘴上不饶人，但其本性并不坏，她见到这孩子孤苦无依，又被从寺庙中赶了出来，身上还带着伤，走起路来一瘸一拐，问他家中诸人诸事也不言语，只是一味地流泪，她已了然苏曼殊在沥溪必定受尽冷遇。姑母平日里多受苏杰生的帮扶，自是不能拒他于门外，又见这孩子如风中飘零的秋叶，不禁心内黯然：这人世间的炎凉他一个孩子又如何能理解呢？只是尚不知他一"异邦之子"日后还要经历多少风霜欺凌，苟活不易。

　　姑母是个没有受过教育的人，她的善心更多的是一种妇道人家的怯懦，而种族偏见和宿命心理使她言语上总是尖酸刻薄。她对曼殊并没有想象中的温和慈祥，常将一些不中听的话挂在嘴边，什么："怨不得别人，你毕竟是东瀛女人生的，在我们这难听点叫作杂种的。""你也不要太难过，猪狗再如何低贱，咬住牙也是能活的。"苏曼殊听着这些看似安慰实则剜心的话，转过身时常常一个人哭泣。

　　起初姑母是想将他送回香山沥溪的，但是，曼殊无论如何都不同意。他始终没有告诉姑母自己曾在柴房苟延残喘的日子，一则不想背地里说自己亲人的不是，另则在姑母的刀子嘴下保有可怜的自尊。

1896年冬天，13岁的苏曼殊在姑母家住了一段时间后，居于上海的苏杰生来信要姑母设法将曼殊送往上海。其实，苏杰生很早就收到消息，知道曼殊投奔了姑母，只因大陈氏临产在即，家中事务杂乱不便接他。如今大陈氏已经生下第四个女儿并出了月子，方顾得上这档事来。姑父姑母此去上海也并非独独是为了送苏曼殊见他的父亲，姑父有意在上海定居也做些生意，于是打点好行装，在一个寒冷的清晨踏上了去上海的旅程。

苏杰生初见儿子时委实吓了一跳，虽说这孩子本就体弱，但如今骨瘦如柴，面黄肌瘦、唇无血色，还是让他不由得心生几分愧疚。姑母在一旁冷言冷语："如今你知道心疼，为何当初放任他不管？别看如今瘦成枯柴棒，刚来我这儿比个烟鬼都不如，饿了不知几天，渴得嘴皮都脱了。"

苏杰生知道妹妹口舌最是厉害，心内感激她收留了曼殊，便不欲与她争执，好言道："此番多亏了你照应，才不至于饿死他。如今你们也来了上海，正好我们相互照应，在生意上也可多多帮衬。"姑母听苏杰生温言好语，方撇撇嘴不再数落他。

大陈氏本来是家中最厌恶曼殊的人，如今她已连生四个女儿。四女儿刚出生，苏杰生便给她取名"苏惠齐"，意思是女儿已经生齐了，接下来该生儿子了。这个名字虽寄托了这个家庭美好的愿望，但也让大陈氏颇感难堪。苏杰生接来儿子等于给她当头棒喝，她恨自己的肚皮不争气，更恨河合叶子一个外妇随随便便就生了个儿子。不过恨归恨，现下并不能和苏杰生抗衡，只能扮作贤妻良母，对曼殊假意关怀起来。

"三郎啊，你爹总是想着你，夜里冷时也常惦记你的冷暖。如今父子团聚再不可胡来，就在家里安心住下，将来也可以跟你父亲学学经商。"大陈氏演到兴头上，还拍着苏曼殊的肩膀，一副心疼要哭了的模样。

"好了，闲话以后再说吧。一家人见面不易，一起用个晚饭吧。"苏杰生心内岂会不知大陈氏是做给他看的，见她一副假面具，看着心烦，便生硬地打断了大陈氏的话。

自此，苏曼殊在上海与苏杰生，以及庶母大陈氏和她的四个女儿苏惠龄、苏惠芳、苏惠芬、苏惠齐一起生活。惠龄小的时候在沥溪村常欺负曼殊，但这两年未见她倒也长大了不少，多了几分含羞。惠芳刚九岁，比较老实，在家中也最听话，平日里帮大陈氏做的家务最多，但大陈氏却总觉得她不如姐姐惠龄聪明伶俐会看眼色，对她也时常使唤。惠芬七岁，最是可爱，她十分喜欢三哥曼殊，并常常佩服他能背出那么多的诗词文章，私下里总是缠着曼殊给她讲史书趣事。惠齐刚刚出生，这个粉嫩的婴儿最得苏曼殊喜爱。她尚不懂得欺负别人，也不会冷言白眼，大陈氏总是让曼殊帮她带孩子，曼殊倒也不觉辛苦，相反，日子渐久，他对苏惠齐这个小妹妹日益喜爱，给他孤苦的内心带来难得的快乐。

苏杰生有一个生意伙伴，也是他的至交好友，叫陈仲谱，私下里他常与苏杰生品茶喝酒。一日，他说起自己的弟弟陈国廉尚在读书，并且英文很好。陈仲谱无意中的话令苏杰生想起曼殊已在家待了快一个月，男孩子毕竟不能总在家帮大陈氏带孩子，便请陈仲谱帮忙，希望能让曼殊在其弟弟的学校就学。1896年的上海还并不十分繁华，穷苦人家的孩子都不怎么读书，学校里学位充裕，几天后，苏曼殊便同父亲去新学校报到了。

苏曼殊到底在哪所学校就读，已经没有历史记录。但是，这所学校的英文老师、西班牙人罗弼·庄湘却对苏曼殊的人生带来了很大的影响。

庄湘惊喜地发现这个新学生有着惊人的语言天分，一日里竟可以轻松地记下一百多个英文单词，同时，在语法上他也比其他的孩子更善于领悟。其实，这本也很正常。苏曼殊在日本出生，最初是说日语的，但他的父亲是中国人，所以一并学会了汉语。后来，随黄氏回到广东，他自然也通晓了粤语。加之，他在六榕寺出家时每日早晚诵经，许多经文是梵文音译，赞初大师佛法深厚，时常给他讲解经义的意思，让他在梵文上有了粗浅的基础。如今学习英文，他自然比其他孩子显现出更好的语言记忆能力，以及语法转换能力。

1896年，似乎是苏曼殊人生的一个转折。他不仅正式进入学校学习，也又一次遭受冷遇，面临孤苦的命运。

苏杰生收到了家乡的消息，他的父亲苏瑞文病重，家中让他迅速回去。他在上海的生意不能没人照看，便草草收拾了行李，将大陈氏和孩子们留在了上海。苏杰生一走，大陈氏对苏曼殊便开始了变本加厉的虐待，夜里时常不让他安睡，有时气极将他赶到门外受冻一晚。三妹惠芬常可怜哥哥，从窗子里偷偷地将自己的小被袄丢出来给他御寒。结果兄妹二人一个屋内、一个屋外，都在泪水和寒冷中挨过一个个难熬的夜晚。

没过一个月，大陈氏接到苏杰生的电报，公公病入膏肓，让她火速带孩子回乡。大陈氏只带走了自己的女儿，却将苏曼殊一个人留在了上海，并且只留下了极少的现钱和单薄的衣衫。此时，堂兄维春在日本也接到了家信，回乡途中路过上海，见曼殊可怜之至，停留了两日又给他打点了生活起居，方赶回沥溪。

维春痛骂道："大陈氏真是毒妇心肠，等我回到沥溪，必定在宗族长辈那里好好告她一状！"

"维春哥你千万别这么做。"

"为什么？"

"我……我心里不怪她，而且我很喜欢芬妹和齐妹，权且看在她们的面上吧！"维春看着他心里没来由地一阵心酸。他难过地点点头道："好，我不告她状。"

苏曼殊送别维春时，想起幼时在乡野维春带着他们捉蔗鼠、钓虾、追狗，眼泪不由得簌簌而下，他是真心喜欢这个堂哥。维春的本意是带他一起回去，直至临别再次问他："三郎，你真的不同我回去吗？"

"维春哥，我此生都不再回沥溪。"说完蹲下来大声哭泣起来。维春拉他起来，在他的肩膀上重重地拍了两下，给了他安慰的眼神，方转身离去。

"维春哥，谢谢你！"苏曼殊哽咽着在他身后大声喊道。维春回过头来，眼圈也红了。他甩甩头咧开嘴露出洁白的牙齿大声喊道："你我兄弟，谢什么谢！"说完快步上船。

码头的风吹得苏曼殊睁不开眼，天尽头那浅白的地平线像是割裂他亲缘的一把刀刃。他朝向那刺眼的太阳，心中感到无限的苍茫："我是谁？可以去哪儿？何处是我栖身之所？这世上可有人需要我？"

苏曼殊的人生与船和码头有许多交集。他一生始终漂泊在路上，不是在

船上远离岸边的亲朋，便是在岸上望着别人离他远去。最后，苍茫的天地间只留他一人孤独地在心中诵念佛语。

维春走后，苏曼殊又暂居在上海的姑母家。姑母的嘴依旧是十分厉害，日日念叨着对曼殊的收留之恩。这加重了苏曼殊内心的寄人篱下之感。

1897年11月，苏曼殊的祖父、苏家十六世祖苏瑞文在香山县沥溪村病逝，卒年81岁。苏家举家同哀。未及新年，苏杰生的妾小陈氏亦病逝，卒年24岁，终身未育。她的存在与离去对苏家而言却显得格外平淡。

此后，苏曼殊真的如在渡口他对维春说的那样，终生未再回沥溪。

1898年初春，15岁的苏曼殊自觉再也无法在姑母家寄宿下去，这种没有自尊的生活压得他喘不过气，他甚至几度想再找个寺庙出家去。就在他被姑母日复一日的挖苦和唠叨压垮前，表兄林紫垣（苏曼殊祖母的侄孙）的出现再一次解救了他，为他打开另一扇大门，通向一个更为广阔的世界。

这年初春，苏曼殊听说哥哥煦亭已回日本经商，加之表兄林紫垣要去日本，便央求父亲让他同往。苏杰生几经思量，认为苏曼殊也应该回日本寻他的母亲河合仙以叙天伦，便同意侄子维翰与他同去。于是，三个人一起踏上了东渡的旅程。

东渡的旅程显得格外漫长。也许是曼殊太迫切地想回日本，迫切地寻找到他的母亲，那种心情没法用语言来形容。清晨的海上弥漫着浓浓的白雾，航船在漫无边际的大海航行总也见不到岸，苏曼殊心生无限苍凉之感。他在想，在天地间，自己恰如一滴水罢了，存在与否都是那么轻描淡写。

他依稀记得小时候在日本大陈氏对他们母子多加刁难。他的母亲经历了那么多离别与苦痛，那时候大陈氏甚至不允许母亲进家门，不允许她公开承认是父亲的妾室。这世上没有几个人在意他，如果可以选择，他希望自己在升腾之前，可以在河合仙的眼前化开；当他消逝时，母亲便可见那绚烂的朝阳。

樱花初绽的时候，苏曼殊终于在离别九年之后回到了横滨。事实上离开时，他只有6岁。那时的记忆早已模糊，他印象里的横滨其实只有几个片段的剪影：那土黄色的路面、人来人往的街市，还有会馆前梳着辫子的中国人与卷头发的欧洲人攀谈……心底深处，他是热爱横滨的。这里拥有他最温暖的童年，有他的母亲河合仙，然而他也知道如今的河合仙已经与父亲分离了。

林紫垣大苏曼殊16岁，刚过了而立之年，为人心善，行事十分稳重。他让苏曼殊吃住在自己家里，并着手安排他去大同学校读书。

日本横滨的大同学校（现名山手中华学校）始建于1898年，是由孙中山先生首倡，由当地华侨捐款在横滨建成的一座侨校。学校用广东话教学，主要是为了方便华侨子弟读书。它曾在1923年关东大地震时被毁。震后华侨们重建了一所"中华公立小学堂"。直至今天，中文仍是这所学校最大的特色。仅仅在小学部，开设的中文系列课程就有汉语、历史、地理、书法等。而年级越高，加入的中文教学内容就越多。日本横滨山手中华学校1945年毁于战争。1946年，新校舍建成，学校改名为"横滨中华小学校"，改用普通话教学。1947年，增设初中部，学校改名为"横滨中华学校"。1953年，学校分成两校，在现址处新建了校舍。1957年改名为"横滨山手中华学校"。

苏曼殊刚就读大同学校时，学校只相当于小学性质。入学时，他学名为"苏子谷"，字"曼殊"。这也是"曼殊"二字第一次见于史料记载。

当时的学校分为甲、乙两级，曼殊就读乙级，主学中文。在这里，年长他一岁的堂兄维翰与他是同学，并且结交了冯自由（当时名"懋龙"）、郑贯一、郑宗荣等同学。教授他古诗文的老师名叫汤国顿，又名"汤睿"。他是在苏若泉之后对苏曼殊进一步学习国学有着深刻影响的人。苏曼殊十分敬爱这位老师。1903年苏曼殊离日回国时，曾作诗两首留别于汤国顿。这也是他现存最早的诗作：

以诗并画留别汤国顿二首

蹈海鲁连不帝秦，

茫茫烟水着浮身。

国民孤愤英雄泪，

洒上鲛绡赠故人。

海天龙战血玄黄，

披发长歌览大荒。

易水萧萧人去也，

一天明月白如霜。

诗中的 "蹈海"句，典出《史记·鲁仲连邹阳列传》。"海天"句，典出《周易·坤》："龙战于野，其血玄黄。" "披发"句，典出苏轼《潮州修韩文公庙记》："公不少留我涕滂，翩然披发下大荒。"

年少的曼殊便善于用典，淋漓尽致地写出战争的惨烈和回国的愿望，那种心里深处的哀伤无助，面对民族危亡的悲切义愤跃然纸上。曼殊行文流水，情感流露尽显自然，说明他当时的国学基础已经十分深厚，汤国顿对他的教导可见一斑。当然，对于曼殊的国学底蕴后续再作详表。

苏曼殊在横滨的日子自然比在国内舒服许多，这让他可以有更多的时间和精力用于学习知识，亦学习为人处世。起初，林紫垣对苏曼殊尚算负责尽心，若无后来种种，也许他们也能如平常表兄弟那般，亲和地相处下去。初到日本，曼殊对他尊敬有加，不敢违拗。后来林紫垣的妻子过世，他因悲伤过度病倒不起，曼殊代他处理表嫂的丧葬事宜，表现得稳重妥帖，令人称赞。处理好表嫂的丧事后，苏曼殊得以静下心来思考另一件重要的事，便是寻找他的母亲河合仙。

苏杰生走后河合仙并未离开云绪町。经过十年的离别，15岁的苏曼殊终于与他的母亲重聚了。母子相见，心头千言万语只化作泪雨涟涟，河合仙不料有生之年还能再见到自己的儿子。她紧紧环抱着曼殊，口中不停地念着："我的宗之助回来了，我的宗之助。"宗之助，这是记忆里多么令人怀念的名字啊，叫着这个名字的人总是那么温柔，苏曼殊泪流满面不能自已，重获母爱的喜悦和多年的心酸苦楚让他一时无法诉说。河合仙虽心知苏曼殊并非自己亲生，但她至死也未将这个秘密告诉曼殊。也许她是担心会影响叶子的声誉，也许是担心淡化她与曼殊的母子情分，总归，她的一生始终把这一秘密悄悄隐藏，直至埋葬。

　　河合仙的生活并不宽裕，她无力负担苏曼殊的学费以及生活费，只能又一次无奈地让曼殊与自己别居。其实我们能够理解，在那样一个时代，一个被异国丈夫抛弃的女子怎不会生存艰难？即便苏杰生离开时给她留了点钱财，但那时的苏杰生自己也是生意惨败落魄而去，他又如何能妥善地安排好河合仙的生活呢？而且我们一直都不想承认又不可忽视苏杰生的薄情。他对河合叶子的薄情、对河合仙的薄情像是一把并不锋利的刀，冷漠的刀锋并不是决绝地割开姐妹二人的血管，而是在日积月累下用她们不能忽视的疼痛去钝挫着她们的心。

　　对比河合仙的捉襟见肘，林紫垣的生意尚算如意。他对于负担苏曼殊的诸多费用，也并无怨言。他十分欣赏曼殊过人的记忆力和他的绘画天赋。大同学校的许多教员是在清朝考中科举之人，他们对于诗书画都有着很高的鉴赏能力。一次偶然的机会，某同学将苏曼殊的画作拿给教员看，教员不禁大为惊叹：其画作有一定自叙性特征，在简单的构图中体现苍茫漂泊之感。画中的山水灵动自然，笔法运用娴熟。当时的大同学校并未开美术班，教员见识了苏曼殊的画功后，向学校举荐他当美术教员。苏曼殊由此成为大同学校的美术老师，既是老师又是学生，如此特别的双重身份怕是前人不多，后人亦为少见。

　　一天，河合仙将祖传的日本刀交给了苏曼殊。她始终把曼殊当作自己与妹妹共同的孩子，是她们家族的继承人。这把刀必定要由他保管才合宜。对于这把刀苏曼殊极为珍视，在日后与母亲分别的日子里，每每看一眼这把日本刀，能暂且寄托他的思母之情。他经常拿出来给友人欣赏，并细说此刀的来历。后人对这把刀也并不陌生，许多了解苏曼殊的人都知道他曾有一把东渡日本获得的家传刀。这是他自己也不想别人忽视的东岛印记。无论是中国还是日本，这位伟大的诗人都无以言说自己心中的热爱，他的内心深处，有着对山川大地非同常人的敬畏和追寻。

　　河合仙姐妹的家乡位于逗子樱山。河合仙与子重聚自是喜悦非常，她想带着自己的儿子回趟家乡，让曼殊看看自己母亲成长的地方。苏曼殊欣喜地答应了。他十分喜爱游历，对各处的风土人情都能抱有欣赏的眼光。他听闻逗子樱山的静谧和如画美景，便按捺不住雀跃的心。

出发前，河合仙带苏曼殊见了自己的几位好友，其中自己的至交关安子也嫁给了中国人。她的两个儿子郑文煊、郑文塔与曼殊成了要好的朋友，无异于异姓兄弟。她另一位好朋友渡边的儿子罗孝明，在多年后成了研究苏曼殊的学者，他与英国学者Henry McAleavy分别著有《苏曼殊传遗补》和《苏曼殊：一位中、日天才》，而此时，国内对苏曼殊的研究几乎是空白的，只在少数的文学史中偶尔提及他的名字。

青阳启佳时，白日丽旸谷。

新碧映郊坰，芳蕤缀林木。

轻露养篁荣，和风送芬馥。

密叶结重阴，繁华绕四屋。

万汇皆专与，嗟我守茕独。

故居久不归，庭草为谁绿？

览物叹离群，何以慰心曲！

废寺无僧，时听堕叶，参以寒虫断续之声。乃忆十四岁时，奉母村居。隔邻女郎手书丹霞诗笺，以红线系蜻蜓背上，使徐徐飞入余窗，意似怜余蹭蹬也者。……斯人和婉有仪，余曾于月下一握其手。

这段流传的苏曼殊的随笔记录下了他那语焉不详的初恋。

对于初恋曼殊并未明确记录，但从他的文学作品以及友人的语录中，我们大致可以推断出，他在随母亲回到逗子樱山时，遇见了他人生中的第一次爱情。

这一年15岁的曼殊只能算是个少年，对情爱懵懂迷蒙。在逗子樱山温柔的月色中，也许他曾有过那么指尖初点的牵手，也许是"隔邻女郎手书丹霞诗笺，以红绳系蜻蜓背上，使徐徐飞入余窗"的纯美。这样的描述很容易让我们联想到两小无猜的画面，那种青梅竹马的爱情永远带着梦幻的光晕。

这种情感必定要在岁月淘洗之后，在一个倚栏回眸的瞬间抑或风清月明的晚上，旧时光不自觉地浮现眼前，方知最是难得少年时，不负韶华不负卿。

在遇见菊子之前，曼殊还不知道如今的自己已经长得俊美潇洒。他向来是自卑并不乐见自己的点滴所成，菊子对他的青睐让他得到了自信。他开始重新审视自己的才学。

在逗子樱山静谧的村落中，一个俊美又才华横溢的少年自中国东渡而来，无疑会是最热门的话题。当他拘谨地从姑娘们面前走过时，并不知道在自己刚刚呈现背影的瞬间，女孩儿们便开始偷偷地观望他，那眼神中带着羞涩、激动与仰慕。菊子是最大胆的一个，她不知该怎样表达自己的爱慕，便悄悄走到苏曼殊的窗前，用蜻蜓系着丹霞笺写了这样一首曼妙的诗。这样的场景若能重现，定会打动每一个正怀春思的人儿，如菊子这般心思巧妙的女子往往会令男子心动不已。

曼殊马上复信给菊子。提笔时他掌心微汗，这种热烈急迫的感觉让他内心极为欢喜。当苏曼殊与菊子瞒着家人越过多摩川到若松町游玩时，菊子高高的发髻上飘落一朵洁白带粉的樱花，仿佛是冬青树尖的雪，她眉似春雨新柳，颊似月照梨花。菊子含羞低头站在一丛竹子旁，曼殊不知当初她的生母叶子就是这样静若芙蓉，让他的父亲轰然沦陷。他想牵起她的手，可只羞涩地轻触了她的指尖，菊子却转过身去。曼殊不知所措地揣测是否自己太过唐突，正自懊恼，菊子回眸对他娇羞一笑。多年后，当他在生死间徘徊时，恍惚中能见到15岁那年自己月华无边的英姿，还有那秋波盈盈的女子背对着他，回眸一瞬间山花烂漫。这种柔情哪怕只有一缕，也足以慰藉他凄怆寒彻飘零孤苦的一生。

夕阳，白云，山花，疏雨。红妆梳罢的菊子，寂寞烟雨的菊子，一点朱唇的菊子……每一个情影都让苏曼殊沉醉，他开始明白为什么古诗中有那么多的心动和痴情。他曾诵读过的那些相思与憧憬，瞬间变得鲜活起来："彤霞久绝飞琼，人在谁边？人在谁边，今夜玉清眠不眠。"

他们爱得有些肆无忌惮。毕竟少年不羁，菊子以为自己也会同苏曼殊的母亲一样嫁给异国男子。他身上迷人的书卷气、款款君子风都让她目眩不已。

"曼殊，他日你会带我回国吗？"

"我不想回去，我想留在樱山……"情若到深处是无可隐瞒的。一个饱含意味的浅笑、一个失神的窘态，都可以轻易暴露一个人深陷情网的痴迷。每当菊子穿着浅枫色的和服从曼殊家门前垂首走过，他便会心猿意马不能自持。他想默默地跟在她的身后，直到她将自己捆绑了去，哪怕是做苦役他也会觉得是如饮甘泉！

一个人是木讷不解风情，还是情丝缱绻，在他少年时第一次遇到佳人便会展现出无法自已的感觉。曼殊在他初恋中展现的敏感热烈，让他的一生变得更加让人叹息。曼殊日渐情浓，每至提笔便无心其他，总是想写信给菊子，或赋诗或作画。他的才情让菊子日渐沦陷，以至于此生唯认此郎，不作他想。多情的佳公子，往往最是情路坎坷。正所谓："人生自是有情痴，此恨不关风与月。"

很快，他俩的一见钟情被家人知道了。一日，苏曼殊正自伏案给菊子写情书，叔父从横滨突然造访让他猝不及防。叔父见他信中写满露骨的情思悱恻，顿感有辱门风，严厉呵斥了他并告诫他："必要与此女了断干净！"苏曼殊被叔父禁足家中，无法与菊子传递消息。他的爱情遭到了家人强烈的反对，但少年的他怎么舍得就此割舍？这边，几日不见曼殊身影的菊子，内心苦闷焦急，便用信鸽传递消息，可无奈此信又落入叔父手中。曼殊耿直，焉能认错？

"吾自无错，人本为欲念之物，有所动情亦是常理。且菊子性本柔淑，才思品性俱佳，为何不可与之来往！"他梗着脖子，脸涨得通红。这是曼殊第一次怒对长辈，内心虽胆怯，但气极也是口无遮拦。

叔父哪里能纵容他如此无礼？盛怒之下，狠狠鞭笞了他。苏曼殊在疼痛和委屈中痛哭不止，心如刀绞。很快，他被管束训诫的事传到了菊子耳中。那个时代的日本女子原本内敛隐忍不敢抗争，她自觉此生与苏曼殊有缘无分，在一个凄风苦雨的夜晚，她便义无反顾地跳海而去。这个正值芳华的女子，她本该春雨碎步轻踏落花无数，无奈却因一段痴恋罔顾了自己的性命。

菊子的死讯让苏曼殊震惊不已。他深深自责，一时情伤不可自拔。原本是红桥琴韵，丹青在左婵娟在右的美眷，一夜间阴阳相隔，扁舟天涯何人是伊？曾经美好的小芙蓉，已不再盛开，眼泪和沧海一起倾覆。此后的夜晚即便没有晓风残月，却日日曲终人散。

苏曼殊"以情求道"，情与道迥然不同，出家、还俗之间他往复周折，终以半僧半俗的姿态立于浮世。也许正如仓央嘉措说的那样"世间哪得双全法，不负如来不负卿"。他的内心辗转惘然不可追的情爱与佛法无边清修皈依的世界时常冲突——为爱而断红尘，离红尘而难忘旧爱。不是不慕春花，只是客心悲未央。红尘俗世又有太多的悲伤和厌恶，又有太多的感动与眷恋，除了半僧半俗又如何寻得两全之法？苏曼殊的一生渴望爱又不敢爱，他恐累了佳人徒增罪业。即便是狂僧也只能接受孤独的命运，唯有青灯能常相伴，不负案前倦容疏影。

菊子发上轻落的樱花是他宿命的一幕，那些美丽的樱花片片飘落，他想伸手挽留，最终化作声声叹息。

这一生纵然花开绚烂成海，苏曼殊的眼中只有菊子那一朵。他曾无数次在悔恨中自责：若有来生不会将爱宣诸口，只要能在窄门前见你低首而过，眼望你如虹背影，知你平安顺遂足矣。最哀伤、最弄人的不是生离死别，而是爱还在徘徊时便已失去。

菊子死前最后那封他无缘得见的情信早被当时盛怒的叔父撕毁。此后苏曼殊在午夜梦中多次得见菊子百转千回的温柔，醒后青灯在案，泪不自已，他遥望窗外喃喃道："菊子，梦寒枕衾，别后数载，你的鸿雁何时传书到？"多年后重游若松町，他曾赋诗曰：

> 孤灯引梦记朦胧，风雨邻庵夜半钟。
> 我再来时人已去，涉江谁为采芙蓉？

他以自己回归日本寻母并遇菊子为素材，创作了著名小说《断鸿零雁记》。其中主人公三郎是备受欺凌的孤儿，长大以后又经历了种种坎坷，不堪世俗冷漠早早遁入空门。在未婚妻雪梅的资助下，他东渡日本寻母。在日本，姨母的养女表姐静子爱上了他，三郎也钟情静子，家人乐见他们结为连理极力撮合。静子曾拉着他的手扶枯石而坐，静子既"舍三郎无属意之人"，三郎也深感静子为"旷劫难逢"。但三郎已入空门决意此生不娶，他不娶的原因并非不爱，而是自由的遭遇让他产生了一种复杂的心理，让他不想累及佳人。由此，他便生活在几乎不能抑制的感情世界中。尽管他时刻清醒地保持着宗教的信念，对于静子真挚的眷爱却又不能断然拒绝。书中的三郎博学多才，精通梵文擅绘画；静子温柔而有才艺，博古善鉴，苏曼殊赋予了她日本女子全部的美好印象。

三郎出走时，静子追至海滨。她预感三郎会一去不回，三郎略微表露心意又极力掩饰自己，他诓骗静子出来拾贝不久即归，书中言：

> 静子曰："甚善。余先归为三郎传朝食。"言毕，握余手略鞠躬言曰，"三郎，早归。吾偕令妹伫伺三郎，同御晨餐。今夕且看明月照积雪也。"
>
> 余垂目细瞻其雪白冰清之手，微现蔚蓝脉线，良不忍遽释，惘然久立，因曰："敬谢阿姊礼我。"

书中这临别的最后一次握手，焉知不是对菊子那冰雪似的指尖的怀念？三郎归国得知雪梅之父嫌贫爱富而悔婚，父母逼她改嫁时，雪梅绝食身亡以殉情。整本书笼罩在一片压抑的气氛中，以悲伤开始，以悲伤结束。

《断鸿零雁记》最初发表在1912年上海出版的《太平洋报》，1924年由梁社乾翻译为英文为商务印书馆出版，1925年，厦门大学又改编为剧本，剧名《断鸿零雁》。《断鸿零雁剧本序》载于柳亚子编订的《苏曼殊全集》卷四。

据张卓身《曼殊上人轶事》载："曼殊高尚敏慧，素为其姨母所钟爱。有姨表姊静子，幼时与曼殊同游，两小无猜。其后姨母欲为撮合，静子亦以情志相契，终身默许，非曼殊不嫁。姨母乃以钻戒赠曼殊，永留纪念，不啻为订婚之礼物。无如曼殊访道名山，年年作客，萍踪无定。又以梵行清净，未便论娶。以致婚事延搁，蹉跎复蹉跎，而静子竟以积愁成疾，郁郁逝世。"柳亚子认为据此记载，静子"确有其人，绝非子虚乌有，而雪梅自然也是真名了。"

苏曼殊这段短暂的爱情，以青涩开场，以血色结束。回忆太过凄迷，心曲哀哀，总被泪雨阻断。菊子的死，对他的人生造成了很大影响。此后遇到那么多的红颜，他总是优柔寡断，甚至对爱情颇感忌惮不敢拥有，唯恐误了佳人性命。

再回首，山盟仍在红楼，前尘尽散天涯，一别如斯。

失去了恋人的日本无疑成了伤心之地，苏曼殊在日益压抑中终于如《断鸿零雁记》中所写那样出走了。只不过，书中理由是因三郎的矛盾纠结而负了静子，现实却是家中的强烈反对使菊子自杀而告终。不禁令人感慨：生活往往比故事更精彩。

苏曼殊回到国内复到广州，他当然没有脸面再回六榕寺。这一次，他选择了去蒲涧寺。

广州白云山有一处旧有的著名景点"蒲涧濂泉"，是为宋、元两代"羊城八景"之一。蒲涧是白云山南流的一条山涧，因涧中多生菖蒲草，故名。《南越志》记载"此菖蒲安期所饵，可以忘老"。"安期"即安期生，一名安期，人称千岁翁、安丘先生。琅玡人，师从河上公，乃黄老道有哲学传人，万仙道的创始人。秦始皇闻其名，派人四处寻访，以求长生不老之药，终不遇。安期云游四海，最后在白云山隐居修道，因服食菖蒲而在此地于七月二十五日飞升成仙，后世百姓便于此日采食菖蒲草做祭拜活动。道教视安期生为重视个人修炼的神仙，传说他得太丹之道、三元之法，羽化登仙，驾鹤仙游，被奉为"上清八真"之一。后来这一带建有菖蒲观、蒲涧寺、郑仙祠。

蒲涧的上游为九龙泉，泉水流下至滴水岩，高岩飞涧，落差三四十米。遇雨遇风，飞泉下泻，溅珠喷雪，有如水帘，因名"濂泉"。蒲涧濂泉是一幅绝佳的自然图景，附近又多古刹，故吸引游人，至清代仍是旅游胜地，留下骚人墨客的吟咏。北宋绍圣元年（1094），苏东坡被贬惠州路经广州时曾游白云山，他满怀兴致观赏濂泉，访蒲涧寺，写下诗歌二首：

广州蒲涧寺

不用山僧导我前，自寻云外出山泉。

千章古木临无地，百尺飞涛泻漏天。

昔日菖蒲方士宅，后来蒼卜祖师禅。

而今只有花含笑，笑道秦皇欲学仙。

赠蒲涧信长老

优钵昙花岂有花，问师此曲唱谁家。

已从子美得桃竹，不向安期觅枣瓜。

燕坐林间时有虎，高眠粥后不闻鸦。

胜游自古兼支许，为采松肪寄一车。

苏轼诗中"不向安期觅枣瓜"之句便是受安期生影响。以上二首，均载入《苏轼诗集》。这样的清幽秀美之地，对一个内心破碎迷乱颓废的人来说十分适合修身养性。白云山像是千山万水中的归宿，古木清泉听梵音，此生过往尽凄迷，不必忆。苏曼殊每当清晨推开窗便可见白云山如一株青莲，有时在朝阳中泛着金色的光泽，有时在微雨中笼着一层淡青的薄晕，他收藏的爱情、惦念的阵地，都在山光水色中隐藏起来，日渐封存在心底一角。

晨钟暮鼓，于此静修，他一心当起了"门徒僧"。他期待自己可以像一株老梅那样，孤寒清冽地活着，可以在风雪中静心地绽放，为着他的佛法、他的才华。只是心思细腻如他终归是难以放下俗尘，时而闭门诵经，时而推窗落泪，山中日子清冷也常令他感到孤寂可悲。如此这般，出家尚不足一年，他便又因清修孤寂回了日本。

章士钊有首诗曾写出了苏曼殊在蒲涧寺出家的心情，并将后来他在苏州与郑桐荪诵经记叙在一起：

最高明处是无名，

水解无情作有情。

飞锡暂趋蒲涧寺，

诵经不避阛闤城。

章士钊此诗所涉及的郑桐荪，亦是曼殊好友，此人不得不多言一些。

郑桐荪早年肄业于上海震旦大学。清光绪三十四年（1908）赴美留学，毕业于康奈尔大学数学系。宣统三年（1911）回国，先后在马尾海军学校、上海南洋公学等校任教，曾任清华大学教务长。后来上海震旦女子文理学院开办，他教授中国诗词。抗日战争胜利后，他又任教于清华大学，直到1952年退休，是清华大学原算学系创办人之一。此人国学功底深厚，潜心学术研究，对曼殊十分欣赏。

柳亚子对郑桐荪在词章之学上的造诣上评价很高，他在一首写给郑诗注中写道："桐兄精研数理，不以文学名，实则见解甚深刻，余所不逮也。"柳亚子之子柳无忌日后回忆舅舅郑桐荪时，时常提起父亲对他"艺苑真同畏友看"的高度评价。

1899年，苏曼殊回到横滨，到大同学校学习。这一次他的心稍稍安定下来，直至1902年在此毕业，再赴东京早稻田大学中国留学生部，中途未曾辍学。

1896年，有13位中国青年受清政府的派遣东渡日本留学，成为第一批中国官派留日学生，自此开启了中国人留学日本的历史序幕。从1896至1911年是留日第一次高潮期，其原因是受中日甲午战争的影响。正如梁启超所说："中国人4000年的睡梦此时才被惊醒。"进步知识分子们开始主张变法，效仿日本维新。一个民族文化的前途，往往取决于年轻的创造者。年轻人的内心不仅是要延续文化，更迫切的是想通过创造文化证明自己，即便不能创造文化，也力求创造文化形式，哪怕是创造个性的文化表达，总归是要凸显自己。清乾隆后期，手工业继续发展，资本主义萌芽产生，旧制度的昏庸腐败和科举制对知识分子的毒害日益凸显。年轻的学子们，更迫切地需要一个可以表达真实自我的平台。梁启超、孙中山、陈独秀、章士钊、宋教仁、李大钊、柳亚子、章太炎、鲁迅、周恩来、董必武以及本书的主人公苏曼殊，一系列历史名人都曾有在日本学习的经历。那时候或是出逃保平安，或是追求新知识，日本像是武侠小说中的圣地，可以寻到武功秘籍般，让学子们纷至沓来。

1898年，国内在戊戌变法失败以后，谭嗣同等六人在北京菜市口刑场慷慨就义。他们就是中国近代史上有名的"戊戌六君子"。梁启超因"戊戌变法"失败，出逃北京，东渡日本，开始了他的流亡生活。1899年，梁启超与横滨的华商在东京创办了"大同高等学校"。

秋天，苏曼殊返回日本。当时日本通过学习西方国家国力逐渐增强，而中国的自救运动——洋务运动却以失败告终。梁启超认为洋务运动是表面上的运动，没有触及根本，只有进行深刻的改革，才能救亡图存，而振兴教育是一切改革的基础。兴学重教是梁启超维新变法思想的重要组成部分。为了控制、利用舆论，扩大保皇派的影响，梁启超于光绪二十四年十一月（1898年12月）在横滨创办《清议报》，鼓吹"斥后保皇"，为改良活动摇旗呐喊。他竭力宣扬"光绪圣德"，发表言论："今日议保全中国，唯有一策，曰尊皇而已。今日之变，为数千年之所未有。皇上之圣，亦为数千年之所未有。天生圣人，以拯诸夏，凡我同胞，获此慈父，今虽幽废，犹幸生存，天之未绝中国欤！"

1900年，17岁的苏曼殊在大同学校学习，升入甲级。1901年时在大同学习的同时并助教美术。前文所讲苏曼殊在日本早期学习诗文时并未显现出优于常人之处，而是绘画让众多师生惊叹。梁启超曾编纂教科书，其中的插画大多是请苏曼殊供画，众人对他的绘画天赋都很折服。

1902年，苏曼殊在横滨大同学校毕业，去东京求学。他较许多留学生思想更为进步，不喜保皇党，认为清政府已到穷途末路，没有"救治"的必要，必须通过革命以救国。因此，他拒绝进入梁启超等人创办的东京大同学校学习，而是去早稻田大学中国留学生部学习。从1902年到1939年，在早稻田大学留学的中国留学生共有1383名，早稻田大学为中日友好和文化交流做出了有益的贡献。我们所熟知的许多名人都在这里接受过教育，如宋教仁、廖承志、李大钊、廖仲恺等。

曼殊在东京的学习极为刻苦。这一时期他对绘画十分着迷。由于自幼骨子里的自卑内向，曼殊在日本极少与人来往，朋友屈指可数，在横滨结识的好友冯懋龙便是其中之一。1900年，冯懋龙因反对康有为改名"自由"，并入东京早稻田大学深造。

苏曼殊的这位好友冯自由，在近代史上的革命影响要远高于苏曼殊。他出身于日本的一个华侨家庭，祖籍广东南海县盐步高村。父亲冯镜如在香港出生，取了一个洋名叫"金赛尔"，后到日本长崎从事文具印刷业。他的公司也取名为"金赛尔公司"，主要进口一些文具商品以及出版一些儿童读物，为长崎华侨中的名流望族。1894年孙中山先生成立"兴中会"时，冯家上下忧国忧民无惧生死，积极响应反清政治活动组织。翌年孙中山复至日本，冯家久盼先生遂与之来往密切，先生对此很欣慰。结果在长崎组成一个小规模的支部，冯镜如自此担任支部负责人。1895年，14岁的冯自由（当时名"懋龙"），也成了兴中会会员，因年龄最小，有"革命童子"之称。1911年，苏曼殊已赴爪哇国任教，冯自由任南京临时政府稽勋局局长，汇集革命史料，与苏曼殊始终保持往来。冯自由一生，曾参与"护法之役"，历任立法委员、国民政府委员、总统府国策顾问。著有许多革命专著，如《革命逸史》《华侨革命开国史》《华侨革命组织史话》《社会主义与中国》等书。

1900年，苏曼殊在大同学校学习，升入甲级。此时，冯自由与郑贯公等创办《开智录》半月刊，阐发天赋人权说，鼓吹自由平等思想；与粤籍留学生李自重、王宠惠等组织成立广东独立协会。并与章炳麟（即章太炎）、马君武等在长崎举行明朝崇祯皇帝逝世纪念会，具有"反清复明"之意。在冯自由等人的影响下，苏曼殊于1902年加入了"青年会"，这便是苏曼殊革命人生的开端。

苏曼殊先后在东京早稻田大学高等预科学习一年，在成城学校学习数月。在东京留学期间，苏曼殊的生活是很清苦的，甚至可以说是贫寒。据冯自由回忆，苏曼殊在东京上学时，表兄林紫垣对他很吝啬，每月只助十元，连基本的生活需求都不能保障。苏曼殊居住在最低劣的"下宿屋"，可怜他每日食不果腹，将石灰掺入米饭，为省钱夜晚不掌灯，黑暗与饥饿中，他抚摸自己的脸颊，其上不知何时有泪滑落。

后来林紫垣极力反对他参加革命，索性连十元的资助也不肯再提供。据苏绍贤回忆说，苏曼殊对此事"恨恨于怀，脱弃浊世之心，乃决于是时也"。亲人的无情让他加重了对这个世界厌弃之心。

秋风秋雨里飘摇的孩子，自幼缺乏亲人的温柔以待，即便常与佛陀的钟声相伴，心底依然是黑暗冰冷。亲情的冷酷击碎的不仅是他的童年，还刺穿了他的一生，让他对幸福充满不自信，让他逃避不敢承担。有一次，苏曼殊同柳亚子游河，见河中植物，曼殊出一谜语：

> 在娘家绿发婆娑，自归郎手，青少黄多；历尽了多少折磨，经受了无数风波，休提起，提起珠泪洒江河。

谜底是什么？竹篙。"青少黄多""历尽风波"这恰似自己离开母亲，经受了如此多的风波折磨。他敏感的心在尘世中裸露着，风干着，在不幸与苦难中，浸染至沧桑。

068

第十四章

投身革命

清光绪二十六年（1900），这是中国历史饱含创痛的一年。5月28日八国联军发动了侵华战争，以当时的大英帝国、美利坚合众国、法兰西第三共和国、德意志帝国、俄罗斯帝国、日本帝国、意大利王国、奥匈帝国为首的八个主要国家组成的联军对中国进行武装侵略战争。春，义和团运动成为八国联军侵华战争的导火索。以此为借口，八国联军以镇压义和团之名行瓜分和掠夺中国之实。据史料记载，侵华的联军总人数前后约为5万人，装备精良，声势浩荡。

列强进犯，大敌当前，清政府"天朝上国"的美梦开始破碎，崇尚变革的先驱和年轻进步的学生，在国难面前头脑开始逐渐清醒，行为也变得激进。

1900年夏，沙皇俄国在参加八国联军入侵中国京津地区的同时，又企图单独夺占中国东北，以推行其"黄俄罗斯"计划。六月初十日，沙皇自任俄军总司令，征调部队13.5万人，在中国东北周围各战略要地集结。十九日起，俄军陆续从北、西北、东北、东南、南面五个方向大举进攻。集结于海兰泡（今俄罗斯布拉戈维申斯克）的北路俄军于十九日偷渡黑龙江，被清军击退，遂接连数日屠杀当地中国居民，激起对岸瑷珲（今黑龙江黑河南）军民的无比义愤和有力反击。七月初十日，俄军1.4万人围攻瑷珲，守军及义和团奋勇抵抗，城破后与敌逐屋争夺，大部壮烈牺牲。俄军占瑷珲后，即向西南方向进攻，于二十三日占领墨尔根（今黑龙江嫩江）。形势恶化十分迅速，至六月底，俄军从阿巴该图（今内蒙古满洲里东）开始进犯，七月初六日占领呼伦贝尔（今内蒙古海拉尔）。到了八月初八日占奉天（今辽宁沈阳），军舰北犯渤海湾，在山海关登陆，十一日占锦州，切断了关内外的联系。十三日，各路俄军会师于铁岭。至此，东三省各战略要地均被俄军控制。

东北沦陷后，俄国迫使清政府签订《中俄收交东三省条约》。各地义勇奋起反抗，继续进行"御俄寇，复国土"的武装斗争，不断打击侵略者。

1900年8月14日，北京城彻底沦陷，八国联军所到之处，烧杀抢掠，民族瑰宝圆明园继英法联军之后再遭劫掠，终成废墟。八国联军总司令瓦德西在后来也承认"所有中国此次所受毁损及抢劫之损失，其详数将永不能查出，但为数必极重大无疑"。1901年9月7日，《辛丑条约》的签订使中国彻底沦为半殖民地半封建社会，给当时的国家和人民带来了空前沉痛的灾难。

在日本的留学生听闻国内巨变异常震动，他们组织了"拒俄义勇队"。晚清时期，中国一大批思想进步的革命家逐渐登上历史舞台，他们不仅有积极的革命思想，同时在国学上的造诣也非常高，如孙中山、章太炎、陈独秀等俱在此列。其中章太炎颇有才名，张之洞因赏识他将其招为幕僚，不久后因他常有"欺君犯上"思想而被辞退。章太炎为人比较激进，是较早与清政府划清界限的革命家之一。1900年6月，唐才常在上海张园发起组织国会，大家推举容闳为会长，严复为副会长，唐才常为总干事。章太炎却与唐才常发生了矛盾，原因是国会的会章中有"合海内仁人志士共讲忠君救国"之语，章太炎认为不妥，并劝唐才常勿为康党所用。但是唐才常表现得有所犹豫，有人觉得他仍忠心于清政府。章太炎为了表示与大清的决绝，毅然挥刀断发割去辫子，令众哗然。自此，章太炎为时人提供了与清政府决裂的一个具体仪式，后人常以"剪辫子"表示自己的立场。

当然，最能表明章太炎对清政府态度的事件，还是他"支那亡国纪念"之举。1902年4月由章炳麟、秦力山等十人在日本东京发起"支那亡国二百四十年纪念会"。因南明永历帝覆灭于1661年，他们定于4月26日纪念明永历帝覆亡242周年。章炳麟亲撰《宣告书》，号召留日学生"雪涕来会，以志亡国"，中国留日学生报名赴会者达数百人。因清驻日公使蔡均和日本外务省勾结，极力阻止学生集会，遂改在横滨补行纪念仪式。这次会议扩大了革命思想的影响，使留日学生与革命更紧密地联系到一起。

苏曼殊此时刚到东京不久，对革命还没有深刻的认识，并没有参加这次纪念活动。他的激进思想尚没有被激发起来，加之林紫垣每月只给他十元生活费，窘迫的生活使他在同学中十分低调内向。

事实上一个非常好的革命环境已经在酝酿形成，苏曼殊内心的压抑和对社会的失望都将通过革命得到释放。当时，日本的中国留学生已经超过千人。这些学生是中国较早走出来开眼看世界的人，有着充沛的精力和积极的生活态度。执教的老师也大多是很有学养的饱学之士，其中不乏因在国内变法失败而出逃的有志之士。好友冯自由是一个彻底的革命派，又对曼殊的才情颇为欣赏，极力拉拢曼殊投身革命。

1902年冬，叶澜、董鸿祎、张继、秦毓鎏、谢晓石、张肇桐、蒋方震、王家驹、嵇镜、吴绾章、苏子谷、冯自由、金邦平等人在日本组织"青年会"，这是日本留学界中最早的革命团体。19岁的苏曼殊正式加入了"青年会"，这也是他革命生涯的开始。

1903年（清光绪二十九年，癸卯），20岁的苏曼殊经侨商保送，易名苏湜，转入成城学校。这是日本陆军的一所预备学校，曼殊在这里学习陆军，与同学刘三（号季平）相识。曼殊在成城学校学习成绩十分优异，此时大多数留学生的心思已不在学习上。他们因国家命运的变化，将目光也转移到了革命上，并且在一些思想积极的先驱的影响下，留学生的革命情绪高涨。

1903年4月29日，由留日学生秦毓鎏、叶澜、钮永建等人发起"拒俄义勇队"，其时500余名留日学生在东京锦辉馆集会，声讨沙俄侵华罪行，准备开赴东北，与沙俄侵略军决一死战。会议主题是抗议沙皇俄国向清政府提出七项无理要求。留学生们在会议上纷纷发表演讲。他们说："无国之辈，哪有安身之地，又何来安学之处。"当即有黄兴等200余人签名参加，准备为国赴死。女留学生则组成"赤十字社"，报名参加随军看护工作。大会还决定派钮永建、汤栖为特派员回国宣传拒俄，赴天津促使袁世凯主战，并致电上海各爱国团体及派人到南洋各地宣传拒俄。5月2日，留日学生在东京锦辉馆开会，把"拒俄义勇队"易名为"学生军"，并制定通过了《学生军规则》，正式组编学生军队，由蓝天蔚担任队长，下分甲、乙、丙三个区队。

苏曼殊在大同学校以苏子谷（字曼殊）入学，在此依然以此为名编入甲队第四分队。

此举令国内大为震动，清政府害怕留日学生的激进之举会动摇统治政权，便物色了学生军中一个名叫王璟芳的叛徒，命他一面积极参加学生活动，一面向驻日公使蔡均告密。在清政府的阻挠、压制下，"拒俄运动"无法进一步发展，"拒俄义勇队"北伐行动也未成行。然而，留学生中较为激进者并未就此放弃，5月11日，他们在锦辉馆再次举行集会，将组织改名为"军国民教育会"，从此将爱国情感转为指向与清朝政府腐朽统治的实际斗争中。

苏曼殊的表兄林紫垣听闻他参加革命活动，竟敢与朝廷为敌，命令他必须退出"军国民教育会"。然而，曼殊的态度十分坚决，并不听从林紫垣的劝告。林紫垣气愤地中断了每月十块钱的经济接济，曼殊失去了经济来源，不得不辍学。

1903年9月，苏曼殊乘"博爱"号回国。堂兄苏维翰、好友张文渭冒雨至船埠送别。苏曼殊又一次站在轮船上挥手告别岸边的亲友。这一次他已经习惯了告别，眼睛也不再那么酸涩，他开始成熟起来，懂得世间一切终不过一别。轮船驶离岸边，远处天地间又化作虚无的一道白线，曼殊回到船舱草草地写了封遗书致林紫垣，假称自己欲投海自杀，想以此来脱离林紫垣对他革命活动的干预。

此时，广阔的碧海之上，无论是林紫垣的阻挠，还是香山沥溪令他难过的家人，都不必再挂念了。他心想，海天辽阔自有他的去处。九月上旬，苏曼殊抵达上海，旋即赴苏州，任吴中公学教习。

与佛学结缘后，他对男女情爱与世间别离都有着更为慈悲的体悟，同时对离别之苦也相对更易接受。他喜穿僧服，剃和尚头，立于亲友、同学、同事之间并不觉不自在，对世间的轻怠、生活的艰难也表现得随遇而安。或者说，除了那些无果的情缘，他从来没有被谁真正在乎过，他的存在对于身边的人来说显得无关紧要。至于告别，他已经习以为常了。

第十五章
赋诗江南

《马关条约》签订之后，中国有识之士逐渐清醒，看清了清政府的腐败与无能，纷纷向强国学习。由于欧洲路途遥远，许多人选择留学日本，所学大多为军事、法律、教育等。吴帙书和吴绂章兄弟二人就是最早留学日本的一批江浙学生。当时中国国内特别是上海受海外影响很深，办学传新知是比较高的呼声之一。苏州在地理位置上与上海毗邻，受其影响较大，也掀起了办学热潮。苏州吴中公学便是其中之一。

1903年苏曼殊由日本回国，他形容落魄，根本无力像预想的那样去四处游历参加革命，更没有旅资去到他计划中的香港。苏曼殊只能暂时在苏州落脚，在吴中公学担任教员，与他一同回来的还有吴帙书、吴绂章两兄弟。

吴传绲，本字帙书，与曼殊投缘。吴家是兴办实业的革命之家。吴家兄弟二人德才双馨，吴传绲后担任吴县县立医院院长，并与友人宋友裴等人创办电气厂，可谓儒商。吴家祖上曾出了个状元，因此家风严谨，教育子女尊长敬祖，国事为大，家事次之。吴家人思想并不顽固，兄弟二人出国较早，眼界不凡。1902年冬青年会在日本成立，二人积极奔走，乃创会元老。

"君到姑苏见，人家尽枕河。古宫闲地少，水巷小桥多。"苏州的美景让苏曼殊多年来饱受流离苦难的心得以慰藉，让这个心思细腻、敏感多情的浪子得以稍稍休息。任何一个在苏州"疗过伤"的人恐怕都会因吴侬软语而醉倒，秀美和温柔自古都可抚慰命途多舛的才子。太湖微波渺渺，碧莲依依，他樱花一样的心思、他如火一样的革命热情都在江南温柔的水色中渐收。他变得沉稳了些，性情更像个彬彬有礼的诗人，每日漫步在青砖巷落，吃一些甜腻的苏城小食。即使做不到红尘一笑，也努力如水禅心闲看流云。

20岁的曼殊逐渐褪去青涩，在苏州他依旧做和尚头打扮，这点除了他自幼出家的情结，还因当时留学国外的清朝学生以保留清式长辫半剃头的发型为耻。鲁迅曾在他著名的回忆散文《藤野先生》中描写过他所鄙夷的中国留学生的丑态：“上野的樱花烂漫的时节，望去确也像绯红的轻云，但花下也缺不了成群结队的‘清国留学生’的速成班，头顶上盘着大辫子，顶得学生制帽的顶上高高耸起，形成一座富士山。也有解散辫子，盘得平的，除下帽来，油光可鉴，宛如小姑娘的发髻一般，还要将脖子扭几扭。实在标致极了。”文中也提及鲁迅受到日本具有狭隘民族观念的学生的排斥。由此可见，清朝留学生在日本的打扮并不受人待见，甚至是可鄙的。这样一来，一些进步人士干脆剪掉了辫子，吴帙书和吴绂章俱在此列。

这一年的丁香巷格外热闹，吴中公学社像是一颗新学的种子，在这里静静发芽。包天笑以《黄帝魂》为教材执教国文。吴瞿安、吴和士、徐半梅、吴绂章，分别执教历史、博物、体操、物理，苏曼殊执教英文和体操。这些人后来都在一方领域成为领军式人物。只是那时候曼殊已离开尘世，化为浮世云烟。这些颇具才学的有识之士任初等学校教员，恐怕也只有那个时代才能呈现，实让人惊叹！

在吴中公学社与苏曼殊关系最亲近的当属包天笑。他在回忆录里写道：“初见曼殊时不过二十一二岁，他不会说苏州话，我亦听不懂广东话，笔墨便是我们的桥梁，每日畅谈古今，言及革命，抑或辞赋，一日所废草纸铺满红木桌面，彼此从不嫌烦琐。”曼殊曾对他说：“衲极喜绘画，格律诗词不及诸公，不过是为了让诸君知我心而著写几句。画则不同，自觉诸公远不及衲。”不几日，苏曼殊绘一扇面，画一小孩在敲破他的贮钱罐。

苏曼殊日益博览，侃侃说：“《西京杂记》：扑满者，小孩贮钱器也。”

包天笑认为苏曼殊是民主革命者，对“扑满”二字十分喜欢，兴奋道：“‘扑满’妙极了，可有双重意义。今天下有识之士莫不积极以抗满清政府，如今连得孩童也知‘扑满’了！”

曼殊笑得腼腆，也点头道："确是此二字为上佳。"后来此画便命名为《儿童扑满图》。

苏曼殊离开苏州后，二人在上海曾有过一次重逢。上海望平街的悦宾楼是当时有名的餐馆之一，包天笑至沪上约众好友来此宴饮，曼殊最是嘴馋早早便到了。可他性格孤僻，坐在角落里谁也不理，叶楚伧揶揄道："和尚来此只为等吃耶？"曼殊笑而不语，径自闭目神游太虚。一会儿，众人齐至纷纷落座，便想着"叫局"。这是沪上最流行的席面模式，找几位青楼女子来陪酒，或吟诗唱曲，或调酒打趣。曼殊听到要"叫局"来了兴致，叶楚伧逗他："和尚你最是贪美，赏尽诸公身畔佳人，而自己省却叫局之资。"于是便令众女子围绕曼殊而坐。包天笑称奇道："妙哉，妙哉，真乃万花丛中一诗僧！"曼殊道："你们看见的是花丛，衲所见是浮世云烟。"说罢神伤。席间，毕倚虹初来乍到，并不熟悉本地青楼女子，苏曼殊兴起便替他"叫局"，不承想这一"局"却倾覆了毕倚虹的一生。

毕倚虹出生于江苏仪征，15岁那年跟随父亲从江南来到京都，捐纳银两买得陆军郎中之职，家境殷实。1910年，19岁的毕倚虹明媒正娶杨芬若为夫人，成了李鸿章长子李经方的外孙女婿。杨芬若出身不凡，父亲杨圻是曾参吴佩孚的幕僚。如此宗门，不得不说毕倚虹的人生打开方式十分华丽。

此番包天笑起哄，苏曼殊乱点鸳鸯谱为毕倚虹"叫局"，众人本是玩心，孰料曼殊慧眼识佳人，所叫之人令毕倚虹一见倾心。只见曼殊挥笔写了张字条"三马路乐弟"，年方十五的乐弟，明眸皓齿，娇滴滴似春花吐蕊，湖水色罗裙能荡起秋波层层，真真是烟霞似的女子，水做的心肝。

毕倚虹初来沪上未曾叫过"局"，又见这姑娘如此活泼明媚、令人心动，难免有些局促。乐弟却大方道："叫局点了奴家，又不肯言语，岂非失礼？"

毕倚虹不禁心猿意马，局促道："是曼殊上师替我叫的此局，姑娘应是问他才是。"

曼殊头也不抬地猛吃秋蟹道："我若说叫她回去，你可应允？"

毕倚虹紧张道："回去做什么？还未好好聊几句。"众人见他紧张的样子哈哈大笑，毕倚虹方才反应过来是曼殊打趣他，不由得耳根都红了起来。

乐弟更是娇笑得岔了气。毕倚虹被众人嬉笑一时恼羞，摇头苦笑："你们都来打趣我，若是你大伙玩得兴起，我便告罪早退，这样的人是会下地狱的。"

包天笑放下酒杯调侃他："你白日里文思泉涌，一日可写数千言，掌灯时又与我们通宵达旦，果然精力过人。"

毕倚虹以佛语戏言安慰之："我不下地狱谁下地狱？"说罢，索性一把搂过乐弟笑道，"话倒不必多说，如此你可明了？"

她尚未接过客却大胆暗示毕倚虹："你要怎样便怎样。"众人听闻为乐弟拍掌喝彩，毕倚虹紧张得手心里出了层细密的汗。

如今看来这样的初识，该是何等的一桩风流韵事。

二人相识后，因毕倚虹的父亲任浙江省印花税处处长、烟酒公卖局局长，他帮毕倚虹谋得萧山沙田局长一职，毕倚虹急匆匆赶去赴任。但不到两个月，毕倚虹却因思念乐弟偷偷回到上海，终日与乐弟厮混在一起。妻子杨芬若因他留恋烟柳伤心欲绝，以至于后来对他冷漠绝情。毕倚虹沉迷在乐弟的温柔乡，早已不肯顾及发妻的喜悲，他自认此生足矣。然而不足几月，乐弟便厌烦了毕倚虹，悄悄随老鸨去了北京。被抛弃的毕倚虹痛苦非常，包天笑闻之安慰他说："娼门女儿，原不足怪，风流场中，你若较真，便是真昏了头，不如另寻春宵。"

毕倚虹失去乐弟后祸不单行，毕父犯事获罪，毕家被查抄。落魄的毕倚虹居于县衙花厅内一个耳房里，妻子杨芬若此时落井下石，竟与聚丰园菜馆的少主人李凤来偷好背弃了他。因当日被毕倚虹所伤太深，杨芬若临别时女儿痛哭挽留，她仍然十分绝情，毅然决然地离开了。陈瀚一在《人间地狱》序中写道："吾友毕倚虹，仕官不能达，懋迁（贸易）不能赢，纵情声色不能得一佳人。惘然不自信，乃退而制小说家言。"毕倚虹在上海这个黄金世界里惨淡地收场了，临了得了肺病，日夜咳嗽不止，熬得形销骨立，病逝时仅有几个好友简单地办理了丧事。

善良的曼殊对毕倚虹的遭遇备感自责，他见毕倚虹便如另一个自己，都是那么重情，又那么容易为情所伤。何况他没有毕倚虹的勇气，他宁可不要拥有也不要得到再失去，如能像毕倚虹这般只是伤了自己便也罢了，若是伤

害了那些如花女子便是大罪过，来日要入阿鼻地狱。

江南烟雨中执教，轻烟碧荷处赋诗。春天的江南没有忧伤，可以让他暂且忘记儿时遭受的虐待，忘记那险些丢了性命的柴房；忘却逗子樱山的海，忘记那被黑暗的沧波吞噬掉的菊子，忘记菊子发上的落花；忘记母亲温柔的手掌，还有那掌心的泪痕。苏曼殊是爱着苏州的，像爱慕着一个温暖又迷蒙的梦境。

虽然苏州的温柔让他得以暂时休养生息，但想到自己孑然一身与亲族断绝的境遇，苏曼殊大抵难以欢喜透彻。他曾绘一幅《吴门道中闻笛图》，画中草亭垂柳清明之景，一娇柔女子娉婷款款坐于草亭悠然吹笛，然一行者戴笠垂首骑驴独行而过。陈世强评论：《吴门道中闻笛图》中，女子吹笛的委婉情态，使人有"三生花草"之想。此画便不难看出他抵苏州时的凄楚心情。曼殊题有画跋："癸卯，入吴门，道中闻笛，阴深凄楚，因制斯图。"此画笔触不多，意境独特，是典型的中国画作，但人物比例、景物动态、建筑的结构等把握和运用得相当纯熟，透视以及明暗影调等西洋画法要素也融入其中。

年方20岁的曼殊便画出此种心境，不难看出其绘画技艺的高超，以及其与年龄不符的心境。王德钟吊曼殊诗中言："也曾跨马到苏州，一曲吴娘水阁头。"后来，胡寄尘也有诗《吴门道中忆曼殊画有作》提及此画：

> 数家临水不成村，细雨轻烟淡有痕。
> 绝似曼殊当日画，羸驴破衲入吴门。

这其间，除了在吴中公学社任教，苏曼殊还兼任唐家巷小学的教员。简单重复的工作更容易让人沉静，也更易让人感到无趣。苏曼殊在苏州沉淀不久，很快便回到上海。吴中公学社一直保留了下来，为现苏州第十中学本部校园，曾是苏州私立振华女校的校园（清苏州织造署）。苏州史上曾有记载的"双赢交换"就是在时任吴县第一医院院长吴传绬（字帙书）手中完成的。

1903年8月7日，《苏报》被封仅月余，由谢晓石、章士钊、陈独秀等人创办了《国民日日报》，张继、何枚士、陈去病等亦在主持之列。10月初，苏曼殊听闻此事，心中的革命热情被唤醒，便立刻辞去吴中公学社的教员职务，回转上海至《国民日日报》任翻译。这份报纸是继《苏报》后国内最重要的一份宣传资产阶级革命的报纸。创办者清醒地认识到了国民的劣根性，并且毫不保留地进行揭露和批判，为辛亥革命的到来做了积极的舆论准备。

不得不说《国民日日报》给了苏曼殊有生以来最好的一个平台。它自由的言论、激进的思想氛围让苏曼殊骨子里的热情复苏。他笔耕不辍，开启了他文学上的第一个潇洒时代。

起初，苏曼殊将前文所讲的离开日本时赠别汤国顿的两首诗刊出，并同时刊登了他离职苏州时好友包天笑赠别他的两首诗。仅半月时间他便创作了《女杰郭耳缦》和《呼吁广东人》。同时，他最著名的一部翻译巨著《惨社会》（《悲惨世界》初译名）译出并发表。这时苏曼殊一改往昔自卑无声的处世模式，开始大胆地展现自己的才华。在文学和革命的双重滋养下，他创作得几近急迫，似乎多年来积压在胸口的呐喊都借助一支粗笔喷薄而出。人们开始知道有一个积极的革命者、翻译家苏曼殊的存在。

《悲惨世界》是法国大作家维克多·雨果于1862年发表的一部长篇小说，是19世纪最著名的小说之一，多次以影视作品的形式呈现。全著共计120万余字，时间跨度非常大，从拿破仑执政时期开始，历经滑铁卢战役、波旁王朝、查理十世统治、七月王朝和巴黎起义，横跨法国社会19世纪上半叶，描绘了一幅宏大的法国历史社会画卷，是雨果用20年心血才完成的纪念碑式的作品。《悲惨世界》最早是尚在日本留学的鲁迅以节选的形式翻译到中国的。当时鲁迅仅22岁，他翻译了部分章节，取名《哀尘》，在1903年6月15日版的《浙江潮》月刊以"庚辰"署名发表，全文2000余字，以文言文译成。苏曼殊的译作更突显个人特色，在译文中融入了许多创作，加入一些原著没有的情节或人物。

苏曼殊任《国民日日报》译员期间，与陈独秀同住一屋。二人在日本时便是挚友，陈独秀在国学上的造诣远高于曼殊。留学日本时陈独秀曾和章士钊、苏曼殊同住。那时三人皆是穷学生，有一天分文不剩，饥饿使他们胃痛难忍，便遣曼殊将几件衣服拿去典当买些食物果腹。孰料曼殊一去不返，二人备感煎熬。到了半夜，曼殊推门回来手捧一本书，满脸喜意。

陈问缘故，他道："这本书衲思慕已久，今日在小摊遇到了！"陈骂他："疯子！殊不知你我三人明日便成饿鬼！"无奈忍饥而眠。

苏曼殊虽性格古怪，但陈、章等人却同他相处甚佳。这些人让曼殊悲苦的一生多了难得的温情。此番在上海同住，陈独秀对他亦师亦友，在诗词方面常指导苏曼殊，拓宽了曼殊古典文学的思路，为他的作品增加了厚重感。

上海的生活应是苏曼殊一生中最为惬意的时光之一。他的众多好友大部分是在中国近代历史舞台上有着卓越成就的人物，众人鼓励他积极创作，苏曼殊感受到了从未有过的成就感。朋友们的包容和关怀，让他意识到虽然自己在亲情上匮乏，但却因自己令人怜悯的遭遇，收获了更多的友情。

有一次，苏曼殊在青楼被一女子将钱袋搜刮了去，连外衣都落在了姑娘闺房。友人见他如此狼狈实在看不下去，便帮他买了衣物并留了十五银元给他，嘱他："紧着些，下月不足再来寻我。"曼殊得钱大喜，奔到街上买了糖果、板栗、年糕、卤牛肉和雪茄，回到住处暴食。过几日朋友再去造访，见他躺在床上饿得哀吟道："你去时，忘问你住处，不知何处索钱。"友人无奈苦笑。像这样任性肆意的趣事，曼殊短暂的一生中还有很多。想必多少年世间都难寻这样才华横溢、狂放肆意的"孤僧"。

苏曼殊在上海时期与陈独秀、章士钊、何梅士同住，四人志同道合，尤其是陈独秀最为关注曼殊的作品，每有所出必仔细研读，力求提出恳切的建议。因身世凄凉，苏曼殊酷爱《茶花女》（小仲马著）。当时国内已有林纾翻译的《巴黎茶花女遗事》，他认为林纾的译本缺乏个人思想，便想自己亲自翻译一遍。

他咨询陈独秀时说："林兄所译《巴黎茶花女遗事》过于依附原著，反而失了译者本色，须有所思考，加以修改方为译作上品。"

陈独秀有些担忧地说："《茶花女》确是佳作，林兄所译亦确如你所言。只是在法国文学中唯有雨果的《悲惨世界》最能代表一个时代，不如先译此书。"陈独秀也读过林译的《巴黎茶花女遗事》，十分认可苏曼殊的评价，但这是曼殊第一部译作，他认为《悲惨世界》更具有文学高度，《茶花女》可推后再译。

"既如此，那衲（曼殊和尚自称）便先译《悲惨世界》便是。"

陈独秀直言："译得佳作自然是好，只是如今你汉语尚未掌握纯熟，每有译文还要与我一同推敲，以防语法上有所不通。"曼殊对陈独秀的汉语造诣十分钦佩，自是欣然应允。

二人便兴致勃勃地准备着手译著此书，读者闻听将有新版本的《茶花女》译著都十分期待，孰料，《国民日日报》刊出的是更让人惊喜的《惨世界》，一时间大为轰动。

如果没有后来《国民日日报》经理部与编辑部的矛盾，最终导致停刊，苏曼殊的《惨世界》定会带给世人更深远更广泛的影响，委实遗憾。12月3日报纸停刊，苏曼殊赴香港，住士丹利街中国日报社，他的《惨社会》至此只刊登了一部分。对此巨著的翻译，苏曼殊表现得非常大胆，以中国社会为背景对原著有所增改，表现了其"暴力革命"激进的一面。

《惨世界》见报后，曼殊又着手重译《茶花女》，他多次谦虚地请陈独秀帮他润色文字，早期刊发时曾署名"苏子谷陈由己同译"，可见二人志趣相投，情谊深厚。

1903年12月24日，发生了一件震动革命圈的大事，上海"额外公堂"对章太炎、邹容做了判决。此事在近代报业发展史上不可不提。

谈起近代史的中国报业发展，实属波折不少。最初，国人办报并不是为了宣传，不过是以图小利，《苏报》的创始人胡璋便是其中之一。当然，胡璋办此报也并不是全然为了牟利。他是一位清末的在画坛上颇具名声的画家，他的画资不菲，在日本时天皇还曾请他为素胎胆瓶作画。胡璋在日本传艺多年，对日本政治、经济、科教文化等方面的研究很深，本想回国将所知贡献给朝廷，却得不到清政府的重用而赋闲在家，便用其日本妻子生驹悦的名字注册了《苏报》。起初，报纸并无什么人购买，后来胡璋便在报纸上刊发一些黄色新闻和小道消息，即便如此，销量还是不佳，只能将就维持。后来，胡璋回日本期间将《苏报》卖给了陈范，此人做过江西铅山县令，又作为戊戌变法的亲历者，对清政府的腐败有深刻体会。他将《苏报》改版，侧重针砭时弊，慢慢成为上海五大日报之一。梁启超就称赞《苏报》能"屹立于惊涛骇浪、恶毒迷雾之中。难矣，诚可贵矣！"

陈范见《苏报》影响日渐扩大颇受鼓舞，于1903年5月27日，毅然聘请章士钊担任《苏报》主笔。6月1日，《苏报》宣布"本报大改良"，同时刊出章太炎写的《康有为》，提出"革命如铁案之不可移"。随后，章太炎又写了一封致康有为的公开信，即著名的《驳康有为论革命书》。八天后继续推出邹容以反满为核心的《革命军》，《苏报》成了"国民教育第一教科书"。此后革命党人更是刊出《杀人主义》一文，竟言"杀尽胡儿才罢手""借君颈血，购我文明，不斩楼兰死不休，壮哉杀人"之类惊世骇俗的词句。《苏报》的言论自是会招来杀身之祸，湖广总督端方连番致电两江总督魏光焘，责问魏为何放任治下出现如此大逆不道的言论。魏光焘迅速出炉逮捕名单，要求租界工部局查禁《苏报》，缉拿乱党。章太炎、邹容等六人俱在此名单上。

章太炎，原名学乘，字枚叔。他的家乡在浙江余杭，山清水秀多才子。章太炎自幼成长在书香门第，家中十分富有，甚至有私家的藏书楼。他自幼饱读诗书，加上家传医学，其成长环境令人艳羡。青年时代的章太炎因阅读《东华录》《扬州十日记》等书，视清政府为外族政权，抵抗意识强烈。这些贯穿其一生的华夷观念，并在后来与《春秋》的夷狄观以及西方的现代民族主义观点相结合，形成具有其个人特色的民族主义观。

中日甲午战争之后，章太炎曾为"强学会"捐款，后来又到上海任《时务报》主笔。1902年章太炎再次逃亡日本，寄住在梁启超的报馆，并与孙中山结交。他为孙、康二人积极奔走，希望能达到合作同事的目的。章太炎为人铮铮铁骨，因生平十分倾慕顾绛（顾炎武）的为人行事而改名为绛，号太炎。后来，为了纪念汉代辞赋家枚乘，又更名为"炳麟"。

1845年，清政府在英、美、法三国要挟下被迫签订《上海租地章程》，无奈在租界内设立工部局。因受租界的限制，清廷只能努力劝说工部局逮捕"涉案"人员。逮捕名单出炉后，众人闻风躲避，唯有章太炎依旧坦然处之。他本就出身名门，与常人相比自有一身士大夫风骨，既已决定投身革命，便已将生死置之度外，今日局面早在他的预料之中。6月30日，当巡捕冲进办公室时，章太炎正身端坐，从容言道："余皆没有，章炳麟是我！"

苏曼殊对章太炎的风骨胆略钦佩之至，章太炎被捕让他忧心如焚。屋漏偏逢连夜雨，当曼殊一心在《国民日日报》做事，意气风发地力图报效国家民族时，报纸竟因内讧而停刊。停刊后他骤然空闲，无事可做，终日憋闷在房间内，满腔革命热情无处宣泄十分懊恼，又因牵挂章太炎案的审判一直未离开上海。然，章太炎此案一审再审始终无果，令曼殊心焦如烹。

直至12月24日上海"额外公堂"会审，对章太炎、邹容做出终身监禁判

决。这次审判结果对苏曼殊造成了巨大的打击，他本想一心跟从章太炎等人以革命为己任，现在领导者受到如此判决，让他对黑暗腐败的清政府彻底绝望，也对革命失去了信心。他不知道日后要如何继续革命，也开始怀疑革命党人的力量是否真的很渺小，是否能推翻腐败的清政府。在痛哭无望中，他只得先赴香港，寻找另一片革命热土。

1904年初，苏曼殊在冯自由的介绍下，奔赴香港投奔陈少白。孙中山亦早在1894年在檀香山创立兴中会，此为革命党人一派。但是，"辛酉政变"后，康、梁等维新党于1899年在加拿大成立保皇会。保皇党和革命党在意见上有很大分歧，清末十余年间双方争论互斗不断。此前苏曼殊从横滨去东京求学时，就因反感保皇党而未选择就读梁启超与华侨在横滨创办的"东京高等大同学校"。回国后又因与陈独秀、章太炎等人交好，更是革命思想爆发，视康有为一派为"死敌"。当然，这一时期康有为一派对孙中山等革命者亦是如此。

在日本，章太炎等革命党人与维新派曾有一段共事的经历，昔日革命家年轻气盛，为后人留下了许多谈资，其中有一件算不得趣事的"趣谈"。章太炎和梁启超都曾供职于《时务报》，当时梁启超为《时务报》创始人之一，而章太炎是汪康年请过来的新主笔，旨在替代梁启超，加之章太炎一向视清廷为外族政权，便难免得罪了康有为和梁启超。此时的《时务报》中，康有为的学生居多，随着汪康年和梁启超争夺管理权的斗争激化，康门弟子对章太炎的敌视情绪日益加深。终于，在康有为的指示下，梁启超策划门下弟子群殴了章太炎。汪康年和梁启超因此事彻底决裂，梁启超最后愤怒地拂袖而去。

苏曼殊作为"革命派"的门生，到香港后住士丹利街中国日报社，投奔陈少白。陈少白，号夔石，出身于江门市外海镇南华里一个基督教牧师家庭。他自幼十分聪慧，看人眼光独到，行事足智多谋。但此时陈少白对曼殊古怪的性格没有表现出陈独秀等人对苏的热情接纳的态度，他不甚适应苏曼殊这种激进与孤僻并存的状态，没有给苏曼殊安排工作，曼殊在香港陷入了孤独而无所事事的困境。

12月24日，上海传来消息，"苏报案"最终判决传来：章太炎、邹容二人"永远监禁"。虽然这一次的判决最后没有执行，但消息传来，使得苦闷中的苏曼殊遭受到严重的打击，加之陈少白的冷淡，他的革命热情冷却下来，俗世的孤苦哀凉让他再度陷入低迷之中。在香港已然待不下去了，他又要启程，不知去向何方。苏曼殊曾说："衲无法安分求生，不可若长久滞于一处。"此时能解救他的，唯有他的佛。陆丹林在《记曼殊出家及欲枪击康有为事》一文中写道：

> 曼殊以冯自由之介，抵港即居于此，性情孤介，足不出户，食宿之余，鲜与人语。
>
> ……
>
> 忽告陈先生，谓决意出家为僧，欲往省城受戒。陈察其素性坚僻，无可挽留，乃送数十金，以资其行。去数月，复回，则居然僧衣僧履，罩以薄棉蓝布长坎肩。询其情况，自言：出门后，茫无所知，既而囊金欲尽，相识者荐往惠州某庙落发。庙为破庙，住持其一老僧，即其师也。

后来，"苏报案"历经几次公审后，于1904年5月21日在"额外公堂"做出终审判决，章太炎监禁三年，邹容监禁两年，罚苦役，期满驱逐出境，不准逗留租界。章太炎一生铮铮铁骨，男儿本色。他的反清意识十分浓厚，在史学、朴学、国学上都著述甚丰，一生著作400余万字。

多情漫作他年忆——苏曼殊传

心灰意冷的苏曼殊回到广东，前往番禺县海云寺落发为僧，具足三坛大戒，皈依了主张"我心即佛"的曹洞宗。

起初佛教传入中国是没有宗派分别的。宗派分立最先始于东晋时代，为鸠摩罗什译介的三论或四论宗，这是印度空宗的法脉，到嘉祥大师而集大成。后来经历代演变为瑜伽宗、华严宗、禅宗、天台宗、律宗、密宗、净土宗三论宗八大汉语佛教宗派。苏曼殊所入曹洞宗，是禅宗南宗五家（五家七宗）之一，由良价禅师在江西省宜春市宜丰县的洞山创宗，其弟子曹山本寂在宜黄吉水（今江西省抚州市宜黄县曹山）的曹山寺传禅，故后世称为曹洞宗，主道场在江西省九江市永修县云居山的真如禅寺。

1904年，21岁的苏曼殊在广东街头书店偶见一册唐诗的选本，其中有一首是王摩诘的诗：

> 宿昔朱颜成暮齿，须臾白发变垂髫。
> 一生几许伤心事，不向空门何处销？

他读后很是顿悟，于是意欲"扫叶焚香，送我流年"。12岁那年苏曼殊随赞初大师在广州六榕寺出家，因年不满20岁只受了沙弥戒，在寺中做了驱乌沙弥。幼时无知因贪嘴食五香鸽子肉犯杀戒而被驱逐出寺，如今已年过二十，赞初大师给他种下的心灵种子，已悄然发芽生根，佛心已具，佛性已然。"苏报案"让他对革命心灰意冷，香港陈的冷遇也让他无法久留，似乎俗世已没有什么让他留恋，皈依我佛成了他此时最好的归宿。他选择在广州海云寺第三次披上袈裟，从此佛心即吾心，吾心无可归处从佛慈悲以怀。他曾自况："众人一日不成佛，我梦中宵有泪痕。"

也许很多番禺本地人都不知道，现南村镇雷峰山曾有一座千年名寺——海云寺。这里曾经僧众云集，香火鼎盛。纵使昔日繁华已随历史烟波隐去，但半个多世纪的蒿草冷月，并不能彻底掩盖曾经的梵音诵语。曾有两位苏姓名人此地结缘，一是苏东坡，二是苏曼殊。我们每一次提到苏曼殊出家，似乎都能寻出苏东坡的影子。的确如此。苏东坡被贬广东期间对佛学文化甚为推崇，也许是因为佛理的平和通透最能抚慰失意中的人。

海云寺在南汉期间（917—971）建成，原为海商捐建的佛教道场，曾名隆兴寺、雷峰寺。据《番禺县志》记载，明朝崇祯年间，该寺称隆兴寺。南明永历二年（1648），天然和尚被恭请至隆兴寺做开山第一祖，令默默无闻的隆兴寺成为名闻岭南的大寺。经过多年扩建之后，大雄宝殿及其他建筑先后落成，正式改名为"海云寺"。天然和尚乃大禅师，心境不俗，他将方丈室命名为"瞎堂"，并为按云堂、拂月堂、伽蓝阁等建筑题写匾额。清代至民国，海云寺香火鼎盛，被誉为"粤中四大丛林（寺庙）之一"。全面抗战爆发后，番禺沦陷，海云寺被毁，这里曾经鼎盛的香火，很快便飘散在战争的硝烟中，湮没在黄草丛。

迄今为止，没有任何海云寺的历史照片和图稿，它到底是什么模样成了一个谜。许多同我一样的探求者试图寻找海云寺的僧人及其后代，但是僧人已消散半个多世纪，当地人亦不知其所终。

文化的兴起往往甚为艰难，但是摧毁文明却容易得多，有时几个无知的匹夫便可轻易损毁深藏历史的丰碑。无论是狮身人面像丢失的鼻子，还是圆明园三天三夜的大火，在无知者眼中毁掉文明似乎是一件极有成就的事，摧毁文明可以作为宣泄情绪的手段，也可以用来彰显自己的勇武，甚至可以表达可笑的斗志。

在此事上，苏曼殊比之吾辈要幸运，毕竟他曾目睹了海云寺的旧况。1904年1月2日，21岁的苏曼殊受比丘戒，4日受菩萨戒。所谓比丘戒，是指比丘、比丘尼所应受持之戒律。梵语意译近圆，有亲近涅槃之义。又作近圆戒、近具戒、大戒，略称具戒。比丘戒因与沙弥、沙弥尼所受十戒相比，戒品具足，故称具足戒。依佛教戒法规定，受持具足戒即正式取得比丘、比丘尼之资格。而菩萨戒为大乘菩萨所受持之戒律，此戒之作法出于梵网经律藏品，其戒相为十重禁戒、四十八轻戒。不论出家、在家，皆可受持。

这一次受戒非常正式，依佛教仪式庄严持重而行。与苏曼殊一同受戒的目前只有二人可考，一为博经，一为智周。他的小说《断鸿零雁记》开篇即描写了在海云古刹的受戒经历：

> 百越有金瓯山者，滨海之南，巍然矗立。每值天朗无云，山麓葱翠间，红瓦鳞鳞，隐约可辨，盖海云古刹在焉。相传宋亡之际，陆秀夫既抱幼帝殉国崖山，有遗老遁迹于斯，祝发为僧，昼夜向天呼号，冀招大行皇帝之灵。故至今日，遥望山岭，云气葱郁；或时闻潮水悲嘶，尤使人欷歔凭吊，不堪回首。……余遂披袈裟，随同戒者三十六人，双手捧香鱼贯而行。升大殿已，鹄立左右。四山长老云集。《香赞》既阕，万籁无声。

同苏曼殊一同受戒的僧人智周，后来曾与曼殊异地重逢，曼殊的《燕子龛随笔》中曾提及此事：

> 十二月望日（1904年1月31日），行抵摩梨山。古寺黄梅，岁云暮矣。翌晨，遇智周禅师于灶下，相对无言，但笑耳。师与余同受海云大戒。工近体，惧幽忆怨断之音。寺壁有迦留陀夷尊者画像，是章侯真迹。

这份记载中提及了"工近体"，近体指的便是近体诗。近体诗是初唐之后形成的一种诗歌体裁，又称"今体诗""格律诗"。这是一种讲究平仄、对仗和押韵的汉族诗歌体裁。近体诗篇中句数、字数、平仄、押韵都有严格的限制，它是初唐以后的主要诗体。我们所熟知的诗人如李白、杜甫、李商隐、陆游等都主攻近体诗。近体诗在中国诗歌发展史上有着重要地位，可谓中华民族文化的瑰宝。

苏曼殊幼年曾师从苏若泉专注于国学文化的学习，打下了良好的基础。成年后，陈独秀、章太炎等人在古典文化上也给了他有高度的积极指导，苏曼殊在古典文化上的天赋日益显现出来。

海云寺出家时期，他暂且告别了激进亢奋的生活状态，静下心来修身养性，钻研佛礼和古典文化。海云寺除了是佛学宝地，在近体诗上亦是难得的一片热土。历史上，这里不仅是广州对外贸易的历史见证地，又是岭南传统文化的圣地。昔年，寺中天然和尚与他的弟子都是著名诗僧。

海云寺僧人众多，天然及他的师弟函可都是清初岭南杰出的诗僧，他们在书法上的造诣亦是极高。当时，以天然和尚为核心形成了"海云诗派"和"海云书派"。据《番禺镇村志》及《韬光佛地记海云》记载，天然和尚有弟子四千多人；连他的第一法嗣今无，也有弟子一千多人。他们都具有很高的文化修养。天然有《瞎堂诗集》二十卷，函可有《千山诗集》二十卷，皆传世。

这些僧人钻研古典文化，在书法上格调甚高。天然和尚另有一些俗家弟子，其弟子中先出家后还俗的屈大均，是清初广东最负盛名的诗人，为"岭南三大家"之首。在这样的环境中，苏曼殊的近体诗创作进步很大，为他日后从事古典文化的研究奠定了基础。郁达夫曾褒赞苏曼殊为"古典诗一座最后的山峰"。

一个月之后，苏曼殊尚未取得正式和尚的资格，即趁师父外出之机，偷了已故师兄博经的度牒，溜之大吉。并从此以"博经"为法号，自称"曼殊和尚"，开始了四海为家的流浪生活。

众所周知，佛教有严格戒律，且很繁杂。但有五条最基本的戒律，即不杀生、不偷盗、不淫欲、不妄言、不饮酒。苏曼殊一生任性不羁，竟五戒犯四。如不偷盗戒，依此戒律，僧侣对寺庙物品应是"不与不取"，即饮食等供养东西不交到手上便不能取，更不用说他人钱财。《国民日日报》停刊后，苏曼殊欲赴香港，无奈平日稿费早已挥霍尽了，便用"调虎离山"计，偷了章士钊30元钱。如今又偷师兄博经的度牒，后来在长沙还使用过署名"博经"的大红名片。

后人在谈及苏曼殊的佛学生涯时，常将与他并称"南社二僧"的李叔同比较。李叔同39岁才出家，出家前曾谨慎地入寺试验"断食"，适应后才开始食素、诵经、礼佛，后来才正式受戒出家。他与曼殊正好相反，十分看重佛教戒律，并认为"佛法之中，是以戒为根本的"，"宁可不受，万不可受而不持"。曼殊相较李叔同更为率性而为，佛祖心中留，余事皆随风。

离开海云寺后他漂泊至惠州罗浮山金堡古刹。此山素有"岭南第一山"之称，秦汉以来号称"仙山"。史学家司马迁把罗浮山比作"粤岳"，是中国十大名山之一。其方圆二百六十平方公里，大小山诸峰四百三十二座、飞瀑名泉近千处，并由洞天奇景、石室幽岩形成雄伟壮丽的山姿。苏轼被贬惠州时曾留下著名诗作，使罗浮山闻名于世：

> 罗浮山下四时春，卢橘杨梅次第新。
>
> 日啖荔枝三百颗，不辞长作岭南人。

纤纤弯月伴四时流年，罗浮山的旖旎风光和壮丽景色让曼殊暂时抛却俗世烦恼，过起了清修孤寒的生活。古刹年久失修，四壁徒然，他只能依靠化缘为生，这样的生活是极为艰苦的。那个时代寻常百姓尚难果腹，曼殊化缘常空手而回，忍饥挨饿在所难免。

《断鸿零雁记》中以第一人称写自己飘零的身世和悲剧性的爱情。其中叙写了一段化缘迷路遇一渔人受到冷待的经历：

> 一日，余以师命下乡化米，量之可十余斤，负之行，思觅投宿之所，忽有强者自远而来，将余米囊夺去。余付之一叹。尔时天已薄暮，彳亍独行，至海边，已不辨道路。徘徊久之，就沙滩小憩，而骇浪遽起，四顾昏黑。余踌躇间，遥见海面火光如豆，知有渔舟经此，遂疾声呼曰："请渔翁来，余欲渡耳。"
>
> 已而火光渐大，知舟已迎面至，余心殊慰。未几，舟果傍岸，渔人询余何往。曰："余为波罗村寺僧，今失道至此，幸翁助我。"
>
> 渔人摇手曰："乌，是何言？余舟将以捕鱼易利，安能载尔贫

僧？"言毕，登舟驶去。

余莫审所适，怅然涕下……

这部自传体小说《断鸿零雁记》，被誉为"民国初年第一部成功之作"。

苏曼殊在惠州待了不久便耐不住饥寒孤寂、芒鞋破钵之苦，狼狈地回到中国日报社，从此以"和尚"自居，过起半僧半俗的生活。鲁迅先生就曾形容他说："我的朋友中有一个古怪的人，一有了钱就喝酒用光，没有了钱就到寺里老老实实过活。"

苏曼殊回到香港仍住陈少白处，比之前更加落魄，性格因而也更加孤僻，终日默默寡欢。他对陈少白说："衲尝闻先生虚怀若谷，如今尚有顽固者愚信清廷尚可改变，岂不玩笑哉！先生睿智过人，为何如今作闭目掩耳之态？衲此番来香港，已至末途，盼先生能体谅衲之急迫心情。"

1904年，康有为从海外归来居香港云咸街。此时康有为声名大噪，香港总督将他视为政治名流优待有加，康有为虚荣心逐渐膨胀，对众人开始展露傲慢无礼的一面。其中，杨洪钧屡次到访均避而不见，最后杨洪钧愤而在其寓所咒骂，与保卫发生冲突因寡不敌众被殴打。此事一经传出，革命党人大为哗然，保皇党与革命党之间的矛盾再难调和。

苏曼殊向来爱憎分明，想起昔日章太炎曾被康有为门下弟子在日本群殴，如今"旧戏重演"，不由得怒火中烧，加之他在香港更因陈少白不肯给他谋求职位而再次陷入了困顿，他急于摆脱眼前清冷的境遇，并宣泄自己满腔的革命热情。他想向陈少白证明他的勇敢和无畏，得到昔日在《国民日报》时的重要位置。加之杨洪钧被打，令他对保皇派的嚣张气焰强烈不满，以至于做出了一个惊人的决定——枪杀康有为！

他本是无枪的，便同陈少白借枪。陈少白睿智稳重，觉得此事过于冲动，甚为不妥。聪明善劝的陈少白，左说右劝，竟将在极度激进状态下的苏曼殊的狂热想法给阻止了，令他放弃了这次刺杀。虽然，我们已不能穿越光阴，去见识陈少白是如何劝解苏曼殊的，但是可以设想的是：必定是情理俱在，智慧谋略并存，才能使这样任性惯了的曼殊难得地乖乖听话。

晚清笔记《世载堂杂记》详细地记载了陈少白的巧智：时两广总督岑春煊为人疾恶如仇，其在四川任上弹劾不法官员竟达300多名。总督两广期间又相继参劾不法污吏、渎职者1400多名，一时有"官屠"之称。一些腐败官员为了除掉岑春煊，与富商勾结悬赏百万元。可岑春煊曾因西安迎驾有功，甚得慈禧信任，一时无人可除。陈少白却用一个小计轻松地将其除去，他将康有为与麦孟华的照片与岑春煊的照片拼合起来翻拍，诞生了中国历史上最早的合成照片。陈少白把这张照片大量复制，在上海、香港甚至北京广为传播，最终传到了京城，慈禧见到此照片，一怒之下罢免了岑春煊。故此，陈君轻而易举地达到"反间"的目的。

虽然陈少白劝阻了激进的苏曼殊，让他的情绪暂且得到了缓和，但对于他无所事事的境遇却也无能为力。据众人回忆，苏曼殊性格孤僻怪异，常行事乖张，不喜节制。这样的孤独性格，似乎是他宿命的根源。

1904年3月，沥溪老家同乡简士鋗在香港遇见苏曼殊，归后告知苏杰生。重病中的苏杰生托人带话给曼殊，希望他回家见自己最后一面。苏曼殊因幼年在沥溪饱受虐待，曾发誓终身不返乡，便以"无钱资以作路费"为由拒绝回家。3月15日苏杰生病逝时，长子煦亭在日本经商，次子早夭，三子曼殊拒归。后人因此觉得苏曼殊过于冷漠乃不孝子。也许，人们无法真切地体会到曾在生死边缘被亲族弃之不顾的痛苦，与其说冷漠，不如说那是回忆中无法碰触的幽殇。曼殊自此与苏家彻底断绝了联系。

苏杰生病逝的消息传来，曼殊痛苦得三天三夜不出房门。第四日打开房门时面色灰黄，双目深陷，嘴唇上一条大血疱，陈少白一时惊得呆了。他劝曼殊出门散散步，可拜访昔日恩师好友以宽心。苏曼殊轻轻点头，游魂似的出了门，拜访了昔日在上海读书时的老师庄湘。师生相见，回首多年身世飘零，不觉痛哭。庄湘夫妇见曼殊消瘦落魄，好心地为他打点了衣装，资助银

091

第十八章 游历四方

钱。曼殊感涕地接受了，准备重新振作精神去南洋游诸佛教圣地。

在那样一个被人忽视的生命里，庄湘对他的关心和帮助，像是寒夜里的烛火，让他可以在微光中熬至天明。在他短暂的一生里，恩师庄湘始终是心底一处温暖的港湾。作为学生能得到老师的青睐是一种莫大的鼓励，庄湘不仅给了他人世间的温暖，还从另一个层面证明了他的优秀。在这样的激励下，曼殊更加刻苦用心地学习，以求有一日在学业上能大成以报恩师。

在《断鸿零雁记》中，他塑造了罗弼牧师的形象，其原型就是罗弼·庄湘。书中所言罗弼以收罗奇花异草为事，清幽绝俗，与曼殊重逢后怜悯其身世，夫妻二人为他打点行装置办西服，其言行与庄湘无二。书中原文是这样描述的：

> 翌晨。余理装登岸，即向罗弼牧师之家而去。牧师隶西班牙国，先是数年，携伉俪及女公子至此，构庐于太平山。家居不恒外出，第以收罗粤中古器及奇花异草为事。余特慕其人清幽绝俗，实景教中铮铮之士，非包藏祸心、思墟人国者，遂从之治欧文二载，故与余雅有情怀也。余既至牧师许，其女公子盈盈迎于堂上，牧师夫妇亦喜慰万状。迨余述生母消息及雪梅事竟，俱泪盈于睫。余万感填胸，即踞胡床而大哭矣。
>
> ……
>
> 后此四日，牧师夫妇为余置西服。及部署各事既竟，乃就余握别曰："舟于正午启舰，孺子珍重，上帝必宠赐尔福慧兼修。尔此去可时以笺寄我。"语毕，其女公子曳蔚蓝文裙以出，颇有愁容。至余前殷殷握余手，亲持紫罗兰花及含羞草一束、英文书籍数种见贻。余拜谢受之。俄而海天在眼，余东行矣。

文中所提"女公子"便是指庄湘的五女儿雪鸿。这个热情可爱的姑娘拥有东西方双重特色，她对曼殊没有民族偏见这点格外可贵。

曼殊自幼在沥溪被视为异族杂种备受欺凌，后回到日本又被视为中国留学生，似乎在哪里，他都是异族人。而可爱的雪鸿自幼跟随父母，受西方文化影响大胆而热情，又由于父亲在中国教书爱上了中国文化，她的世界里根本不会为血统问题费神，相反，这位才华横溢又命途多舛的清俊男子，让她萌生少女的爱慕。庄湘见女儿如此倾心曼殊自然喜上眉梢，意欲将雪鸿嫁于苏曼殊。然而，身世飘零的苏曼殊以"如今身无长物，又对世事失望，以出家人心无旁骛，不理红尘，况恐负佳人"为由婉拒了这段佳缘。

婉拒了雪鸿的婚事后，苏曼殊便决定去四处游历。这一年，他像一个真正的行者，天地广阔，无涯无疆。

他首先计划去杭州灵隐寺，这是他久慕之地。3月下旬，他北上杭州灵隐寺，后在上海短暂停留，经四川、云南，沿蜀身毒道，到达暹罗（今泰国），住在锡盘古（今曼谷）龙华寺，在青年会任教。然后，途经缅甸、印度，至锡兰（今斯里兰卡），驻锡菩提寺。又经马来西亚、越南一路考察佛教圣地，最后返回中国。

过越南时，风尘仆仆的曼殊对世事和佛法都有了更深的顿悟，他决定重新受戒。这次受戒，曼殊比之前三次更为虔诚，在臂上留下九个戒点香疤。

1904年，21岁的苏曼殊游历数个国家，在佛教上进行了深入细致的研究。正如庄湘所预料的那样，他的确是一位语言天才，往往别人需要数年方能学习掌握的外语，在他这里短时间内就可以运用自如，并可翻译经典著作。刘三曾有诗赠他，将他比作"白马投荒第二人"，意在将他比作玄奘，其诗为：

> 早岁耽禅见性真，江山故宅独怆神。
>
> 担经忽作图南计，白马投荒第二人。

暹罗，是中国对现东南亚国家泰国的古称。苏曼殊在暹罗龙华寺曾系统地学习了佛教经典，他的梵文水平大大提高。当时暹罗共有人口900万，其中中国人占了三分之一。这样的华侨比例，在任何一个国家的历史上都是罕见的。暹罗是以佛教为主的宗教国家，直至今日佛教文化仍是泰国文化重要的组成部分。佛教提倡乐善好施、积德行善的理念对泰国教育文化的形成与发展有着深远的影响。依其传统，凡男子必须剃度一次方能取得成人资格，剃度年龄一般从20岁开始，因为他们20岁就正式成人了，相当于我国的成人礼。当然并非所有人都能在20岁顺利剃度，必须在父母健康时方可出家，否则佛家视为不孝。泰国佛教认为出家是为家人，尤其是为父母积德修福，婚后也常见为妻子积德修福的男子。

曼殊初至暹罗锡盘古龙华寺便进行了清心刻苦的学习，他开始系统地钻研梵文。早在宋朝时期，早期成形的天城体梵文曾在汉地、辽、大理流行过，现完整保存于1035年刊印的《景祐天竺字源》中，并且东传到韩国、日本。苏曼殊现存少量笔记中记录了当时所研究的一些汉字梵语音译：

"枸杞"，梵名"奢弥"

"桃"，梵名"至那弥"

……

这段在暹罗龙华寺的宝贵经历，为他日后对我国梵语突破性的研究打下了坚实的基础。曼殊虽为人任性，常有古怪行为，但其在学术研究上的刻苦和执着却是从不含糊。梵语以其厚重、美观的兰札体字母流行于中国西藏和尼泊尔，其汉藏语系有很大的影响，并且随着中国清朝统治阶层对藏传佛教的信仰，也流行于中国汉地。

曼殊离开暹罗，最后大有收获的国家当属狮子国。狮子国即僧伽罗，是斯里兰卡的古称，来自梵语古名Simhalauipa（驯狮人），《梁书》称狮子国，玄奘的《大唐西域记》作僧伽罗，义净《大唐西域求法高僧传》作师子国、师子洲。

曼殊来到斯里兰卡，偶遇表叔林北泉，便住在他的杂货店中。亲人相遇想起过往，这位年轻的僧人脸上已不见儿时的怯懦，那行走于尘世又超然于物外的姿态不禁令林北泉敬佩。

斯里兰卡给曼殊留下了很好的印象，在他到来的前几年，这里掀起了佛教改革和复兴运动。不得不说两个"佛会"，一个是19世纪末美国的奥尔考特少校和俄国的勃拉瓦斯基夫人，为了推动佛教复兴率先在科伦坡创立了神智学会；另一个是达摩波罗在印度创立摩诃诃菩提会。两个佛会皆积极挖掘佛教文化，专注于典籍的编撰，为佛教的再次繁盛奠定了基础。新的佛教分支促使了佛教复兴运动，民众对僧侣空前尊崇，以至于当地寺庙不设灶煮饭，日常所需全凭僧人集体化缘而得，百姓会跪拜着将食物奉给僧人以示虔诚。这种几近朝圣式的崇拜，让曼殊内心感到自豪与激动，点燃了他研究佛学的热情。以往他都是迫于无奈而避居寺庙，修佛之心尚且不够坚定，有时因生活拮据，有时因逃避社会。狮子国民众对僧侣的尊崇，让他坚定了修习佛法的决心。

在佛法的熏陶下，回国后他激进的民主革命热情渐渐平复，继续过着离群索居的生活。一众好友闻听他回来，对他此番游历颇为敬佩，与他逐渐恢复了昔日的交往。年仅21岁的苏曼殊，却饱经人世沧桑，在一次次打击和漂泊中清冷孤寂地行走，心有如来，身披袈裟，他的行为时而放任，时而自闭，辗转万里，看遍百味人生。

柳无忌认为苏曼殊的朋友圈几乎相当于清末文人名士的"缩影图"，如孙中山、陈独秀、黄兴、章太炎、廖仲恺、柳亚子、蒋介石、汪精卫、宋教仁、鲁迅、周作人、章士钊、叶楚伧、陈其美、蔡元培、刘半农、沈尹默、包天笑、刘季平、于右任等。这些曾在近代中国政治文化领域掀起浪潮的人物，甚至可以说他们中的大部分人唱响了中国半个世纪的政治命运，都曾与这位年轻的诗僧擦肩而过，或挚友或浅交。

除此等朋友圈际会，有趣的是他与名伶小杨月楼一众，如江南名妓花雪南、金凤等人也曾频繁往来，金翠酒筹满眼荒唐。在旧时沪上璀璨的灯光中，这些女子飘摇如浮萍，美艳凄凉，她们红唇香舌嫣然戏政客，回眸婉转引才子。曼殊时常目睹歌女凄楚，政客多情，又见袈裟在身未敢忘佛。他徜徉人群中，似与他们志同道合，又似特立独行，活出一个完整的自我，悲喜嗔怒，法相金刚，花丛而过却未曾真正融入过红尘。

据说东洋留学生对苏曼殊十分追捧，仿若现在的明星，他们争相拜读曼殊的诗作。苏曼殊与清末民初诗词大家黄遵宪并称当世"苏黄"。人们将他视作生活中的异类，又尊作文学路上的巅峰，他站在这巅峰之上持续着自己的疯癫，真真是"无端狂笑无端哭"，只是那时又有多少人能真正读得懂这文字之下早已冰寒而残破的心。

恒河落日千山碧，王舍号风万木烟。

壮士横刀看草檄，美人挟瑟请题诗。

——苏曼殊《断句》

回国后，苏曼殊时常回忆这段珍贵的旅程，他的情感日益丰富，学识也更加渊博，但有时极易令人产生共鸣的未必是最深刻的哲理，而是那些涓涓而过的某个平凡瞬间的了悟。"恒河"是永远流淌着的信仰，它的两岸总是有一个又一个的苦行僧，无论是在晨光中沐浴的人们，还是在夜幕降临前默默送葬的队伍，那总也飘散不去的梵语诵经声，那颊边带露的明媚少女……

再远的旅程总归有结束的时候，一如我们的生命，起点终点似乎非常相像。人生往往不能回头，但却在到达终点时蓦然发现，原来我们行过的路不过是个首尾相接的圆。

虽然越来越多的人开始知道苏曼殊，欣赏他的画作，崇拜他的文学才华，但他仍是那个孤苦孑然的青年，这里不似狮子国，没有信徒每日积极虔诚地供养他，他依然不知道下一餐会在什么地方，依然无家可归。而此时清政府似一个早已破旧的风箱，极尽鼓动它的威仪，却只能展现出苟延残喘的姿态与气息。

1904年1月11日，孙中山在檀香山加入华侨组建的洪门致公堂；几天后，中兴通讯社在广州创建并首次发稿，《女子世界》创刊；2月8日，日本偷袭旅顺，日俄战争爆发，东北沦为战场。四天后，外务部宣布日俄开战，中国严守局外中立。国难当头，黄兴等人秘密成立华兴会，3月上旬创办了近代中国发行时间最长的大型期刊《东方杂志》。所有的一切都在指证这个社会的动荡和清政府的飘摇，政治家蠢蠢欲动，革命者激进非常，百姓的生活却依旧是水深火热、苦不堪言。

旅顺被偷袭后，民众的爱国热情迅速激涨，越来越多的革命者登上历史舞台开始施展拳脚。陶成章因少时便主张救世之学，痛恨异族之专制，誓志反清报仇，他与王嘉伟、魏兰、龚宝铨等人在东京酝酿协商成立反清组织。1904年初，陶成章与魏兰来到上海约见蔡元培，商议反清事宜。11月，他们以龚宝铨组织的军国民教育会暗杀团为基础，在上海正式成立了光复会。

光复会在中国近代史上影响很大，起初只有四五十人，陶成章、秋瑾等创办大通学堂，徐锡麟等人积极加入，成员持续发展至六七百人。他们大多是小资产阶级知识分子、商人、工匠，亦有少数地主士绅。世人熟知的章太炎、秋瑾、张恭、徐顺达、赵声、柳亚子、陈去病、熊成基等人皆是其会员。徐锡麟说："与我同胞共复旧业，誓扫妖氛，重新建国……报往日之深仇。"

苏曼殊回国后，见国内局势十分混乱，内忧外患、民不聊生。他正苦恼着今后该如何安置，黄兴、秦毓鎏、张继听闻他回来，欣喜地邀请他去长沙实业学堂任教。曼殊见昔日革命好友在他困顿中投来希望的曙光，便欣然同意了。

曼殊所教为英语，平日里与黄兴走得最近。昔日在日本成城学校学习军事期间，黄兴曾教过他射击，此番一同任教可谓故知相遇，惬意畅快。不久后，明德学堂亦缺少图画教员，他的绘画在日本求学时便得到了众人的认可，黄兴便建议他去任教。明德学堂的创办人胡元倓见过曼殊的画十分惊叹，诚意聘请他兼教学校图画课。苏曼殊性格内向孤僻，除了上课终日关起房门作画，画毕从不送人直接焚烬。大家得知他"时作画而焚之"十分痛惜，同事李昭文从门缝里见他画毕又要焚烧，冲进屋内不顾其阻拦将画从火上抢下来。

曼殊颓然坐在地上，低沉沉地说道："此画乃为衲亡故恋人菊子而作，李兄若想要画，改日重新画与你便是。"

李昭文依然舍不得此画："待你画好与我交换便是。"不久曼殊离开长沙实业学堂，此画取名《远山孤塔图》为其时仅存。

苏曼殊在长沙任教期间授课别具特色，其英文课很少讲解语法，每日他率先在教室等待学生大声诵读课文，学生入座后便自然而然开始诵读，直至教室人声鼎沸曼殊方才展露笑颜。也许在这位语言天才看来，学习外语不过是多诵读罢了，其语法委实太过简单。他的学生中不乏家学渊源及聪慧之人，文公直便是其中之一。

文公直家学渊源深湛，5岁开始读经史。其母博古通今，曾注《道德经》，著《明史正误》。她启迪文公直说："儿习史，当于二十四史以外求之。"文公直13岁考入军校，纵览欧洲及日本名著以及世界史，毕业后在军中任职。1916年至1917年间，参加了讨袁、护法战争。后来直升至少将，足迹遍及东北和西南各省。文公直幼时在明德学堂曾师从苏曼殊学画，对这位老师印象深刻。因苏曼殊曾倡导佛教改革，文公直说曼殊若"天假以年，俾得行其志，而实现其主张，则曼殊必能成佛教中之马丁·路德"。

苏曼殊在长沙时所使用的是一种大红名片，其上署名"博经"，乃前文已述其已故师兄之法号。有时他穿着僧衣在房内，众人学他的模样取笑，他也跟着痴笑。曼殊不作和尚打扮时，常戴一顶青布小帽，着青衫长褂，穿几日又觉不自在便换回僧衣，如此反复。他常食量惊人，众人见他身无几两肉，吃起来犹如饕餮，啧啧称奇。有时癫狂起来又数日不食，常一个人在房间痛哭半日，暮时出来面容枯槁。学生跑来询问他缘故，他只答："莫不是为师疯癫，便是你等看不穿。"

不久，传来邹容死于狱中的噩耗。那个时代寻常百姓尚且生活艰难，何况深陷牢狱之中者。章太炎本是书香门第出身，难得他入狱后极为坚强地面对饱受虐待的生活。他曾回忆说：

> 所食皆麦饭带麸。日食三合，粗粝鲠会咽。顾视便利，则麦复带麸而出，其不能输精成血可知。同系五百人，一岁死者百六十人，盖三分而瘦毙其一矣。

在这样的条件下，体弱的邹容终没能熬过去，4月2日死于狱中。鲁迅曾有《关于章太炎先生二三事》一文，其中提到了两首章太炎写给邹容的诗：

> 我的知道中国有太炎先生，并非因为他的经学和小学，是为了他驳斥康有为和作邹容的《革命军》序，竟被监禁于上海的西牢。那时留学日本的浙籍学生，正办杂志《浙江潮》，其中即载有先生狱中所作诗，却并不难懂。这使我感动，也至今并没有忘记，现在抄两首在下面——

狱中赠邹容

邹容吾小弟，被发下瀛洲。

快剪刀除辫，干牛肉作餱。

英雄一入狱，天地亦悲秋。

临命须掺手，乾坤只两头。

狱中闻沈禹希见杀

不见沈生久，江湖知隐沦。

萧萧悲壮士，今在易京门。

螭魅羞争焰，文章总断魂。

中阴当待我，南北几新坟。

消息传来，革命党人群起激愤。曼殊彻夜未眠，他整夜倚窗观月。清冷月色似千年冷眼，世态炎凉如暗夜混沌不堪。他悲哀地意识到只要生不逢时去留皆是错。曼殊的心态开始变得极其消极，在这样的世事中他醒着亦是睡着，他将自己的心幽闭起来。

华兴会据邹容之死决定在上海举行秘密会议，曼殊应邀前往。临行前，他辞去了在长沙的教员工作，答应与学生们合影。在这些孩子的眼中他看不到世俗的黑暗，他们清明的目光中满是对未来的希望。这一日，曼殊心情舒缓不少，照片上留下了他存照中少有的笑容。

与曼殊十分相像的一个人便是章太炎，时称"章疯子"。历史的舞台上，他不仅是一个国学大师，以文士的形象而立，他更像一个坚毅的斗士。1924年，中国国民党第一次全国代表大会召开，发表宣言，实现国共合作。在国民党右派冯自由、居正等人的怂恿下，章太炎公开发表言论，反对国共合作。章太炎说蒋介石执行的三民主义是"卖国主义、党治主义与民不聊生主义"。有两件他的故事不妨讲述一下：

一则，章太炎经常痛批孙中山，但是只可他批评，余人盖不能插嘴，若有人附议，他便大怒，反辩说孙中山是第一人，除他谁也不可亵渎骂之。有时怒极，甚至动手掌掴他人，众人无不惧之。

二则，袁世凯曾邀请黄兴到北京，设宴款待时希望章太炎亦能同席。想必袁对他不够了解，自讨了个没趣，章太炎不仅不赴宴，更是文人意气，一时兴起在袁世凯的请帖上直接狂写四字："恕不奉陪！"，潇洒回邮。

邹容死后，曼殊一直担忧章太炎的安危，悲观的他常常觉得此生与此知交不复再见。生死无常，苟活无趣，心灰意冷的他在上海开始了浪子一般的随性生活。

初到上海，曼殊的生活十分优渥。因在长沙执教期间每月所得薪水总数不下二百元，这在当时算是十分高的收入。曼殊带着这一时期积攒下的工资，在上海开始了恣意挥霍的生活。他常在夜间乘坐马车游览四马路，这并不是一项小的开销，当时也只有富贵人家消费得起。他也常大肆请客，每次广邀众人豪饮大嚼，若人少便叫当席的朋友再呼他人，直至人坐满一大桌方罢休。席后众人散去，他竟不记得入席者皆为何人。这些还算不得令人惊叹，他喜欢"叫局"，与一众歌姬觥筹交错，全然不顾及出家人的身份。这样的迷醉亦不能长久，他千疮百孔的内心连宣泄都无法长期承受。

秋至霜降，万物开始萧索。曼殊告别上海行至杭州，他孤独地立于西湖畔，新月垂柳相伴，他双目空洞悲怆地喃喃："西湖美景几时休，美景无休，未老心殇。"

茫茫天地间，22岁的苏曼殊像是一棵独自在秋风中颤抖的枯树。本应是风华正茂的年纪，却几经沧桑骤变，西湖落日千里清秋，行云流水黯然孤僧。

1905年秋苏曼殊在杭州白云禅院挂单，留有七绝一首：

住西湖白云禅院作此

白云深处拥雷峰，几树寒梅带雪红。

斋罢垂垂浑入定，庵前潭影落疏钟。

晚饭后他独自散步于西湖畔，心中思虑缓慢，眉头暗藏忧郁，心中念道：白云悠悠，雷峰塔孑然如自己一般高耸孤立，只不知这岸边红梅带雪有没有输却一段香愁。我本该是心如止水的出家人，却依然无法改变自己的敏感多思，岁月于我来去都是过客，历历在目的过往似一把利箭射过深秋，却穿不过寒冬。粗茶淡饭的素斋与上海的豪饮其实没有什么不同。晚钟的回声撞击着古寺的尘埃，却撞不醒昏睡的世人。今天与昨天没有什么分别，明天又将是今天的模样，潭水空碧，而我不过是这世间多余的微光。

曼殊在杭州拜读了袁宏道的《晚游六桥待月记》，尤喜其中 "今岁春雪甚盛，梅花为寒所勒，与杏桃相次开发，尤为奇观"。这位明代的文学家始终无意于仕途，万历二十年（1592）就中了进士，但他不愿做官，而去访师游历。他曾辞去吴县县令，在苏杭一带游玩，写下了很多著名的游记。苏曼殊自认袁宏道为知音，西湖美景，古寺巍然，恰恰适合此时的他清心修身。

一晚，他着僧袍独自泛舟湖上。有句杭州老话叫作 "日游西湖不如夜游西湖，夜游西湖不如雨游西湖"。雨未必天天有，月色倒是易寻。晚风徐来水波涟涟，西湖像是娇羞的少女伸手撩开她的面纱，不知是哪位佳人洞箫呜咽穿过江南轻烟，又是谁人归棹的桨声轻叩着时节。思及身世，曼殊不禁双眼含泪，忽感这乱世之中自己恰如无根孤萍随波逐流，终将不支沉入水底。自己身世飘零，整个中华不也尽是如此，皇帝无能，污吏横行，有志者沦为阶下囚，有才者泯没在深巷中。

　　这一晚，直至天方露白，曼殊昏昏沉沉地在小舟上睡着了。梦里依稀见到国破狼烟起，百姓流离失所。他一个人站在四散逃亡的人群里，身穿芒鞋，手持破钵，被人流冲撞得左右摇晃。忽然，章太炎、柳亚子、孙中山、宋教仁等人一个个地从他眼前走过。他唤他们的名字，问他们要去往何处。可是那些人像失了魂般完全听不到他的呼唤，脚步虚浮地在他面前走过。此刻，他看见陈独秀面带微笑走过来。他惊喜地上前问他："大家这是怎么了？要去哪里？"陈独秀笑着说："革命失败了，他们不知道要去哪里，没有革命便没有魂了。"曼殊心里突然大恸，泪水汩汩而下。他问陈独秀："那么你呢，你的魂也丢了吗？"陈突然想起什么大叫道："对呀！没有革命我的魂也该丢了啊！"说罢疯跑而去。曼殊一边流泪一边大叫着追上他，一把拉过他吼道："你可以再去革命啊！不能放弃！"可是陈被他拉得猛然转过身来，那脸突然变成邹容的脸，并且已经开始腐烂，嘴角烂出褐色的血，牙齿裸露在外，悠然道："我已被折磨至死，还如何革命呢？"曼殊被吓得惊醒过来，喘息很久方得平静。他见四周灰蒙蒙一片，天色尚未大亮，一轮明月垂挂天边将要落下，一身僧袍被微雨晓雾打湿。他趴在舟沿用手捧水洗面，方平静少许。只见水中倒影朦胧，脸色惨白，不由得黯然神伤。他的热情被这一场噩梦在此点燃些许，是的，必须革命，没有革命便没有了希望，没有了灵魂也没有了去处。己身如此，国也如此，必须变革以打破这黑暗的世界。

　　回至白云禅院，众僧已经起床在做早课，朗朗的诵经声在幽静的寺院荡起回响。曼殊进屋紧闭房门，思索片刻，落笔一气呵成，画出《江山无主月空圆图》寄给了陈独秀。从画的命意看，是一幅表达亡国之恨的作品。当时的革命者普遍认为：清之代明而有天下为"亡国"。曼殊题有画跋："花柳有愁春正苦，江山无主月空圆。"至1919年时，《江山无主月空圆图》初刊于蔡哲夫编辑之《曼殊遗画》。苏曼殊之后在上海因国学保存会结识女诗人张倾城。某日，张见到此画，有感而发，在上题诗曰：

佛本心多情，辞俗情犹扰。

底事最关情，亡国情难了。

清廷自中日甲午战争后创办新军，为培养军事干部，一是派遣学生到日本士官学校留学，当时日本士官学校属下级军校，却几乎是代替清朝政府培养中上级军官；二是自办陆军学堂，名称很多，如将弁学堂、随营学堂、讲武堂、速成学堂等。这些学堂随时开办，随时关闭。南京陆军小学便是其中一所。光绪三十一年（1905），练兵处会同兵部奏拟《陆军小学堂章程》，开始在全国各省设立陆军小学堂，宗旨为"一切教育，以忠君爱国为本原，德育、体育为基址，振尚武之精神，汰叫嚣之陋习"。南京陆军小学建成后缺少教员，邀请苏曼殊前往任教，他收拾残破的内心，打点简单的行装前往南京陆军小学。当时南京陆军小学学生不过百余人，曼殊教英文、图画、算术。

金陵城不乏积极革命的有识之士，这些人大多认为清政府为外族政权，颠覆我中华，其中比较有名的为赵声。1903年2月，赵声东渡日本考察与黄兴结识，同年夏回国任南京两江师范教员和长沙实业学堂监督，积极宣传革命思想，曾撰写七字唱本《保国歌》。当时江南地区开始行使新军征兵制度。由于连年被各国列强侵辱，清政府国力不济，武器装备皆不能同列强相抗衡，赴战场者十之有九血洒疆场，连马革裹尸都不能。老百姓大多不愿让家中的孩子前去送死，除却一些人走投无路为免饿死从军外，只有极少数的革命者愿意从军报国。一时间，赵声也因征不到多少兵忧心不已。

曼殊初识赵声时，他仅担任南京新军第九镇三十三标二营管带。赵声为人颇有侠骨，胆略不凡，与曼殊一见如故，二人豪饮高谈实为人生快事。后来，赵声改革征兵制度，激发了江南子弟的热情，被提拔为三十三标标统。这样率真的少年侠成了苏曼殊在南京时的至交。两人月夜舞剑高歌，倚栏痛饮，大谈古今。

赵声猛灌了几口酒，朗笑道："曼殊，我这酒可还成？"

曼殊被酒呛得正咳嗽，擦着嘴角的酒渍道："咳……咳，此酒太烈不如黄酒顺喉，况且无佐酒佳肴，未免寡淡。"

赵声打趣道："你是出家人，却这么爱食肉？"

曼殊腼腆笑道："佛在心不在口，佛心慈悲广纳不可言，岂会计较衲之小错？"

"佛祖不与你计较，你自己也不同自己计较吗？"

"若不食肉便是慈悲，那也仅仅是给自己的慈悲，所谓大慈大悲是如何能度世人出苦海，衲无须对自己慈悲，索性亦不辜负美味。"

赵声见他心思通透，长叹道："和尚你看似迷糊，其实最为清醒。"

曼殊点头道："你知我醒着，那你也不曾昏睡。"

赵声将手搭在曼殊肩头："你我二人既然如此投缘，我素闻和尚你画艺精湛，可否赠画一幅？"

曼殊打趣道："赠画容易，只是无佳肴，衲无灵感，如何下笔是好？"

赵声笑着虚打了他胸口一拳："你这贪嘴和尚，下次我带酱鸭子给你吃，再弄几坛黄酒如何？"

曼殊双手合十笑道："衲应你便是。"

聚散本为常事，很快二人分离，苏曼殊在《燕子龛随笔》中回忆了与赵声的革命情谊：

> 赵伯先少有澄清天下之志，余教习江南陆军小学时，伯先为第三标标统，始与相识，余叹为将才也。每次过从，必命兵士购板鸭黄酒。伯先豪于饮，余亦雄于食，既醉，则按剑高歌于微风细柳之下，或相与驰骋于龙蟠虎踞之间，至乐也。

曼殊在南京时结交的又一好友为伍仲文，她原名伍杏仙，广东南海人。杏仙曾在县城唯一的女子高等学校求学，虽为女子，却不输男儿志气，在大革命浪潮影响下，成为爱国学生运动的积极分子。曼殊本没有封建男女教条思想，与之相识后一见如故，却从未生出男女之情，不禁让人生出几分江湖儿女不拘小节之感。二人居南京期间曾同游同泰寺。该寺楼阁台殿，九级浮屠耸入云霄。寺内铸有十方佛之金铜像，《声律启蒙》记载有"梁帝讲经同泰寺，汉皇置酒未央宫"。曾有资料记载二人的"对诗"：

> 赫赫同泰寺，萋萋玄武湖。（曼殊）
> 红莲冒污泽，绿盖掩青苑。（仲文）
> 幕府林葱蒨，钟山路盘纡。（曼殊）
> 苍翠明陵柏，清新古渡芦。（仲文）
> 天空任飞鸟，秋水涤今吾。（曼殊）
> 六代潜踪汉，三山古国吴。（仲文）
> 悠悠我思远，游子念归途。（曼殊）
> 掉头看北极，夕照挂浮屠。（仲文）

二人游至同泰寺，拾阶而上，一路畅谈快意。古寺幽深苍柏林立，山光旖旎好鸟成韵。曼殊诗兴大起随口吟出数言佳句，伍仲文拍手叫好。曼殊意犹未尽，提议道："来而不往有甚趣味，不如你我对诗相和，倒也畅快！"伍仲文被他的潇洒感染欣然同意，于是便有了二人对诗的佳话。有传鸡鸣寺为同泰寺旧址，但近年的考古表明此为讹传，同泰寺旧址为今日之珠江路北侧，与今鸡鸣寺相距甚远。

"万事无不尽，徒令存者伤。"在那样一个动荡的时代，别离和牺牲是一件再平常不过的事。1931年1月17日和18日，蔡博真和伍仲文等一批共产党员分别在上海三马路（今汉口路）东方旅社和天津路中山旅社等处秘密开会，由于叛徒告密被捕，六天后，与24名共产党员一同被集体杀害。行刑时伍仲文怒目直视，死时身中13枪，乃最后一个倒下者，巾帼之姿令人钦佩。

南京陆军小学在国内培养了早期的军事人才，在当时取得了一定成绩。光绪三十三年（1907），管理陆军部事务的奕劻等又奏拟《陆军中学堂章程》，设立四所陆军中学堂，归陆军部管理，学制两年。次年，清政府花费48722.4银元建造陆军学校，为朝廷培养中高级新军军官。如今，在南京清朝驻军小营马标和炮标之间，有一座"一"字形的西式建筑，中间三层，两侧两层。其东西长139米，南北宽11.5米，占地面积1504平方米，现在看来也是气势不凡，便是当时的南京陆军中学。

"朱雀桥边野草花，乌衣巷口夕阳斜。旧时王谢堂前燕，飞入寻常百姓家。"许多人寻乌衣巷都是因着刘禹锡的这首《乌衣巷》，衣角飘起在秦淮河的晚风中，乌衣巷像是美人悲伤的眼窝，这里到处是莺歌笑语，这里的笑到处饱含着美人泪。

曼殊一生三次出家，臂上烙印着九个戒点香疤，但他从未对自己的"风流"稍加掩饰。苏曼殊的内心向来比寻常男子柔软多情，在上海时，他便赶时髦时常"叫局"，也从未有过记录确切地证实他与哪个女子有过肌肤之亲，无非是宴饮作罢便醺然而归。也许他只是害怕冷清，害怕独自一人面对漫漫长夜，那么多难耐的深沉夜色仿佛弦月都凝结了一层薄泪。他的风流，像是个顽皮的孩子，明明不懂情爱却偏要故作姿态。

有一次众好友相聚，苏曼殊忍不住好奇，问章太炎："子女从何而来？"

太炎被他问得脸红，板着脸说："此类问题，取市间男女卫生新论之书读之即得，何必问我？"

曼殊不依不饶道："书中说男女交合方可育子嗣，然衲幼时居沥溪，村中有一寡妇无夫自孕，此例可证书言不实！"陈独秀一口茶喷出来笑到岔气。章太炎捶着桌子，怒骂："你逛青楼时，花雪南也不曾好好教导于你！若真如此，世间男子都随你做了和尚去罢！"

金陵的妩媚突破了他的想象，轻踏在乌衣巷的石板之上，身旁阵阵低迷的脂粉香，那些缭绕到他眼前后倏尔收回的香帕，让他蓦然想起了"玉肤金钗红罗裙，青丝飘飘及腰间"。是了，以往上海的歌姬不过是明媚的脂粉色，这金陵的女子方才算得上是真正的色艺双全。

初遇金凤时，恍惚间他以为那是一位朱门深闺的娇女。那个时节初秋的凉雨已经打在了二胡的丝弦之上，金凤的出现更是让所有的夏花彻底不再烂漫。她太过明媚，也太过缥缈。这佳人：白玉雕成琵琶骨，杜鹃蕊色点绛唇，金凤花汁描眼尾，当然还有那盛得下一滴晨露的梨涡。苏曼殊方知曾经的自持，都是为了今日的不自持，过往的佛根深种开始变得滑稽可笑，那是是未曾遇见她啊，那是不知道什么叫作"沉沦"。

苏曼殊在南京收获了至真的友情和爱情，男者赵声，女者金凤。这一日，赵声提着两坛黄酒并四只南京盛产的小板鸭，邀曼殊月下共饮以践前诺。二人大嚼板鸭，豪饮黄酒，快意非常。赵声见他吃完自己的鸭子，又夺了他一只鸭腿，便取笑曼殊："和尚，你这贪嘴的模样，比我个俗人还不如。"

"百先（赵声字）兄，你虽唤百先，然依愚弟看来，倒是恐落我后了。"

"百先仅百事为先，这酒肉之欲，我确是不如你。你瞧你两只板鸭下肚，还似几日不食般。"

"令兄见笑矣！"曼殊说罢又灌下半壶酒，拿袖子随意地擦了下嘴角接着道："佛心佛心，佛既在心，又何见之于形？若神佛如你等忒爱计较又如何成佛？"

赵声见朗月当空，秦淮河上灯影缠绵，心中忧烦，不觉道："如今世如烈火，清朝为热油，百姓烹煮于釜，神佛见之如何不救？依我之见，还是要我等革命之士，热血见诸汗青，方得使釜底抽薪救苍生于水火。"

"神佛慈悲万物，万物皆有灵。到底不过一生死，终了皆是空。如我食之鸭，我食之乃恶，焉不知送其早登极乐？"说罢，曼殊又撕啃下一块鸭腿肉狼吞入腹。

赵声见他洒脱之气，竟一时自愧不如，朗声笑道："和尚看得通透！对酒当歌，少却红颜了然无味。我且去逍遥，不知你食酒肉同否会佳人哉？"

曼殊听后拔身而起，边跑边脱掉外袍，哈哈笑道："和尚我先行一步，佳人恐等得心焦！"赵声见他张牙舞爪的背影不觉哑然失笑。世间百年恐难再有此等纵意洒脱之人，当真乃身无挂碍，形无所拘，说他是僧又不是僧，俗却终究不俗。

曼殊跑得满头大汗，气喘不已地停下来。只见秦淮河畔歌女伸着帕子招揽客人，偶有淡漠的佳人坐于船上偷偷观察行人。这些佳人大多比倚门调笑之人秀丽许多，且气质也好之远矣，想必非富贵风流之子不肯轻易相邀。他见自己一身臭汗，跑得急了连钱袋也丢了，实在狼狈，今夜怕是无缘会得佳人。正自沮丧，船头楼上丢下来一粒果核正打中他的后脑。他傻愣愣地抬头看去，之间新月挂在檐角，一女子着月白色石榴裙冲他轻笑道："你这和尚也不怕坏了规矩，烟柳之地，也敢闯进来。"

"让仙子见笑了。仙子你误入此地，和尚又如何闯不得？"说罢双手合十，喊了声佛号："阿弥陀佛。"

"如此说来，你是来救我出去喽？"

"如此，倒也甘入地狱。"曼殊一时怦然心动，竟不知该如何言语，嘴唇麻麻的难受，手指尖有些凉凉的颤抖。他心如擂鼓，这是从未有过的感觉。短短的几句对话倒让他越来越紧张，甚至不敢直视佳人。哪怕当年之于菊子，亦只是初见时甚觉柔美，并不似这般顿时觉得自己渺小了起来。

楼上的女子见他不再说话，也不出声。过了些许时候，曼殊偷偷抬眼看去，只见她正捂着嘴娇笑，兰花纤指抚了抚鬓，角软着水腰道："也罢，上来吧，度我出苦海。"

曼殊一时惊喜，抬腿就往楼上跑。门房见到金凤姑娘竟然点了个和尚上楼，不由得啐道："如今竟是什么光景，妓女邀起和尚来了，怕是要倒着贴了。真是开张晦气！"曼殊听了，回神跑回来，一把揪住那门房的领子怒骂道："你给本尊看清了，明日我自带着银子堵死你这臭嘴。到时，你给我大念千声'佛祖饶我'。"门房见他红着眼气势软了几分，不屑道："你一个出家人来这里嫖妓，不怕下地狱？"

"此处就是地狱，我不入地狱谁入地狱？"说罢朗笑着上楼去了。

这一夜开始，苏曼殊在秦淮河畔留下了他最销魂的时光。对待金凤他不必怕像菊子那样来不及把握，也不必像对庄湘老师的女儿雪鸿那样，恐误了佳人不敢玷污。金凤比上海那些风尘女子要柔美，要清高。她是洁净的，是秦淮河里最美丽的那株莲。她开了几世就是为了等自己的到来。苏曼殊很清楚自己只是半僧半俗的一个浪子，他永远不可能成佛，有了金凤在，他永远也不想成佛。

春水鸭头，细雨青柳，金凤吐出的缕缕烟丝飘过曼殊的脸。她爱抚着他光溜溜的头轻笑道："我怎似觉得你真要将我度出苦海？"

"非，是我害你更甚。也许苦海无边看不到岸，但比看到岸却上不了，更苦。"

"你不打算救我上岸吗？"

"救！等我攒够钱便救你出去，到时你若想寻个好人家我也高兴。"

"我知道，虽然你轻狂，但你的心比佛主更慈悲。"金凤的泪是最灼烫的酒，滴在他的脸上仿佛要烧穿他的皮肉，刻骨铭心的怜悯让他无法自拔。

"前几日来了几个客人，有个短发的提到了你，原来你有些名气的。"

"行了些傻子的事，便被一些人知道了去。"

"不呢！他们说你画最好，诗词也惊人，胆子也大。"金凤抬起头来，说话的声音更小了，曼殊要仔细听方才听得清楚。

"这三点都不假。我不骗你，他们的画不好，诗文也是我好些。"

"又犯傻了，都不知谦逊着点。"金凤戳戳他的额头笑道。

"我只是不骗你。"他静静地看着金凤，伸手捏了捏她的耳垂痴痴地笑道。

"那你给我画一幅，行吗？"

"好。你的扇面不好，待我买了好的紫竹骨的扇子再来给你画。"

"你的钱还剩多少？这楼子里什么都贵。"

"贵便贵啊，散尽千金为金凤，何妨？"

金凤心中苦涩道："你前几日方说要救我出苦海，如今却又只想着眼前行乐，千金散尽还如何救我出苦海？"

"我本不欲引你哭泣，只是今日你我如此体贴，何必言语不悦之事，我既说救你出去，就定当想法子筹钱罢了。"金凤见惯他的癫狂姿态，一时间竟不知他哪句真，哪句假。然而这种精神层面的两情相悦，并不能带给她安全感，她不知道苏曼殊会不会像曾经的痴情恩客，短暂的沉沦后便又沉沦在另一个姑娘的房中。

别后余生，当他们的爱情散落在秦淮河的夜雨中，曼殊方才明白有些事等不得，金凤等不得他，他也等不得命运的又一次捉弄。可即便没有救她出苦海，也该及时给她画一幅画，哪怕那素面的扇子再差，终归比没有好。遗憾最是能噬心销骨，伊人话未毕，飘零又一秋。金凤没有等到苏曼殊救她出去便被一名富商买走收了房，这样的结局仓促得让人无法接受。曼殊失了金凤，又一次失了他的希望。金凤到底有多遗憾没人知道，只是有情又失情的人定会知道，真正的痛，是流不出一滴泪的。你终归有一日能带我去看千山万水，可是再一回眸，我头戴红花，青山兰舟归你，夕阳深院归我。苏曼殊哀叹命运又一次的捉弄，他执笔话愁思，终在一次次思念之后写下了他的哀伤：

東金凤兼示刘三二首

玉砌孤行夜有声，美人泪眼尚分明。

莫愁此夕情何限，指点荒烟锁石城。

生天成佛我何能？幽梦无凭恨不胜。

多谢刘三问消息，尚留微命作诗僧。

菊子如此，佳人金凤亦是如此，苏曼殊开始明白，在这个浮沉的世间，没有什么可以长久留住。这一年，邹容死了，章太炎尚在狱中，赵声走了，金凤散了，所有的相逢终归是一场空，希望在哪里谁也不知道，革命能不能成功谁也说不准，也许就连自己与自己的相逢有一日皆要散去，离了这身臭皮囊，吐出最后一口浊气，一切方可释然。

没有了金凤的金陵，就像当初没有了菊子的日本，皆是不可留之地。1906年，23岁的苏曼殊决定返回长沙，渡湘水时他思及秦淮河泪方成雨，除了几尺薄宣再没有寄托之处。苏曼殊画下《渡湘水寄怀金凤图》，上题画跋：

乙巳，与季平行脚秣陵，金凤出素绢索画，未成，而金凤他适。及后渡湘水，作此寄之。宁使殷洪乔投向石头城下耳。（曼殊）

　　刘义庆《世说新语》说："殷洪乔作豫章郡，临去，都下人因附百许函书。既至石头，悉掷水中，因祝曰：'沉者自沉，浮者自浮，殷洪乔不能作致书邮。'"一百多封信沉于水，确为"不致书邮"。

　　画跋中所提石头城乃南京旧称。南京为东汉建安十六年（211），吴主孙权自京口（今镇江）移治秣陵（今南京市），翌年，筑石头城。《渡湘水寄怀金凤图》画风凄清，风动柳起，图中只画了两棵孤柳、一叶扁舟一孤僧，随波逐流的孤苦，蓬草稀疏的落寞让人忍不住感叹泪流。

　　回到长沙，他留在明德学堂任教，夜宿永福寺。金陵已淹没在他记忆的荒尘中，唯金凤日益明晰无法忘却，辗转反侧之时，孤寂痛苦非常。他怀念金凤亲手喂他喝下茉莉香茗，樱桃一样的唇含住他的耳垂，让他几度怀疑生来便是要认识她，默契得像是自幼两小无猜。那个女子像是夏花烂漫，而他已过荼蘼，再是亲密终究是要错过。

　　君说相思赋予谁，妄言断肠为哪般。很多时候曼殊不是什么革命者，不是学堂里的英文教员，不是忘却凡俗的出家人。他只是一个多情的书生，在失去了西窗剪烛的佳人后，手执一根断裂的笔，画出他乱世的痴心，写尽他的别离愁思。

集义山句怀金凤

收将凤纸写相思，莫道人间总不知。

尽日伤心人不见，莫愁还自有愁时。

寥落寒蝉一纸书，敧斜淡墨渺愁予。

酒家三日秦淮景，何处沧波问曼殊？

——邓绳侯

1906年苏曼殊返回长沙，先是在明德学堂任教，后至皖江中学，并于安徽公学兼职英语教员。这一年他结识了许多新朋友，近代越来越多的历史名人开始走进他的人生，江彤侯、张伯纯、邓绳侯、龚宝铨、陶成章等人俱是他的好友。这些人或为国学大家，或为来日名门政客。

苏曼殊这次返回长沙，本是受明德学堂校长胡子靖之邀。1906年夏，正在湖南长沙明德学堂任教图画课的苏曼殊，应革命党人刘师培邀约，方至芜湖的安徽公学、皖江中学任教。刘师培为汉学大师，苏曼殊对他十分尊敬，加之安徽公学的前身是安徽旅湘公学，系近代著名爱国教育家李光炯创办，因此，此番前去苏曼殊还是很开心的，加上老友陈独秀亦在长沙，苏曼殊的心从失去金凤的痛苦暂时排遣出来。

邓绳侯为大书法家邓石如的曾孙，与陈独秀两家是世交。邓的女婿葛温仲是陈青年时代的朋友，并与陈一道发起安庆藏书楼的演说会。陈独秀的外甥女又嫁给了葛温仲五子葛康俞。当初17岁的陈独秀在院试中夺魁，令邓绳侯颇为赏识。邓绳侯擅书法，陈独秀擅诗文，两人可谓惺惺相惜。

后来，邓绳侯在苏曼殊离开长沙时托人写了一首七绝赠予曼殊，陈独秀曾以狂草书此诗。诗中所言"何处沧波问曼殊"后来广为人知。所谓"沧波曼殊"，正是他一生的写照，"浮沉命运的沧海，左脚芒鞋，右手破钵，心有兰佩，诗如新月"。苏曼殊见此诗大为感动，立时回了一首诗给邓绳侯：

答邓绳侯

相逢天女赠天书，暂住仙山莫问予。

曾遭素娥非别意，是空是色本无殊。

陈独秀的书法本来就很不错，因性格使然，他的字遒劲有力，恣意潇洒。邓绳侯的曾祖父邓石如的书法为清朝一冠，他自幼承名家之风，墨法颇具晋唐古意。陈独秀书法亦堪称一绝，他行笔潇洒不拘一格，笔随心动，力透纸背，笔画时如流云变换，时如蛟龙戏水。

因陈独秀与年长的邓绳侯过往甚密，即使不在安庆时，也与邓书信往来，无所不谈。康、梁派思想在百日维新时渐入人心，邓绳侯便倡议创办怀宁中学。起初邓主管教务十分尽心，后来由于不认同康有为的观念而投身革命党，开始了反帝反封建的激进之路。恰逢此时陈独秀从日本留学归来，在安庆藏书楼秘密进行了两场反封建的演说，并创办《安徽俗话报》，邓绳侯更加视陈独秀为知己。后来陈独秀将《安徽俗话报》迁到芜湖，又策动李光炯等将安徽旅湘公学迁来芜湖续办，并改名为"安徽公学"。

苏曼殊在性格上和邓绳侯、陈独秀有一致之处，三人志趣相投。邓绳侯当时为公学总办（校长），对曼殊颇为赏识。苏曼殊画功卓然，又常虚心向邓绳侯请教汉学，二人常有诗词往来，在当地一时传为佳话。邓绳侯这首赠诗，后来流传甚广。

1906年9月13日，苏曼殊给刘三写信说："申江别后，弟即偕仲甫东游。至处暑后，始抵皖江。"这里的皖江，亦指芜湖的皖江中学。此时芜湖一带闹学潮的气氛高涨，苏曼殊已不欲久留。此时，恰逢陈独秀要第三次赴日本，苏曼殊听说后想要与他同往，意在省母。他们先是回到上海，得到了众多好友的热情接待。其中最为高兴的要数刘三。刘三与苏曼殊的交情自不必说，本书已有多次提及，刘三的夫人陆灵素还是苏曼殊介绍的。

陆灵素是当时有名的才女，同曼殊皆在芜湖任教。苏曼殊得知芜湖皖江女校有一才女名陆灵素，面若满月，行如西子，诗如易安，与才子柳亚子有缘无分，这让他觉得很像自己与金凤的命运。那时苏曼殊还不认识柳亚子，便觉得这样的佳人甚配好友刘三，便介绍二人相识。

柳亚子记述："陆女士出生云间世家，书香门第。"陆灵素祖上可溯源到三国陆逊，松江陆氏豪门，云间即"松江"。后由于"洪杨乱起"而家道中落，到陆灵素祖父陆稼夫时，家中非常贫困，早已不见当年景象。父陆兰垞为秀才，"乱事定而故居半成瓦砾，于是艰苦经营，省衣节食，以维持家业，及今已逾二代，犹未复归"。陆灵素自幼由父母做主许配给一富家子弟，"她那位未婚夫，大概是个膏粱子弟，后来行为不检，沾染嗜好，把家产荡尽，变成无赖了"。陆家要求退亲，对方索要巨金，陆家哪里来钱？对方便扬言要抢亲。陆灵素听到风声，便走避沪上，在城东女学读书，连寒暑假都不敢回去。

陆灵素兄妹四人皆为英才。长兄陆士谔自幼学医，医术精湛。二兄陆守经，1911年清华大学毕业考取庚子赔款第二批留学名额，和竺可桢、胡适、李平等人一起赴美，后获威斯康星大学政治学博士学位。回国后，先后任淞沪护军使秘书长、沪军都督陈英士（陈其美）的秘书、上海审判厅厅长等职。三兄陆守坚，毕业于南洋公学铁路专科，后赴美国旧金山大学留学，专攻土木工程。回国后，一度担任少帅张学良的秘书，后又从事中国的交通工程建设工作，曾任沪杭铁路沪嘉段段长等职。陆灵素才貌双全，有新思想，她与柳亚子尚有一段不了情缘。她之所以去芜湖教书，全因柳亚子。

陆灵素认识柳亚子的姐姐，她曾照了一张照片，柳的姐姐托柳亚子取了照片给陆灵素送去，柳亚子绅士风度自然应允。柳亚子回忆说："谁知一答应，便弄出事情来呢？因为谈了几次，我那不设防的城市，快要被她攻破了。"

二人一见钟情，频繁地书信往来。柳亚子家中却并不知晓二人的交往，正积极筹备农历九月初二让他与吴江盛泽郑家大小姐郑佩宜完婚。柳亚子一时陷入两难之境，偏就陆灵素痴心一片，便飞书给柳亚子："明知使君有妇，即为外室，亦所不辞。"柳亚子见信十分感动，他深知陆灵素是有新思

多情漫作他年忆——苏曼殊传

114

想的女性，如今竟愿意委屈做他的外室让他心疼不已。他舍不得陆灵素，也不想违背自己的婚姻观念。

柳亚子"再三考虑，几夜失眠"，回到上海，写了封长信给郑佩宜，要求解除婚约。不料这封信落在郑佩宜的父亲郑式如手上，引起了轩然大波。郑家明末迁至盛泽经商，是当地的名门望族。郑父为维护两家颜面，调动家族力量赴上海与柳亚子商谈可否两头结婚。不料柳亚子私下拒绝了郑父，柳父闻听消息，盛怒之下与其断绝父子关系。最后柳亚子的姑母苦劝他："若悔婚，郑佩宜必无颜活下去，不如自己收陆灵素为义女，一年后安排她去日本，你们在日本完婚。"柳亚子能扛得住家族势力的逼迫，能忍住父子关系断绝的悲伤，但他心性善良，眼见人命关天，无法再坚持，只能妥协。陆灵素得知心爱之人受封建家族势力逼迫而另娶他人，伤心之下离开芜湖。

苏曼殊得知此事，心知陆灵素非寻常女子，便极力将她介绍给刘三。刘三当时在江南颇负才子盛名，又加上他有侠义之气，因邹容之事时人称他"千金收骏骨""慷慨重交游"。他性情豪爽，俊朗健谈，终于用他的真诚打动了陆灵素。

1910年，时26岁的陆灵素嫁给刘三为继室，苏曼殊的独特眼光成就了这对传奇夫妻，人们常将这夫妻二人比作宋时的李清照与赵明诚。陆灵素十分仰慕丈夫刘三的才学，夫妻二人投身革命，夫唱妇随，陆灵素成了刘三生命中最温柔也最坚实的后盾。

上海解放后，柳亚子在北京为新中国成立而忙碌。他多次同老友姚鹓雏打听陆灵素的近况，并举荐陆灵素到上海文管会任职。1950年10月，柳亚子夫妇南行，途中在上海逗留。离开时，他写下一首七律《三赠北丽》：

> 忍将红拂作厨娘，蜜意浓情两擅场。
>
> 千老题诗亚老续，吴江杨柳弟兄行。
>
> 五载新恩林北丽，卅年旧恋陆繁霜。
>
> 虬髯自有扶余岛，早办因缘让李郎。

陆灵素始终是柳亚子心底那滴朱砂，他一生都不曾将她忘却。只是柳亚子不愧为大丈夫，无法给予陆灵素幸福便默默祝福，并多次帮助刘三，对他们夫妇二人十分敬重。这种珍藏心底始终如一的爱情，或许才是真正爱得卑微而无悔。

苏曼殊生平爱吃八宝饭，陆灵素与刘三曾多次邀请苏曼殊，请他吃精心煮制的八宝饭。苏曼殊病逝后，沈尹默赋诗《刘三来言子谷死矣》以志怀念，其中提到八宝饭：

君言子谷死，我闻情恻恻。

满座谈笑人，一时皆太息。

平生殊可怜，痴黠人莫识。

既不游方外，亦不拘绳墨。

任性以行游，关心唯食色。

大嚼酒案旁，呆坐歌筵侧。

寻常觉无用，当此见风力。

十年春申楼，一饱犹能忆。

于今八宝饭，和尚吃不得！

陈独秀、柳亚子、刘三、陆灵素……这些乱世中芳华无限的年轻人，他们潜心学术，积极投身革命，为新时代的到来做出了令人敬佩的贡献。而那些飘散在历史扉页中的爱情，也感染着一代又一代的才子佳人。

江南好，春光浅，红郎怨。许多往事，才下眉头，却上心头。

第二十三章 译才称奇

吾儿少兼多疾病，性癖爱画，且好远游。早岁出家，不相见十余年，弹指吾儿年二十四矣。去夏卷单来东省余，适余居乡，缘悭不遇。今重来，余白发垂垂老矣。及检其过去帖，见其友刘子所赠诗，有云：

享君黄酒胡麻饭，贻我白门秋柳图。

只是有情抛不了，袈裟赢得泪痕粗。

余询知其为思我及其姊，亦下泪语之曰："吾儿情根未断也。"今吾儿又决心将谒梵土，审求梵学；顾儿根器虽薄弱，余冀其愿力之庄严。为诗一绝，以坚其志。会唐土何震女士，集示吾儿零星诸作，以是因缘：泚笔记之，固无碍于体例也。河合氏于西户部之茅舍。

——河合仙

1906年9月，苏曼殊同陈独秀一起东游日本省母，遗憾的是并未有缘相见。这些年河合仙一直没有断了与苏家的往来，这份难得的联系全因煦亭夫妇。近年来，煦亭在日本重操父亲苏杰生的旧业，经营茶叶生意，只是苏家再不复昔日苏杰生时代在日本的盛况。1906年时，煦亭的妻子陈氏也到了日本，与煦亭一起居住在神户。夫妻二人本性善良，昔日在沥溪正是由于陈氏的照顾，曼殊才没有病死在柴房里。夫妻二人诚信经营，虽不至大富贵，但也算衣食安稳。1908年时，他们生下苏家族谱上第十九代传人绍义，延续了香火。

秋，苏曼殊至神户。河合仙因体弱腿脚不便，已离开了神户，独居在家乡逗子樱山静养。苏曼殊至神户省母不遇，因在皖江中学尚有教职不便久居日本，无法去逗子樱山寻母，只能望着母亲的方向泪流。

两年前，苏杰生病逝前曾托人请他回家，以求见最后一面，他无情地回绝了。如今却不惜千里跋涉寻母，可见曼殊并非无情之人，只是沥溪的过往太过令他心寒。那是留在他童年里的阴影，带着死亡的腐烂味道，在他的记忆里从未消退。而母亲那温柔的掌心、慈爱的微笑，即便在他五岁时便从他的生命里退居，他却能在18年后重返日本只为寻母，寻找那梦里也不曾忘却的温暖。

苏曼殊虽生在日本，有一半的日本血统，但他受中国传统文化影响以及革命派思想的熏陶，一直对自己的日本血统讳莫如深，潜意识里他认为自己就是中国人。他甚至非常痛恨日本，认为"生平恶日人为寇仇，侨居熟稔，不肯操日语"。虽然他的日语极好，但在日本时却不肯说日语，却决意辛苦地找翻译代为转译。

有一次，他去医院看病，陪同的朋友便替他描述症状。朋友自顾与医生交流，曼殊却已经走了。朋友追去他寓所怒问："子谷，你怎可偷偷离开，我今日辛苦却是为谁？"曼殊不屑道："你信口胡诌，是药便存三分毒，我本病痛难耐，岂可胡医？"朋友恍然大悟：原来他懂得日语。如此看来，他避讳自己的日本血统，却从不避讳深爱河合仙，这样的曼殊，从另一个层面来讲，无疑也是爱憎分明的。

1906年，有一件值得庆贺的大喜事。在苏曼殊东游前不久，1906年6月29日，章太炎终于出狱了，中国同盟会派员至沪迎章太炎赴日。他在日本加入中国同盟会，主编中国同盟会机关报《民报》。7月15日，东京留学生为他举行了热烈的欢迎大会。他在欢迎会上发表演说，讲述了"平生的历史与近日办事的方法"，认为眼下最重要的事："第一，是用宗教发起信心，增进国民的道德；第二，是用国粹激动种性，增进爱国的热肠。"章太炎在他的论文中批判改良派"竞名死利""志在千禄"的丑态。他还在《民报》上刊发别人批驳《新民丛报》的文章。章太炎以《民报》为阵地，口诛笔伐，文辞犀利，立志坚定。《章太炎政论集》中录道："真是所向披靡，令人神往"。这位革命英雄完全没有因为牢狱之灾而磨减他的斗志，更没有因邹容的死而有丝毫的胆怯。

苏曼殊此番直往神户，与章太炎亦未能相遇。如此长途跋涉而来，母亲和革命友人皆未能相遇，只能遗憾而归。

苏曼殊回到芜湖，却无课可上，学生们已经沉浸在皖江中学的内讧中，根本无心上课。此时他与邓绳侯的儿子邓仲纯、邓以蛰，女婿葛温仲结识成为好友，除却一人寂寞独居外，便是与几个好友论文学，言佛理。这一年开始，苏曼殊进入了高产时期。此前在上海《国民日日报》任职时，他也曾有过一个时期的创作热潮，那时仅半月时间他便创作了《女杰郭耳缦》和《呼吁广东人》，尤其翻译巨著《惨社会》（《悲惨世界》当时的译名）。后来由于章太炎的"苏报案"他心灰意冷，转至香港后，创作热情一度冷却下来。此时，皖江中学内讧一发不可收拾，邓绳侯险些被对立派在骂战中打死。苏曼殊似乎眼见当年《国民日日报》的内讧又将上演，敏感的他瞬间失去了教学欲望，他对革命开始产生怀疑，这样的一群人如何能革命？有识之士总是死于自己人之手的宿命如何能改变？这样的群体如何能击倒清帝稳固了两百多年的政权？他寂寥地关上了门窗，换回了僧袍，闭门钻研他的典籍诗词，做他一个人的"曼殊和尚"。1906年秋开始，苏曼殊多年积累的古典文学底蕴，以及外语学习能力开始爆发，首先石破天惊之举的成就是他开始着手翻译拜伦的诗。

起初由于他东游日本，路途漫长，读书无疑是打发时光最好的办法。身边恰有一本两年前离开香港时庄湘女儿雪鸿赠送给他的《拜伦诗集》。打开拜伦作品扉页的那一刻，一部伟大的译著悄然地张开了眼。拜伦是英国19世纪初期伟大的浪漫主义诗人，他的诗歌中塑造了一批"拜伦式英雄"。这就使得拜伦不仅是一位伟大的诗人，还是一个为理想战斗一生的勇士。曼殊在他的诗中读到了自己钟爱的浪漫主义味道，又深入地了解了拜伦的生平，由衷地敬佩他积极勇敢地投身革命，参加了希腊民族解放运动，并成为领导人之一。这样的笔风、这样的气节，无疑是为苏曼殊而准备的最佳偶像形象。拜伦对自由与爱情的向往，他与雪莱的友情，让苏曼殊迅速地着了魔，他决定要用自己的方式来翻译拜伦的作品。在《断鸿零雁记》中，他写道：

船行可五昼夜，经太平洋。斯时风日晴美，余徘徊于舵楼之上，茫茫天海，渺渺余怀。即检罗弼大家所贻书籍，中有莎士比尔、拜轮及室梨全集，室梨即雪莱。余尝谓拜轮犹中土李白，天才也；莎士比尔犹中土杜甫，仙才也；室梨犹中土李贺，鬼才也。乃先展拜轮诗，诵《哈咯尔游草》，即《哈罗尔德游记》至末篇，有《大海》六章，遂叹曰："雄浑奇伟，今古诗人，无其匹矣。"

就这样，在无垠的大海上，浮浮沉沉的曼殊将自己关在狭窄的舱房里，以一种忘我的热情开始准备译著拜伦诗集。这部《拜伦诗选》成为他最重要的诗歌翻译集，也是我国翻译史上第一本外国诗歌翻译集。苏曼殊也因之成为将拜伦、雪莱诗翻译到中国来的第一人。

题《拜伦集》一首

秋风海上已黄昏，独向遗篇吊拜伦。

词客飘蓬君与我，可能异域为招魂？

秋季与大海相遇，似乎催化了曼殊的悲伤。惆怅与落寞汇聚，不能再瞭望，东风来时词客苏醒，如今近冬又化作枯草飘蓬。虽与拜伦不属同一国度，然而曼殊读懂了他的灵魂，他知道有一部作品需要他去追寻，代他圆了遗恨。现今研究苏曼殊的名家黄轶认为：

曼殊最重要的翻译诗歌集就是《拜伦诗选》。这是我国翻译史上第一本外国诗歌翻译集，苏曼殊也因之成为将拜伦、雪莱诗翻译到中国来的第一人……确实是石破天惊的创举。

拜伦于苏曼殊像是一座丰碑，时光的轨迹有时因文学而异时空交汇。有时候结为知音是不需要相识的，这种知己是因共同的领悟和信仰而产生的心灵相依，他就是拜伦单方向的知己。曼殊确是个传奇。

他开始得总是那么随性，也许正是因为遵从本心，才能达到凡夫俗子无法达到的文学高度。让那样多的佳人倾慕于他，恰如雪鸿：

> 西班牙雪鸿女诗人，过存病榻，亲持玉照一幅，《拜轮（伦）遗集》一卷，曼陀罗花共含羞草一束见贻，且殷勤昌力以归计。嗟乎！予早岁披剃，学道无成，思维身世，有难言之恫！爰扶病书二十八字于拜伦卷首，此意惟雪鸿大家能知之耳！

苏曼殊翻译的西方诗歌作品是标新立异的，仿若旧壶装新酒。他意在译拜伦的思想，摒弃了翻译需保持文体近似的惯例，他要译的不在于作品形式，而是希望译出精神境界。并且用中国流传下来的极美好的一种文体去诠释。鲁迅是白话文的倡导者，他曾经如此回忆曼殊：

> 苏曼殊与拜仑还有缘时，也译过好几首诗歌。但译文古奥得很，也许曾经章太炎先生润色的罢，所以真像古诗，可是流传倒不广。后来收入他自印的绿面金签的《文学因缘》中，现在连这《文学因缘》也少见了。

苏曼殊译著的拜伦诗极具特色，他选择用中国古典诗词《浪淘沙》后的精华——近体诗为形式来翻译。近体诗，又称今体诗、格律诗，是一种讲究平仄、对仗和押韵的诗歌体裁。它有着历久不衰的生命力，直至今日，古典诗词大有方兴未艾之势。国学是中华文化的精华所在，近体诗是国学诗词的集大成的表现形式，它的韵律美、结构美、意境美已无须多表，自是珠峰之势。苏曼殊的古典诗词在陈独秀等人的指导下，已经形成了自己独特的语言风格，浪漫而不失怀古之味，幽怨而不乏反抗精神。他追求流畅和谐之美，蕴含清丽圆融之感，情景交融，音乐美十足。就像他的画作一样，诗歌往往在肃穆疏淡的意境中，虚实结合，动静相衬，展现和谐统一的语言风格。他译著的《赞大海》《去国行》《哀希腊》等皆是传世佳作。

皇涛澜汙，灵海黝冥。万艘鼓楫，泛若轻萍。

芒芒九围，每有遗虚。旷哉天沼，匪人攸居。

大器自运，振荡嶍峯。岂伊人力，赫彼神工。

罔象乍见，决舟没人。狂暑未几，遂为波臣。

掩体无棺，归骨无坟。丧钟声嘶，逝矣谁闻。

谁能乘骁，履涉狂波。藐诸苍生，其奈公何。

泱泱大风，立懦起罢。兹维公功，人力何衰。

亦有雄豪，中原陵厉。自公匈中，摘彼空际。

惊浪霆奔，慑魂慑神。转侧张皇，冀为公怜。

腾澜赴崖，载彼微体。扴溺含弘，公何岂弟。

——苏曼殊译《赞大海》节选

民国早期，苏曼殊在文艺界与学术界极为活跃。 当时著名作家、文史学家、批评家、翻译家，曾任北大国文系教授的张定璜先生，曾评论苏曼殊译著的拜伦诗：

在曼殊前尽管也有曾经谈欧洲文学的人，我要说的只是，唯有曼殊才真正教了我们不但知道并且会悟。第一次会悟，非此地原来有的、异乡的风味。晦涩也好，疏漏也好，《去国行》和《哀希腊》的香美永远在那里。因此我们感谢，我们满足。若谈晦涩，曼殊的时代是个晦涩的时代。可怪的是在那种晦涩的时代，居然有曼殊其人，有《汉英文学因缘》，今日有《燕子龛遗诗》。人有时候会想，拜伦诗毕竟只有曼殊可以译。翻译是没有的事，除非有两个完全相同，至少也差不多同样是天才的艺术家。那时候已经不是一个艺术家翻译别的一个艺术家，反是一个艺术家那瞬间和别一个艺术家过同一个生活，用别一种形式，在那儿创造。唯有曼殊可以创造拜伦诗。他们前后所处的旧制度虽失了精神但还存躯壳，新生活刚有了萌芽但还没作蕊花的时代，他们多难的境遇，他们为自由而战为改革而战的热情，他们那浪漫的漂荡的诗思，最后他们那悲惨的结局：这些都令人想到，唯曼殊可以创造拜伦诗。

是的，拜伦诗似乎只有曼殊可以译。他在新旧时代的交替中，经多方文化的熏陶，方才造就了不同常人的浪漫而富有反抗精神的特质。他像是中国的拜伦，又似一个更加癫狂的拜伦，他们是那样相像，又那样别具一格。他哀的是希腊，似希腊，又似同样悲哀浮沉在朽败与黑暗中的中国人。"一为亡国哀，泪下何纷纷。"他的泪同拜伦的泪一样，为国而哀，为忧国土而泣。一个真正的诗人，必定不仅仅是局限于自己的命运而高歌，国家与民族是深植在他们骨子里的情结。那是另一个更勇敢、更悲悯、更加浑厚的自我。

> 巍巍希腊都，生长奢浮好。情文何斐亹，荼辐思灵保。
>
> 征伐和亲策，陵夷不自葆。长夏尚滔滔，颓阳照空岛。
>
> 宰诃与谛诃，词人之所生。壮士弹坎侯，静女揄鸣筝。
>
> 荣华不自惜，委弃如浮萍。宗国寂无声，乃向西方鸣。
>
> 山对摩罗东，海水在其下。希腊如可兴，我从梦中觇。
>
> 波斯京观上，独立向谁语。吾生岂为奴，与此长终古。
>
> 名王踞岩石，雄视迤逻滨。船师列千艘，率土皆其民。
>
> 晨朝大点兵，至暮无复存。一为亡国哀，泪下何纷纷。
>
> 故国不可求，荒凉问水滨。不闻烈士歌，勇气散如云。
>
> 琴兮国所宝，仍世以为珍。今我胡疲茶，拱手与他人。
>
> 威名尽坠地，举族共奴畜。知尔忧国土，中心亦以恶。
>
> 而我独行谣，我犹无面目。我为希人羞，我为希腊哭。

——苏曼殊译《哀希腊》节选

世上路万千，曼殊心中没有回家的路，文学给了他又一归宿，是他的依靠。他认为只能用他的方式去解读，才最契合那高贵的灵魂。拜伦用他现代诗的风格震颤了那个古老国度的灵魂，而曼殊用他古典诗歌的形式展现了中华文化的气势与博大。

直至1908年，苏曼殊出版了我国第一本拜伦诗歌专辑《拜伦诗选》，并附自撰《〈拜伦诗选〉自序》，由此确立了他在中外文化交流史上的一方先驱地位。

第二十四章 囊空若洗

仲农、谦之两公台下：

业风遽起，仓卒离群，此心，想同之也。曼前于芜得疾，至今尚未脱体，芜约颇难践，公等慈悲，哀愍此病头陀石？皖江风潮，一至于此，夫复奚言！两公一点婆心，固惟梵天帝释可表！奈何徽州诸公，必欲将总理殴死。卒致大局无可收拾，反谓总理破坏学堂。乌睹所谓佛性者乎？贤如两公，尤不能使人无责备也。我闻有谓江君彤侯于中播弄，致有此次风潮。然耶，否耶？匪夷所思！曼亦与江君为至友，如其有之，当愿两公切劝渠痛改前非，善果则不远矣；亦大善士所不宜得已者耶？ 曼日来食不下咽，寐不交睫；静坐思维，觅得一些消息。明春必买草鞋，向千山万山之外，一片蒲团，了此三千大千世界耳！日间卷单南还故乡，两三月后，或可再来。情根未断，触此落叶青灯，虫声在壁，伏枕书此，聊当话别。两公为道为人，尚须自爱！芜地故人未另裁候。相见时幸为寒僧道念。不识今冬木脱草枯之后，可有机缘于留春园中携手同游，随诸公后，盈盈池水，寒照额纹否耶？

寒僧曼殊拜

这是苏曼殊离开芜湖时留给卢仲农和朱谦之的信，文言功底不凡，对"皖江风潮"发出了"匪夷所思"的感慨。他带着不舍与无奈的心情，也带着不与之同流的思想矛盾地离开了。值得注意的是他落款"寒僧曼殊"，对于自己出家人的身份，他内心始终坚守着。8月下旬，他与陶焕卿、龚宝铨一起离开芜湖，10月至南京时曾作《莫愁湖寓望》：

> 清凉如美人，莫愁如明镜。
>
> 终日对凝妆，掩映万荷柄。

金陵美景，故地重游，多少梦宵遇故人，梦醒又一空。苏曼殊的诗词格律受陈独秀指点颇深，而章太炎则是提升了他诗作的意境。

陈独秀曾回忆说："在日本的时候，要章太炎教他作诗，但太炎并不曾好好地教，只由着曼殊去找他爱读的诗，不管是古圣贤还是今人，每日手不释卷。读了许多东西以后，诗境便天天进步了。"曼殊在日本时便与陈独秀结识。他也曾与刘师培、何震夫妇一起生活，何震还拜苏曼殊学画画。

此番到了南京忆起往昔，便提笔作画寄给刘师培。许多人曾猜测这时候曼殊为何想到的是刘师培，说起来刘师培并算不得他朋友中最为要好的，许是在曼殊心里刘师培夫妇是不同的。他是出家人，对刘师培没有芥蒂之心，在他的面前更为坦荡，兴许就是这种微妙的心理，让他在南京如画美景中忽然就忆起他来，便提笔赠画故友。

曼殊的画作现存世只有几十幅，抛却他漂泊的命运、动荡的年代不说，他自己吝啬赠画于人，亦是其中原因之一。2018年4月，在香港苏富比春拍中，一套苏曼殊《曼殊上人墨纱》册页以2881.35万港币成交，超过拍前估价百余倍，创造了苏曼殊作品拍卖最高价纪录，此前其作品最高价是218.5万元的《雪山行旅图》。

苏曼殊作品成交价前十

作品	拍前估价	成交价	时间	拍卖行
No.1 苏曼殊《曼殊上人墨纱》	18万~25万港币	2881.35万港币	2018-04-02	香港苏富比
No.2 苏曼殊《雪山行旅图》	120万~180万元	218.50万元	2016-06-13	广东崇正
No.3 苏曼殊《春愁图》	28万~38万元	156.80万元	2016-11-20	中国嘉德
No.4 苏曼殊《琵琶湖记游》	16.5万~20万元	138.00万元	2014-09-17	北京匡时
No.5 苏曼殊《重续季刌先生梦谒母坟图》	10万~15万元	115.00万元	2013-11-18	中国嘉德
No.6 苏曼殊《画稿》	3万~5万元	105.80万元	2013-07-13	西泠拍卖
No.7 苏曼殊《古寺疏钟图》	28万~40万元	63.25万元	2014-05-03	西泠拍卖
No.8 苏曼殊《雪蝶倩影》	8万~15万元	59.80万元	2013-11-17	中国嘉德
No.9 苏曼殊《楷书写经　册页》	6万~8万元	53.76万元	2010-11-24	北京传是
No.10 苏曼殊《新安江上一钓船》	5万~8万元	51.76万元	2015-12-14	上海敬华

陈独秀曾说："曼殊作画，教人看了如咫尺千里，令人神往，不像庸俗画匠之浪费笔墨，其吟咏则专擅绝句，发人幽思，字里行间别有洞天。"

山水画一代宗师黄宾虹曾自谦说："曼殊一生，只留下了几十幅画。可惜他早死了，单就凭那几十幅画，其分量也就够得过我一辈子的多少画。"由此，足见黄宾虹对苏曼殊绘画的推崇。

1906年虽然整个中国都在风雨中飘摇，每个人的命运都显得那么漂泊不安，但许多事大家依然无法预料得到。刘师培、何震夫妇最后投靠两江总督端方，诱捕革命党的领袖，成为告发革命者的密探。这样的行径一度令苏曼殊难以置信！他多次询问身边的朋友才得以确认。苏曼殊是何等至情至性、心思细腻单纯之人。这样的人心变动，让他痛苦之中夹杂着痛恨，对这个世界的失望、对人心的炎凉难以言表。就连章太炎也是如此，辛亥革命后，章太炎反对孙中山，袒护袁世凯。这些秋风秋雨的故事，容后文再详表。

离开南京，回到上海的苏曼殊打算去留云禅寺继续出家。前三次在寺庙挂单都很顺利，但此次却离奇地不顺。留云禅寺建于梁天监四年（505），初名为白鹤南翔寺，后名云翔寺。它在佛教史上曾经名满江南，后因天灾人祸而损毁殆尽，仅剩双塔，以及古猗园内的唐石经幢和宋普同塔。如今，复建后的云翔寺（留云禅寺）正以其崭新面貌饮誉沪上和海外。

苏曼殊的主要小说之一《绛纱记》中，曾写道：

> 至沪，忽不见秋云踪迹。余即日入留云寺披剃。一日，巡抚张公过寺，与上座言："曾梦一僧求救其友于羊城狱中。后电询广州，果然，命释之。翌晚，复梦僧来道谢。宁非奇事？"
>
> 余乃出，一一为张公述之。张公笑曰："子前生为阿罗汉，好自修持。"

1906年苏曼殊另有一件趣事广为人知，便是他得到了《露伊斯·美索尔像》。这年他返回上海后住爱国女学，偶于故纸堆中得英人祖梨手绘露伊斯·美索尔像。被其飒爽英姿倾倒，叹曰："极目尘球，四生惨苦，谁能复起作大船师如美氏者耶？"

英人祖梨所绘此画，亦刊于日本东京出版之《天义报》。露伊斯·美索尔，其名多译为路易斯·米歇尔，生卒年为1830—1905年，是法国著名女革命家、法国无政府主义者。苏曼殊在得知了她的事迹后，敬佩不已，曾捧着她的绘像泪眼婆娑，生起无限倾慕之意。

露伊斯·美索尔一生命运跌宕起伏。母亲是一名贵族的女仆，因与少主人私通生下了美索尔。她自幼跟从母姓，由祖父抚养。因其父的经济实力以及祖父母的文化素质水平较高，美索尔自幼受到了良好的教育。她的祖父沙尔·德马伊推崇伏尔泰、卢梭和18世纪百科全书派，曾经参加过1793年法国大革命。她祖母思想开明，熟悉诗歌、音乐和哲学。在这样的家庭环境下，她自幼便热爱革命，痛恨腐朽黑暗的制度。

美索尔一生十分善良，却又有女中豪杰的气节。她曾在故乡办私立学校，宁可过着十分清贫的生活也不愿效力于第二帝国政府，所有认识她的人都赞誉她，称她为"红色贞女"，巴黎公社的《公报》赞她为"革命女英雄"。

巴黎公社失败后，她的母亲被凡尔赛分子带走，为了母亲她主动投案入狱。在狱中展现了坚定的革命立场和顽强的生命力，她曾说："我们所有这些1871年的人都善于迎接死亡并且视死如归。"审讯时，她拒绝律师辩护，说："我整个身心都属于社会革命，我声明我要对自己的一切行动负责。"并要求要同战友一同死在刑场上，宣示道："假如你们让我活下去，我将不停地呼吁复仇！"如此大义凛然的气势，令苏曼殊不由得想起了章太炎被捕时的风骨。在美索尔被审讯的第二天，法国人道主义的代表维克多·雨果为她写下《比男人还伟大》的诗篇：

> 你看见了大规模的屠杀，战争，
> 十字架上的人民，惨败的巴黎，
> 你的言辞充满了强烈的怜悯；
> 你做了狂热的伟大的灵魂所做的事；
> 当你不想再斗争，梦想和受苦的时候，
> ……
> 女人，他们在你愤恨的尊严之前战栗，

而且，虽然你的唇间有苦痕，

虽然毁谤者向你大肆攻击，

借法律之名无礼叫骂，

虽然你悲痛地高声自首，

那些人，他们在梅杜斯外貌下看见了天使的辉煌

……

流放途中，美索尔宁可自己赤脚也将鞋子赠予同行囚犯，释放后到各地参加革命运动。苏曼殊感其生平赞刊于画的背面：

丙午秋，余归至沪渎，寒风萧瑟，落叶打肩，偶于故纸堆中，得英人祖梨手绘露伊斯·美索尔像，英姿活现，想见婆心，慕恋之诚，其何能已？傍系词曰：

Louise Michel was really a Kind-hearted woman, who only dreamed of bettering Humanity. Personally she would not have harmed a fly.

（其意：露伊斯·美索尔确是一位好心肠的女人，她梦寐以求地要改善人类生活。就个人而论，她甚至不会伤害一只苍蝇。）

曼殊于1906年在故纸堆中偶得美索尔的绘像，一见倾心，竟钟情于她。可叹的是美索尔恰于1905年1月10日在马赛去世，她的遗体被运回巴黎。从里昂火车站到勒瓦洛瓦公墓，满是为悼念她前来的人群。这是一场空前盛大的葬礼，人们对她的追悼远超对自己已故的亲人，美索尔成了一个象征。

美索尔与曼殊平行于另一个时空，却让他兴之所起爱了一场。苏曼殊的可爱与至纯也着实令人们莞尔。朋友戏称他像是《红楼梦》中的贾宝玉，常常太过心"痴"。

10月，苏曼殊迁居八仙桥鼎吉里四号夏寓。此处实为中国同盟会江苏分部。他想在留云禅寺出家的想法一直没有实现，终因各种原因作罢。11月22日，离上海，往游温州。十几天后又返回上海。此时他早已身无分文，穷困潦倒，竟不得已向昔日曾各啬地资助他的表兄林紫垣求助，无奈，林紫垣并未复信给他，便又向刘三求助。其信曰：

刘三长者足下：

初六日从西湖寄上片楮，已尘清鉴否？曼近日所遭，离奇古怪，待长者今冬回申，当极谈耳。曼前离芜时，已囊空若洗，幸朋友周旋，不致悲穷途也。自初九日由杭返沪，举目无亲，欲航海东游，奈吾表兄尚无回信，欲南还故乡，又无面目见江东父老。是以因循海上，卒至影落江湖，无可奈何，迁往爱国，目下剃头洗身之费俱无。嗟夫！长者，情何以堪？今不得不再向长者告贷三十元，早日寄来美租界新衙门北首和康里第四衖爱国女学校徐紫虬转交苏文惠收。今冬长者返申当如数奉还。长者菩萨心肠，必不使我盈盈望断也。愁次不尽欲言，容当续呈。

敬叩讲安

刘三收到信后，令其弟弟速速送去20元钱给他。这一年冬天苏曼殊过得极为困顿，令他想起了儿时在沥溪的柴房里忍饥挨饿、孤苦漫漫的日子。更鼓声声，他揉着饿得干瘪的肚子瑟瑟发抖，如同儿时在漆黑的柴房中，静静地听肚子一声声哀叫。

同样是20元钱，马仲殊却在《曼殊大师轶事》中记载了苏曼殊对钱财的漠视：

一日，从友人处得币纸十数张。兴之所至，即自谐小南门购蓝布袈裟，不问其价，即付以二十元。店伙将再启齿，欲告以所付者过，而曼殊已披衣出门十数步。所余之币，于途中飘落。归来问其取数十元换得何物，则惟举旧袈裟一件，雪茄烟数包见示耳。

苏曼殊是不能以世俗常理来看待的，他半僧半俗，既有浪漫情怀，又有豪侠仗义之风，兼之行为古怪任意妄为之处。在颠沛流离的一生中，他行走于风尘中，看破于风尘外，或许他只是生错了时代。在那个动荡的清末，他无法活出真正的自我，只能在对社会的失望复绝望中，几近癫狂地将自己麻痹在心灵深处一方化外的世界。

1907年，上海镇守郑尔城因苏曼殊频频反清而对他发布通缉令。无奈之下，他与刘师培、何震夫妇又一次东渡日本。至长崎县平户岛海边见有一块大石，上刻"郑成功诞石"，顿时感慨万分，写下了著名的《过平户延平诞生处》：

> 行人遥指郑公石，沙白松青夕照边。
>
> 极目神州余子尽，袈裟和泪伏碑前。

明朝商人郑芝龙（1604—1661），在日本遇一日本女子田川松，郑芝龙有意于她，使其怀有身孕。1624年8月27日，田川松在海边挖沙寻海贝，突然感到阵痛，便靠在大石旁喘息，最后在石旁诞下郑成功，因此日本人把这块大石称作"儿诞石"。因蒙隆武帝赐明朝国姓"朱"，赐名成功，并封忠孝伯，世称"郑赐姓""郑国姓""国姓爷"。后来，又因蒙永历帝封延平王，称"郑延平"。1645年（清顺治二年，弘光元年）清军攻入江南，不久郑芝龙降清，田川氏在乱军中自尽；郑成功率领父亲旧部在中国东南沿海抗清，成为南明后期主要抗击清政府的军事力量之一。

郑成功一度由海路突袭、包围清江宁府（原明朝南京），但最终仍无力与清军抗衡，凭借着海战的优势固守泉州府一带（今厦门、金门）。1661年（清顺治十八年，永历十五年）率军横渡台湾海峡，翌年击败荷兰东印度公司在台湾大员（今台湾台南市境内）的驻军，收复台湾，开启郑氏在台湾的统治。郑成功认为，台湾自古便是中国的国土，必要收复！

苏曼殊感怀郑成功同自己有着相似的身世，皆为中日混血，深具反抗精神，敬仰他的气节和胆略，因此路过平户岛见此石碑立于苍茫海天之畔，四周白沙碧涛，海鸟绕飞，旷古远大之思油然而生。苏曼殊抚碑痛哭，哭人哭己，思绪大恸，便一蹴而就写了此诗，当时众人传诵，一时赞誉颇丰。

此番与苏曼殊同为逃亡的还有刘师培、何震夫妇。刘师培本来拟筹组国粹学堂，但因经济原因没有成功。当时，晚清中国有一些人以"研究国学，保存国粹"为口号，一边进行学术研究，一边从事政治与文化活动，在社会上赢得了广泛影响，被称为"国粹派"。他们主要在上海四马路老巡捕房东首惠福里活动，同时在四马路老巡捕房东面辰字24号设有自己的藏书楼，并曾有组织地制定了周密的管理制度，并编写了一系列图书，如《国学教科书》《各省乡土教科书》《神州国光集》等。

其中，刘师培在母亲李汝谖的教授下，8岁就开始学《周易》辨卦，12岁读完四书五经，并开始学习试帖诗，1897年起开始研究《晏子春秋》。1903年，才华横溢且国学基础深厚的刘师培在上海结识章太炎，并改名光汉，加入反清宣传队伍。1906年春，刘师培至芜湖，与陈独秀在安徽公学组织"岳王会"和黄氏学校，宣传革命，同时编辑出版了《中国文学教科书》《伦理学教科书》《经学教科书》和江苏、安徽、江宁等省的《乡土历史教科书》等。

1907年春节，应在日本的章太炎邀请，刘师培夫妇东渡日本。苏曼殊与刘师培到达日本后受到了革命党人的热烈欢迎。刘师培应章太炎之邀任《民报》编辑，苏曼殊与其同在《民报》工作，实为加入同盟会，进行革命宣传工作。1906—1907年，以章太炎为主笔的《民报》和以梁启超为主笔的《新民丛报》拉开了如火如荼的文战。梁启超等人始终处于下风，章太炎斗志昂扬，对《新民丛报》毫不客气，从第6号到第10号相继发表了由汪精卫、胡汉民等人撰写的一系列驳论文章，章太炎自己也在《民报》第10号发表了《箴新党论》。《民报》第10号的出版在《民报》史上是一件大事，因为此时恰逢《民报》周年庆祝。这次周年庆祝革命情绪空前高涨，章太炎在文章中言辞激烈、敏锐，极力揭示保皇党人"竞名死利"的劣根性。

值得一提的是章太炎在日本期间，接触了早期的一些社会主义者，最知名的便是幸德秋水。他的思想开始融入哲学观念，并开始接纳姊崎正治的宗教思想。苏曼殊与其有过多次谈话，章太炎的思想对他造成了很大影响。1907年的苏曼殊在经历了旧年严冬饥寒的困顿之后，开始爆发他新一轮的创作高潮。章太炎等人给了苏曼殊空前的欢迎和力捧，《民报》再一次点燃了他的生活热情。为配合章太炎发布《讨满洲檄》，他创绘五幅画，全部由章太炎作跋。画作分别为：《猎狐图》《陈元孝题奇石壁图》《岳鄂王游池州翠微亭图》《徐中山王莫愁湖泛舟图》《太平天国冀王夜啸图》。

此五画构思精妙，均用诗歌中的比、兴手法，以古喻今，谐音取义。所用笔法体现我国传统文化的中庸之道，曲折含蓄之中蕴含高昂气势，画风和谐统一，以艺术展现的形式点燃爱国者的革命热情。这在当时起到了极大的鼓舞作用，令众人叹服曼殊和尚的才华。

其中《猎狐图》中一勇士策马而行，怒目放矢，因清为胡虏，取"狐"同"胡"谐音，猎而灭之，大快人心。章太炎以跋明题意："东方穿种，貉为狐。射夫既同，载鬼一车。"不仅从《诗经·小雅·车攻》与《易经·睽卦》句，令人暗服其文字功底，更在精神世界彻底助燃了革命的火种。

《陈元孝题奇石壁图》以钩沉"宋末遗恨"着笔。南宋张世杰、陆秀夫同文天祥一样，爱国深沉，胆略不凡，三人被称为"宋末三杰"。张世杰请将皇帝、皇后、太后三宫转移至海上，与文天祥协力背水一战，后来无奈失败至全军覆没；陆秀夫背着拥立的7岁小皇帝赵昺跳海殉国。陆秀夫对赵昺说："德祐皇帝辱已甚，陛下不可再辱。"明末抗清志士陈元孝避清兵途经崖山，题诗于石壁。章太炎在曼殊此画上，题写陈元孝《崖门谒三忠祠》一首，使群情振奋！

那时有曼昭办的《南社诗话》，始于柳亚子的一个说法是曼昭即汪精卫。近年来学者们对此考证，认为曼昭即李曼昭，而非汪精卫。《南社诗话》也非一人之力而办，可能的作者则有汪氏亲友、汪系文人以及同盟会或南社旧人。但曼昭即汪精卫的说法依然影响很大，且有曼昭在《南社诗话》之《苏曼殊》里评论曼殊的《太平天国冀王夜啸图》曰：

（此画）摹写翼王入川时情状，乱山四合中，孤城百尺，状极峭冷，城外泉幕隐隐，起伏山谷间，而不见一人影，惟疏林蓑草，望之无际。惟时秋夜沉廖，上有寒月，翼王系马城外枯树上，披发，着战袍，仰首望月，长啸有声，秋风吹发，酒醒欲起，若与啸声相应，令读画者几欲置身其中，与此英雄相慰也。

另外两幅画，均以爱国反清为主题，巧妙地将艺术与革命融为一体，积极投身于革命风潮之中。

曼殊的画笔墨苍劲、主题鲜明。无论是笔法技巧，还是意境构图，他的画都包含灵气，非有绘画天赋者难以成图。冯自由说他的画："老练精工，有同名宿。"

6月底，他画兴不减，搬去天义报社居住，一口气在《天义报》发表了九幅画作：《女娲像》《孤山图》《秋思图》《江干萧寺图》《清秋弦月图》《登鸡鸣寺观台城后湖》《寄邓绳侯图》《寄钵罗罕图》《写沈嘉素〈水龙吟〉词意》。

1906年，鲁迅离开仙台到东京，夏天回家与朱安结婚，后返回东京，此次带回了周作人。从这时开始，鲁迅便积极准备创办《新生》。"新生"这个名字是在从中国回东京之前就定好了的，因但丁的名作《新生》而命名。1907年夏，鲁迅在日本东京为筹办《新生》杂志做了事无巨细的准备，从稿纸订印到插画都有条不紊地进行着。当时苏曼殊的才学在海内外精英知识分子圈颇有名气，鲁迅便邀苏曼殊一同创办《新生》，曼殊积极响应了鲁迅。遗憾的是《新生》最后没能办成，临近出版之际，一些负责文字工作的人，纷纷退却，连筹办的资本也掏走了。最后只剩下鲁迅、周作人、许寿裳三人，苏曼殊属杂志的支持者，在这种情况下，他虽也同情鲁迅，只得遗憾作罢。这是鲁迅弃医从文后第一次向文化阵地猛然进军，虽"创始时既已背时"，但此次创办活动的失败，使得鲁迅在挫败中日益走向顽强。

一次，鲁迅在与友人交谈时说："（苏曼殊）是我们在东京创办《新生》杂志的同人之一。"所谓志同道合应当就是如此，共同的爱好与理想将鲁迅与苏曼殊聚集到一起，两个人性格迥异，一个坚毅务实，一个任性率真。如果说真有共同点，那么便是他们都那样爱憎分明，那样地活出自我。

1907年7月15日凌晨，中国女权和女学思想的倡导者、近代民主革命志士——秋瑾，从容就义于绍兴轩亭口，年仅32岁。当时，许多人担心与秋瑾有同党之嫌，纷纷避之而唯恐不及。苏曼殊则敬佩秋瑾的爱国精神，感其气节，毅然为她的诗集作序：

> 死即是生，生即是死。秋瑾以女子之身，能为四生（四生，佛教用语，佛教将世上众生分胎生、卵生、湿生、化生四大类）请命，近日一大公案，秋瑾素性，余莫之审，前此偶见其诗，尝谓女子多风月之作，而不知斯人本相也。秋瑾死，其里人章炳麟序其遗诗，举袁公越女事，嗟夫！亡国多才，自古已然！
>
> ……
>
> 悲愤缠绵，不忍卒读。盖被虏不屈，投身黄鹤渚而死者。善哉，善男子，善女人，谛思之，视死如归，唏嘘盛哉！香山苏子谷扶病云尔。

言语之中，蕴含佛教死生之理，赞秋瑾虽死犹生，并言悲愤。结尾言"香山苏子谷"，用的是他15岁时入横滨大同学校时便登记的名字。值得注意的是他说自己"扶病"，苏曼殊的身体一向不好，自幼体弱，成年后饮食不加节制，常暴饮暴食，二十几岁时身体常遇重病。他一生中最喜欢甜食，自称"日食酥糖三十包"。三十包是个什么概念，确实令我们难以想象。他去南亚教书时赚了不少钱，都用来买糖果，不等船到岸便已吃光。我们熟知的便是他最喜欢摩尔登糖，他曾说："据闻茶花女爱吃此糖。茶花女爱吃，我当然爱吃。"有一次，他没有钱买糖，便去糖店找老板想敲掉自己的金牙换糖，吓得老板只得请他吃糖。柳亚子回忆道：

> 君工愁善病，顾健饮啖，日食摩尔登糖三袋，谓是茶花女酷嗜之物。余尝以芋头饼二十枚饷之，一夕都尽，明日腹痛弗能起。

这样的甜蜜给了他许多短暂的口腹快乐，却早早地要了他的性命。24岁的这一年，他并没有像这个年纪的年轻人那样容光焕发，而是时常病痛。为秋瑾的序中短短一句"香山苏子谷扶病云尔"，暗示了他短暂的生命。

1907年9月28日，苏曼殊回到上海，住在国学保存会藏书楼。该会成立于光绪三十年（1904），由邓实、黄节、刘师培、章太炎等发起组织。成立前经过两年多的精心筹备，开楼典礼当日，黄节、邓实、高天梅、马和等皆列席。藏书楼的宗旨是："庋藏古今载籍，搜罗秘要图书，分别部目，以供本会会员及会外好学之士观览。"

上海是一座有魔力的城市，回来后苏曼殊恢复了以往在沪上独特的生活模式：写诗，作画，逛妓院。当时他中意的青楼女子有很多，她们在青涩的苏曼殊身边组成了一个特殊的异性世界。这些女子有许多是胆大心细，多情多才之人，身世凄楚可怜。

苏曼殊与名妓花雪南四年前便相识，当时他尚在《国民日日报》任翻译。也是那时候他学着别人赶时髦"叫局"，花雪南是他最为中意之人，他评价花雪南"惊才绝艳"，有令人一见倾心的风情。

如今，他在上海的红颜知己又多了几人。素贞温柔识大体，多懂得怜惜曼殊。在他的行箧中有素贞照片多幅，所居之处常悬挂素贞的照片，对着佳人的倩影自言自语。只是这些娇俏佳人都只是曼殊一时之乐。平日里，桐花馆对苏曼殊最是体贴，曼殊与她话也最多，朋友们都以为曼殊最钟情的歌姬是桐花馆。事实上，曼殊最清楚他心里唯花雪南最为知音，因为她最与众不同，才华横溢的花雪南对他影响最大，甚至影响了他的文学创作。

花雪南是新加坡的华侨之女，流落上海青楼，又称"花五姑"。当时的文人雅士十分喜欢点她的场子，她的气质与其他青楼女子迥然不同。据说："花雪南为人端庄娴雅，温婉聪慧，无青楼女子佻冶之态。"女革命家秋瑾就十分赏识花雪南，并赠她七绝两首，起句以"雪南可儿"四字嵌入。

苏曼殊私下对朋友说："花雪南甚幽静，可惜朋辈中都叫她。"他一语道破花雪南的性情。是的，这个女子身处喧哗歌舞之地，却最喜清静，平日寡言，待客不卑不亢，落落大方，颇有霜雪傲骨之姿。以花雪南的聪慧焉能看不出曼殊和尚对她的心意，她心中也早想托付良人，只是苦于遇不到值得托付的好儿郎。

苏曼殊性情纯净，对她们青楼女子十分体贴，从不见凌辱戏弄之态，且才华横溢，肯在众人避退之际勇敢地为秋瑾诗作序，并大方署名"苏子谷"，此番大丈夫风姿令花雪南十分钦佩。

"二次革命"失败后，苦闷彷徨的曼殊来到上海，复又和花雪南重逢。苏曼殊心思敏锐，知道花雪南也思念着自己，却犯了性格上矛盾纠结怯懦的毛病。

灯下美人如玉，花雪南轻声问他："曼殊，你此生会娶妻吗？"

曼殊惊得端不稳酒杯，愣愣地说："不会。"

花雪南的眼中也泛起水雾，哀伤道："娶妻不好吗？有个人照顾你，还可以做八宝饭给你吃。"

曼殊微笑道："八宝饭当真好吃。"

花雪南将头靠在他的手臂上，柔柔地说："那我日日煮给你吃。"

曼殊长叹一声："与其结为百事可哀的夫妻，招忧致怨，倒不如各归四海，反留得后时的回味。"

花雪南没有抬头，她落下泪来轻声说："都由得你吧。"

他这种对爱情宁可小雾朦胧的观念，在他的文学作品中处处展露。所有的爱情都会姻缘散去，空留回味。花雪南就那样静静地伫立在他回忆的院墙里，她没有菊子的腼腆，也没有金凤的胆大。菊子像是一朵雏菊，金凤是他的烈阳，而花雪南似一轮满月，温软柔和，从不问他去留。他小心地关上心扉的窗子，让她仅仅活在心底哀伤的一角。他不能爱，不敢爱，怕上天再降临什么不幸给她，就像是以往的菊子一样。他不可能拥有幸福，他不懂得经营，没有能力让自己的生活安稳下来。当然，他也放不下佛祖，他还想远行，去更远的地方倾听更多的梵音。

曼殊好友郑桐荪在《与柳无忌论曼殊生活函》中提到一句："他的诗大约散失很多。因为他自选极严，稍不合意者即弃去。"曼殊有《无题》（八首），全部是七言律诗，题目仿自李商隐写爱情惯用的"无题"。八首诗中多首应是为花雪南而写，如：

> 绿窗新柳玉台傍，臂上犹闻菽乳香。
> 毕竟美人知爱国，自将银管学南唐。

> 水晶帘卷一灯昏，寂对河山叩国魂。
> 只是银莺羞不语，恐防重惹旧啼痕。

11月初，曼殊友人诸贞壮赴南昌，他偕花雪南为其送行，依依不舍。隔一年曼殊作画补赠。诸贞壮有诗记录此番送行：

> 丁未九月发上海，曼殊雪南送余于江船，雪南之归曼殊为余将护其行。明年曼殊补为一图写此诗。
> 天女维摩丈室中，江镫引梦记朦胧。
> 平生无分依瓶钵，十日能留阻雨风。
> 胜可安心向初祖，何堪情话别吴侬。
> 他年握手应相笑，早燕维莺与断鸿。

南唐有一则风月古诗，元宗李璟因雪天见宫婢穿着红裳，亭亭玉立于穷枝间，便用雪团去投掷她们取乐，意犹未尽便召集太弟们一同宴饮，其间传召歌妓王感化唱词佐酒。王感化歌技绝伦，一连唱了四遍"朝天子爱风流"。元宗领悟到她的良苦用心，打翻酒杯感慨地说："假使吴主和南陈后主知此歌之意思，便不会有亡国之恨。"遂宣布罢宴而散。曼殊化用此典，夸赞花雪南深明大义，如此夸赞十分巧妙，将花雪南巾帼不让须眉之姿尽写出来。

这年冬天，苏曼殊回到西湖畔，他的《法显〈佛国记〉、惠生〈使西域记〉地名今释及旅程图》已逐渐完成，终于此年成书。

如此，从9月回上海至今已过三月，苏曼殊心中惦记在日本的陈独秀、章太炎、刘师培等人。这一年孙中山再次游说日本政府，承诺日本援助他革命成功后，未来政府将以满蒙之地作为回报。革命形势越来越严峻，苏曼殊决定再次东渡日本，与朋友一道参加革命。

一腔热血的曼殊此时有些小苦恼，这段时间流连青楼，手中的钱已挥霍一空，如今打算东渡日本却无旅资。友人曾统计苏曼殊在青楼花费不下几千元，实在令人瞠目。月底，苏曼殊给刘三写信，商借路费：

> 季平（刘三字）我哥垂鉴：前抵沪奉上一笺，向兄再借四十元，作返东路费，今将二旬，尚未蒙赐覆，日以怅怅；抑兄尚未接吾信否？弟今居此，日复一日。前乡友借去三百余元，弟已寄书速其来申，第今亦杳无消息，殊难为计。今再乞兄为筹一款寄下，俾得早日成行，免虚掷韶光。归东后当筹还，否则尚望兄有以教弟也。余未细陈，即请清安。

刘三自不必说，接到曼殊的信后亲自从杭州赴上海将钱送至，柳亚子听闻刘三送钱，也给曼殊送路费。此番来上海，刘三还为一事，他委托曼殊到了日本，将他给《天义报》的捐款转交刘师培。

早在此年6月时，何震等人对"男女阶级"与社会革命等现存问题"目击心伤，创办了女子复权会。在东京牛込区新小川町二丁目八番地办《天义报》作为此会的机关报。这份报纸共出版十九号，至1908年6月15日停刊。在创刊号上有一篇社论《女子宣布书》，详细表述了对妇女问题的历史问题的关注，曰："故欲破社会固有之阶级，必自破男女阶级始。""夫居今日之世界，非尽破固有之阶级，不得使之反于公；居今日之中国，非男女革命与种族、政治、经济诸革命并行。"由此开始大力提倡女子革命，同时涉及种族、政治乃至经济。当时清政府的腐败，使得有志之士十分不满，奋起抵抗。何震曾有言：

> 吾与一切学术，均甚怀疑，惟迷信无政府主义，故创办《天义报》，一面言男女平等，一面言无政府。盖无政府之目的，在人权平等及无特权，若男女平等，亦系人类平等之一端，女子争平等亦抵抗特权之一端，并非二主义相背也。

12月10日，苏曼殊启程东渡日本，临行前花雪南闻讯洒泪相送。如今两人从初遇至今，已相识五年有余，苏曼殊终究还是选择了放弃。花雪南在渡口流泪不语，她心中知道留不住的总会留不住。

如是我闻：

此梵字者，亘三世而常恒，遍十方以平等。学之书之，定得常住之佛智；观之诵之，必证不坏之法身。诸教之根本，诸字之父母，其在斯乎？夫欧洲通行文字，皆原于拉丁，拉丁原于希腊。由此上溯，实本梵文。他日考古文学，惟有梵文、汉文二种耳，余无足道也。顾汉土梵文作法，久无专书。其现存《龙藏》者，唯唐智广所选《悉昙字记》一卷，然音韵既多龃龉，至于文法，一切未详。此但持咒之资，无以了知文义。

衲早岁出家，即尝有志于此。继游暹罗，逢鞠悉磨长老，长老意思深远，殷殷以梵学相勉。衲拜受长老之旨，于今三年。只以行脚劳劳，机缘未至。嗣见西人选述《梵文典》条例彰明。与慈恩所述"八转""六释"等法，默相符会。正在究心，适南方人来，说鞠悉磨长老已圆寂矣！尔时，衲惟有望西三拜而已。今衲敬成鞠悉磨长老之志而作此书。非谓佛刹圆音，尽于斯著，然沟通华、梵，当自此始。但愿法界有情，同圆种智。抑今者佛教大开光明之运，已萌于隐约间，十方大德，必有具备迅勇猛大雄无畏相者。词无碍解，当有其人。他日圆音一演，成金色佛，遍满娑婆即娑。虽慧根微弱，冀愿力庄严，随诸公后。若夫忘言忘思，筌蹄俱废，奚以是为？然能尔也。

岭南慧龙寺僧博经书于西湖灵隐山

——苏曼殊 《〈梵文典〉自序》

1907年，24岁的苏曼殊另有一项卓越的成就——他的《梵文典》首卷成书。梵文是印度古典语言，是古代印度的标准书面语，原是西北印度上流知识阶级的语言，相对于一般民间所使用的俗语（Prakrit）而言，又称为"雅语"。我国及日本依此语为梵天（印度教的主神之一）所造的传说，而称其为梵语。它至今为止都属于艰涩难懂的语种。

曼殊学习梵文可堪称绝，陈独秀只帮他找了几本英文版梵文书，他仅用一年左右就摸到梵文诀窍，可通读之。在《燕子龛随笔》里他写道："燕子龛者，曼殊所以自名其飘泊无定之住处也。"一个漂泊不定常无立足之地的人，却能在短时间内掌握一门古老晦涩的语言，并融会贯通撰出《梵文典》八卷，填补了中国佛教史上的一页空白，这一作为实在难能可贵！人与人的差距有时是很大的，对于深入的钻研来说，天赋往往很重要。曼殊有云："诸学术，义精则用愈微。"

章士钊后来成为近代有名的教育家，他回忆说："曼殊真近代异人也，自初识字以至卓然成家，不过经二三年。"曼殊给刘三的信中提到："曼春间妄作《梵文典》一部，枚公命速将付梓，后以印人索价太奢（盖日本尚无此种字母，惟欧洲有之，且有英文插入，故难），现尚束之篋底。"《梵文典》后因印制困难，搁置良久，后来原稿亦下落不明。

如今，梵语作为印度国家法定的22种官方语言之一，已经不用于日常生活交流。2001年全球仅有1.4万人掌握该语言，是印度官方语言中使用人数最少的语言。

三年前，暹罗、印度、越南等地的游历是苏曼殊佛学思想形成的转折点。那次出行，他从激进的革命思潮中沉静下来，开始彻悟人生。由最初的天性纯善向佛，转变成因佛教文化博大精深而敬服修习佛学。在暹罗，他遇到了佛学大师鞠悉磨长老。长老是佛学大家，聪慧睿智远高于常人。长老"意思深远，殷殷以梵学相勉"。苏曼殊在他的引导下对梵文进行了两年的潜心研究。昔年在上海读书，罗弼·庄湘就发现了他学习语言的天赋，只是任庄湘怎么也料不到，常人要五到十年方能学有所成的梵文，他却仅用两年便能融会贯通，这样的语言天赋确实令人惊叹。

《梵文典》首卷成文后，一代大师章太炎、刘师培见此卷惊艳不已，欣然为序。陈独秀作《曼上人述梵文典成且将次西游命题数语爱奉一什丁未夏五》以示钦佩。他国学根基深厚，对苏曼殊文学上的指导起着至关重要的作用，苏曼殊近体诗的进步、梵文的学习等都离不开陈独秀的指点和帮助。柳亚子对此十分清楚，他说："曼殊在《国民日日报》任编辑时期，开始学作诗，皆由仲甫指导。"

章太炎在曼殊的《梵文典》序中说：

> 佛典自东汉初有译录，自晋、宋渐彰，犹多皮传。留支、真谛，术语稍密。及唐玄奘、义净诸师，所述始严栗合其本书，盖定文若斯之难也。
>
> ......
>
> 广州曼殊比丘既忧之，乃述《梵文典》八卷。余既睹其谛且密也，私谓内典所论四无碍解，故非一途。于言音展转训释总持自在，斯名词无碍解，则音义释文是也；于能铨总持自在，斯名法无碍解，则文法句度是也。往者震旦所释，多局于文身名身，而句身无专书。欲知梵语，则不可不寻文法。曼殊比丘，于此既发露头角，余愿其敦而充之也。抑大乘经论，以般若、瑜伽二宗为上，其于外道六师，非直相攻，盖摄取者多矣。六师虽偏执，其深细远在柏拉图、亚里斯多德上。惟独逸诸哲，庶几游于其藩。不窥六师之书，不知大乘所以闳远。吾土所译，独僧法有《金七十论》，鞞世师有《十句义》耳。前者诸师有《忧波尼沙陀》，后此商羯逻有《吠檀多哲学》，皆阙不传。大乘孤行，无外道与之相校，则辩论废而义渐微。曼殊比丘既知梵语，他日益进而译诸师之说，以与大乘相辅，余又愿其敦而充之也。
>
> 佛灭度后二千三百八十三年
>
> 震旦优婆塞章炳麟序

诚如章太炎所说"余美恨玄奘不为斯录，而今疏桶者皮傅为之也"，佛典自东汉有汉语译文，但到宋代日渐"流支真谛"。当时国内虽国学深厚者众多，且大多喜爱佛学，但是梵文实难学习，而现存的佛教典籍有一些在术语上并不严谨，以至于许多人对佛学的研究囿于语言障碍而无法深入真谛。

苏曼殊的文学成就归结为一句话——"生天成佛我何能"，他并不自信自己的修行可以成佛，也许是半僧半俗的任性生活让他自己都觉得修行有亏，也许是一种本能的缺乏自信，也许是他的师父没有传给他修行的执念，总之，他对佛学的表达并不仅仅通过修行，而是转而用他擅长的文学艺术的形式去阐述。他对生命与佛法的看法与其他僧人不同，他用更为细腻、优美、悲观的眼睛去看待他的佛法、命运、尘缘。

李叔同的一位友人便在苏曼殊未剃度时，对他说："曼殊一出家，你们这些开伤感主义风气之先的文人就更认定人生是悲剧，是苦空无常。"

1908年，苏曼殊成为佛学界名重一时的人物，他的才华开始被当时的文学界广知，人生本该开启辉煌厚重的篇章，可无奈此时他的身体日渐垮败下去。曼殊在饮食上始终不肯节制，常常暴饮暴食令人又怜又气。当时日本有吃冰的习俗，因与中国自古的中医养生之道背道而驰，中国留学生大多不肯吃冰。苏曼殊向来嘴馋无所顾忌，每次动辄吃冰几斤，将他原本就虚弱的肠胃功能更是损害得一团糟。章太炎《曼殊遗画弁言》记载苏曼殊在日本：

> 日饮冰五六斤，比晚不能动，人以为死，视之犹有气，明日复饮冰如故。

苏曼殊翻译的印度文学作品存世非常少，现只可寻小说、短诗各一，但却是当时凤毛麟角的印度文学译作。他在1908年《民报》第22号上发表五言绝句版《娑罗海滨遁迹记》（译《哆乐苑》），署名"南印度瞿沙著，南国行人译"。形式别具一格，中西合并，读来滋味十足。

在《娑罗海滨遁迹记》开篇《译者记》前引文写道：

> 此印度人笔记，自英文重译者。其人盖怀亡国之悲，托诸神话；所谓盗戴赤帽，怒发巨铳者，指白种人言之。

该译作文笔流畅，充满古典文学意味，长短句相间，读起来回味无穷。

现引其一段以供读者略窥其貌：

俄而皎月东升，赤日西堕；不慧绕海滨行约百武，板桥垂柳，半露芦扉，风送莲芬，通人鼻观。远见一舟，纤小如芥，一男一女，均以碧蕉蔽体，微闻歌声。

男云：

腕胜柔枝唇胜蕾，华光圆满斯予美。

女云：

最好夜深潮水满，伴郎摇月到柴门。

此外，苏曼殊翻译的短诗《哆乐苑》是印度女作家陀露哆（1856—1877）的一首小诗。柳亚子将它收录在《苏曼殊全集》中译诗集的最后并附英文原诗。其文如下：

哆乐苑

梵土女诗人陀露哆为其宗国告哀，成此一首。词旨华深，正言若反。嗟乎此才，不幸短命！译为五言，以示诸友，且赠其妹氏于蓝巴干。蓝巴干者，其家族之园也。

万卉市唐园，深黝乃如海。

嘉实何青青，按部分班采。

印度文学作品形式丰富多变，苏曼殊对陀露哆一见钟情。《哆乐苑》是诗人为祖国之哀而鸣，与他的心情很像。《与刘三书》中写道：

今寄去陀露哆诗一截，望兄更为点铁。陀露哆，梵土近代才女也，其诗名已遍播欧美。去年年甫十九，怨此瑶华，忽焉彫悴，乃译是篇，寄其妹氏。

此前在中国，所译梵文的作品大多关乎佛学，文学家的视角并不偏爱梵文。曼殊从新的视角切入梵语，让它以更唯美的姿态展现在中国读者面前，使这两种瑰宝级的古典文学碰撞出火花，实为此领域的开山鼻祖。在《燕子龛随笔》中他说：

> 印度*Mahabrata*、*Ramayana*闳丽渊雅，为长篇叙事诗，欧洲治文学者视为鸿宝。犹*Iliad*、*Odyssey*二篇之于希腊也。此土向无译述，惟《华严疏钞》中有云：《婆罗多书》《罗摩延书》是其名称。

印度是个浪漫奔放的国度，印度文学的轮回观和万物有情的诗行催化了曼殊的冲动和热情。

作为英国的殖民地，印度文学充满乐观和坚持。那些熠熠发光的印度传世之作，栖息到曼殊笔尖，他如此描绘这两首长诗：

> 《摩诃婆罗多》（*Mahabrata*）、《罗摩衍那》（*Ramayana*）二章，祯谓中土名著，虽《孔雀东南飞》《北征》《南山》诸什，亦逊彼闳美。

他热爱这两首诗像是热恋一个爱人，一时间认为它对自己，乃至对世人的价值都无上重要：

> 虽颌马（今译荷马）亦不足望其项背。

苏曼殊曾经非常想译著印度迦梨陀娑的抒情长诗《云使》。但是由于回国后疾病缠身，作罢。许多事并非是不想做，浪漫、文学冲动往往被现实羁绊，往往一犹豫便经不起时光而搁浅：

> 弟每日为梵学会婆罗门僧传译二时半。梵文师弥君，印度博学者也，东来两月，弟与交游，为益良多。尝属共译梵诗《云使》一篇，

《云使》乃梵土诗圣迦梨达奢所著长篇叙事诗，如此土《离骚》者，乃弟日中不能多所用心，异日或能勉译之也。

历史掩盖了铅华，悠长、悠长的时光之后，不仅是印度文学，世界文学的画卷已全面在国人面前展开，曼殊遗憾的《云使》面纱已除，各版翻译相呈。他驾着他的马车而去，但那车辙成为世人追寻的方向。

曼殊若泉下有知，想必该欣慰了。

　　1908年春，苏曼殊终于见到了他日思夜想的"母亲"河合仙。河合仙已经再婚，由云绪町迁往南太町，苏杰生彻底成了她的往事。母子久别重逢，物是人非，免不了抱头痛哭。此时的河合仙已饱经沧桑，而她曾经挚爱的御主人苏杰生早已归于尘土。此次重逢，距母子俩上一次相聚已有九年，那还是1899年他在横滨大同学校求学时的光景了。河合仙欲带曼殊回家乡逗子樱山。那个美丽的小镇是曼殊心头的耿介，他本不想重返那伤心之地，却因对母亲的孝心而勉强应允。

　　曼殊回到他情窦初开的逗子樱山，一切回忆像画卷般打开。他立于当年菊子跳海的崖石上，心内波澜起伏：这里的海还是那么湛蓝，细碎的白色浪花拍打着温柔的海岸，晨光中海鸟都学会了缱绻呢喃。这里是碧云天，这里也是黄叶地，喝一口咸涩的海水，冰凉了他那悲伤的心。

　　想当初他初次到逗子樱山，菊子的红蜻蜓落在了他的窗棂上。那个娇美的姑娘像是一朵初生的花蕾，刚刚绽放，便因爱上了他而惨落在风雨里。他这一生究竟是害了多少人啊，菊子、雪鸿、金凤、花雪南，就连桐花馆、玉立也都是害过的。岁月若能装订成发黄的线装书，即便是扉页的一角也会写满断肠。

　　儿子的苦闷做母亲的一眼便可看穿，河合仙像昔年对待苏杰生的多情与伤情一样，没有过多言语。她只是温柔地与曼殊闲话家常，努力做些可口的小食，努力让他吃得开心些。母亲的手艺让一度饮食如饕餮的苏曼殊吃得缓慢而深情起来，每一口樱花糕都带着童年的回忆，那是幸福的味道。

晚饭后，河合仙找来幼时他离开横滨时拍摄的两张照片。这两张照片前文都有详表。一张是曼殊同外祖父母的合影，年幼的他站在两位老人中间；一张是河合仙抱着他的合影。尤其第二张河合仙极为珍惜，每当思念曼殊和妹妹叶子，都会拿出来摩挲一番。苏曼殊得见儿时在母亲怀中的自己，那面上一脸的幸福憨态，不禁询问道："母亲，若当初未教我回广东，儿是否会好些？"

"吾儿现在也是好的。只是人生多磋磨，让吾儿备受其苦。"河合仙拉起曼殊的手，轻柔地拍着。

"母亲，我这些年着实负了许多人。这逗子樱山的菊子便是我害的第一人。"苏曼殊话刚起泪眼已蒙眬。

"怎会是害呢？你的父亲十分惧内，因大妾陈氏将我赶出家门，又因爱上其他的女子，让我备感心酸。可是，这依然算不得害了我。"河合仙笑得一如年轻时温婉。

"这都不算害人吗？让母亲空空交付了真心，又伤心落泪。"

"自然不算害人。我这一生最美好的光景都是与你父亲在一起，哪怕是见他因旁人而欢笑，心内亦是苦中带甜。若无他，恐怕半点欢愉也无了。"河合仙理了理儿子的衣领道。

苏曼殊一时陷入了沉默，这一生最美好的光景都是因负了自己的人而给，那么相识究竟是对是错？菊子纵身一跃时，金凤流泪出嫁从妾时，花雪南在分别的渡口落泪时，她们心中想到与自己相处的时光亦会是幸福的回味吗？他没有这个自信，他这一生六根未断成不了佛，所以也度不了自己。

苏曼殊此番陪伴母亲回家乡不能久居，东京尚有许多人等他回去出作品支持革命。他在青山如画海如诗的逗子樱山非但没有收拾忧郁的情绪，反而添了几许自责与落寞。加之回到东京后友人之间的变故又让他猝不及防，以至于心理压力陡增，抑郁成疾。

1908年，章太炎与孙中山在多年积累下的矛盾终于爆发出来。其实早在1897年的时候，章太炎在路透社的电讯中便知道有孙中山这个人了。当时孙中山是"变政党"，相当于后来的革命党。章太炎从梁启超那里进一步得知此人不满清政府统治，主张革命，对之十分敬佩。1899年，他们终于在日本会面。可惜的是二人并没有一见如故，孙中山认为章太炎在思想上过于激进，章则认为孙过于迂回，二人最后只在诗词字画方面相谈投缘。章太炎回去后写信给汪康年，这样描述孙中山：

> 惜其人闪烁不恒，非有实际，盖不能为张角、王仙芝者也。

至1900年章太炎剪去发辫，致信孙中山大谈对清政府的蔑视，孙中山欣然将此信发表在《中国旬报》，章太炎闻讯顿有惺惺相惜之感，力赞孙中山："先生天人也。"

1902年章太炎逃亡日本，专程从东京去横滨拜访孙中山。他对以往未能早些深交备感遗憾。孙中山此时在日本认识到革命正缺乏章太炎这样的斗者，在"支那亡国纪念会"上他力赞章太炎革命斗志昂扬，会后宴席上章太炎豪情大发，痛饮七十余杯清酒。1903年，章太炎为《孙逸仙》撰序，说孙中山乃"赤帝子"，推其为中国革命的领袖。

1905年，邹容死于狱中，孙中山十分忧心章太炎的安危，多方打听他在狱中的情况。第二年章太炎出狱，又逃至东京，正式加入了中国同盟会。随后章太炎等人创办《民报》，用笔伐的方式响应孙中山同盟会的革命热潮。至此，二人的交情越来越深，章孙二人一度成为华人倡导革命的领袖人物。这时候，汪精卫、鲁迅、章士钊、陈独秀皆为孙中山的追随者。

但是，时局动荡总难逃变故。1907年3月，日本政府应清政府要求，驱逐孙中山出境。孙中山欲回国发动起义，在东京筹集一万五千元资金。他留给章太炎两千元做《民报》经费。两千元根本不够《民报》的开销，章太炎想让孙中山将筹集的钱全部留下来，孙中山并未应允。孙中山临行前因不舍众人，花费一千元摆告别宴，章太炎开始不满。此时，同盟会中其他成员挑唆章太炎，说孙中山从日本人手里筹集的钱远不止一万元。章太炎一怒之下将同盟会中孙中山的照片摘下来，邮寄给香港同盟会分会，并附信道："出卖《民报》之孙文，应即撕去。"

1907年一年中，孙中山在黄冈、惠州七女湖起义失败。黄兴此时在云南、河口兵败,从河内被遣送到新加坡,清政府悬赏五千元缉拿黄兴。黄兴至东京,得知章太炎与孙中山的矛盾,力求劝和,无奈同盟会内部分歧严重。黄兴联系宋教仁希望能商量着如何调解,没想到宋教仁居然不来见他。章太炎将对孙中山的不满也转嫁到黄兴身上,如此指责他们:

> 吾在此以言论鼓舞,而君与逸仙自交趾袭击,虽有所获,其实不能使清人大创,徒欲使人知革命党可畏耳。愚意当储蓄财用,得新式铳三千枝,机关铳两三门,或可下一道州府,然后四方响应,群力以仆之,若数以小故动众,劳师费财,焉能有功?

章太炎怒气未消,要带头罢免孙中山同盟会总理职务,"倒孙风潮"由此而起。黄兴见事态严重,苦苦奔波好言相劝,此事才逐渐平息下去。

1908年苏曼殊在逗子樱山陪伴河合仙,而此时日本政府禁止《民报》发行,并开出罚单,限令章太炎缴纳罚款,否则须做苦工。章太炎的门生纷纷求助同盟会,然而孙中山得知后,因起义失败必须安置追随者,自己尚财资匮乏,根本无力相助他,所以未施以援手。鲁迅等人四处筹款方救了章太炎。自此,章太炎与孙中山彻底反目,鲁迅亦对孙中山此举十分不满。章太炎认为孙中山这是蓄意报复,因同盟会总理之职含怨而故意不帮助他,一气之下停办《民报》。孙中山惋惜《民报》的停刊,派汪精卫去东京偷偷重办《民报》。此消息传至章太炎耳中,章立时大怒,他认为孙中山欺人太甚,发表了《伪〈民报〉检举状》,对孙中山往昔的诸多不满全部付诸口诛笔伐,其中不乏恶言指责。同盟会中支持孙中山的人不满章太炎侮辱自己的领袖,纷纷跳出来指责章太炎才是背叛革命者,说他分明是贼喊捉贼。双方的门生一时间互相诋毁中伤,骂战不休,甚至有人丑态毕现。最后,同盟会分为两党,一是章太炎为首的光复会,一是孙中山为首的中华革命党。二人都没有改变革命的初心,却分道扬镳,裂痕难以弥合。

二人都是苏曼殊的良师益友,他对革命党的骂战充满失望,对革命前途开始绝望。《民报》的变故让他积极的创作热情被瞬间泼了冷水,昔年《国民日日报》的风波,"皖江学潮"的不堪过往历历在目,这种总是死于内斗的绝望感深深压抑着他。在郁郁寡欢中他开始无所事事，日益消沉。在这些争斗中，苏曼殊像面对亲人们争吵而无奈恐惧的孩子，他是可怜而无辜的，他不愿任何一派受到伤害，又责怪他们这种肆无忌惮的互相伤害。以他单纯的心境是无法加入到任何一派的争斗中，他穿着宽大而破旧的僧袍，灰呛呛地站在两个阵派中间，茫然而悲伤落泪。

终于，他患了精神抑郁症，病情十分严重，常神经兮兮，每日被人唤作"苏神经"。他在日本与刘师培、何震夫妻同住。何震作为苏曼殊的弟子，向苏曼殊学画十分虚心，对他十分尊重。苏曼殊平日里也是很有一番为人师表的样子，刘师培夫妇平日里对曼殊亦是多加照料，几人同住倒也十分和睦。可是，一天晚上，曼殊突然闯入刘师培夫妇的房中，他抓着何震的手瞪直两眼，泪流不止。何震急问："先生因何事悲伤？"刘师培恐他伤了何震，将其拉开安慰他坐下。他却脱掉外衣旁若无人倒在被子中兀自流泪，不肯离去，刘师培夫妇误以为其是失心疯。

> 平日里，苏曼殊观悲剧而泪眼婆娑，闻哀乐而袈裟湿透，思故人而泣如雨下。曾月夜泛舟，面对湖上月影涕泪纵横，哭罢则歌咏古人词句，恍如神游幻境。

昔年赵声说他："和尚你看似迷糊，其实最为清醒。"如今和尚真的疯癫了，醒着的人还有几个？

苏曼殊一生有四部英汉互译作品集：《文学因缘》《潮音》《拜伦诗选》《汉英三昧集》。这些译著对近代文学研究英汉互译做出了巨大贡献。由于时事政治的影响，四本书都是首先在日本发行。他自云："今译是篇，按文切理，语无增饰；陈义悱恻，事辞相称。"柳亚子认为这是最公平、最有分量的批评。罗郁、翁聆雨在《中国最后一个王朝的诗人和诗》中评价苏曼殊：

正如严复是西方十九世纪末西方社会科学主要的引进者，林纾是西方小说最大的翻译家一样，苏曼殊由于介绍了西方诗歌，特别是他介绍了拜伦和雪莱所做的工作，应该获得第三大翻译家的地位。

1908年上半年，苏曼殊的《文学因缘》出版，由东京博文馆印刷，上海群益书社翻印时改名为《汉英文学因缘》。这本译集是他"很经心的工作，不可不一看"。在比较文学中，曼殊最喜爱的外国文学便是印度文学，其次才是欧洲文学。柳亚子希望"大家在译诗上面都要以曼殊的信条为信条"，只是他选录的数百首英译中仅一小部分知道作者，其他大多为佚名。曼殊收录包括Candlin所译《葬花词》，对此他说"词气凑泊，语无增减"，James Legge博士译述《诗经》全部，李白《子吴夜歌》、班固《怨歌行》、王昌龄《闺怨》、张籍《节妇吟》、文天祥《正气歌》。

此外，《木兰辞》《采薇歌》《金缕曲》《渔父歌》等皆在此列。还包括苏曼殊自己翻译的歌德《题沙恭达罗》《阿输迦王表彰佛诞生处碑》《拜伦诗选》。他本着"有闻必录"的原则，凡所知道的译作皆收录进此集，这一次曼殊不再漫不经心，他很认真，像个孜孜不倦的学者。其中，他为《文学因缘》自序：

> 先是在香江读Candlin师所译《葬花诗》，词气凑泊，语无增减。若法译《离骚经》《琵琶行》诸篇，雅丽远逊原作。
>
> 夫文章构造，各自含英，有如吾粤木绵、素馨，迁地弗为良。况歌诗之美，在乎节奏长短之间，虑非译意所能尽也。
>
> 衲谓文词简丽相俱者，莫若梵文，汉文次之，欧洲番书，瞠乎后矣！汉译经文，若《输卢迦》，均自然缀合，无失彼此。盖梵、汉字体，俱甚茂密，而梵文"八转""十罗"，微妙傀琦，斯梵章所以为天书也。今吾汉土末世昌披，文事驰沦久矣，大汉天声，其真绝耶？
>
> 比随慈母至逗子海滨，山谷幽寂，时见残英辞树。偶录是编，闽江诸友，愿为之刊行，得毋灵府有难尘泊者哉？
>
> 曩见James Legge博士译述《诗经》全部，其《静女》《雄雉》《汉广》数篇，与"Middle Kingdom"所载不同，《谷风》《鹊巢》两篇，又与Francis Davis所译少异。今各录数篇，以证同异。伯夷、叔齐《采薇歌》《懿氏谣》《击壤歌》《饭牛歌》，百里奚妻《琴歌》，箕子《麦秀歌》《箜篌引》《宋城者讴》，古诗《行行重行行》及杜诗《国破山河在》等，亦系Legge所译。李白《春日醉起言志》《子夜吴歌》、杜甫《佳人行》、班固《怨歌行》、王昌龄《闺怨》、张籍《节妇吟》、文文山《正气歌》等，系Giles所译。《采茶词》亦见Williams所著*The Middle Kingdom*，系Mercer学士所译。其余散见群籍，都无传译者名。尚有《山中问答》《玉阶怨》《赠汪伦》数首，今俱不复记忆。

此篇自序可见苏曼殊在文学上的慧眼，他研究的目的是让中外文化得到交流，而不是简单的文学介绍。序中说"衲谓文词简丽相俱者，莫若梵文，汉文次之，欧洲番书，瞠乎后矣！"汉文与英文的比较，体现出梵文的优美之处。近代许多的历史文化名人都开始崇尚研究佛学，但苦于许多经籍典著没有中文翻译而无法打开佛学研究的大门。于是，苏曼殊对梵文的研究，很大程度上填补了这方面的空白。《文学因缘》自序的细节之处可见苏曼殊编撰的动机与梵学有着十分重要的联系。苏曼殊自幼出家，平时喜着僧服，以和尚头示人，并曾游历东南亚佛教诸国。他对自身佛学的研究和推崇，在梵文学习上呈现的惊人天赋，使他的作品与梵学密切相关。苏曼殊在梵学研究方面明显比同辈中人学习得更为广泛且严谨。他的文学作品中，也时常渗透着他的梵学论说。

晚清中国，尤其是鸦片战争以后，内忧外患，百姓食难果腹，命难保全。苏曼殊一个自幼孤苦无依的漂泊者，连普通百姓的安定尚且做不到，却以一种高屋建瓴的文学眼光、博大的文学情怀着眼于当时的中英文学互译交流。这种远见，非一般文人能企及。

苏曼殊已是一位极有天赋的翻译家，但他依然认为翻译是一件很难的事。他说："夫文章构造，各自含英，有如吾粤木绵、素馨，迁地弗为良。况歌诗之美，在乎节奏长短之间，虑非译意所能尽也。"两种语言之间是存在语境和语感差异的，国与国社会背景、写作体裁、译作者文化程度的不同，使翻译必须结合各国实际情况，须意会而不失本意地进行创作。当时，胡适回国任北大教授，辜鸿铭批评他所持乃美国中下层的英语，并说："古代哲学以希腊为主，近代哲学以德国为主。胡适不懂德文，又不会拉丁文，教哲学岂不是骗小孩子？"可见辜鸿铭在翻译上的造诣。林语堂也认为辜鸿铭"英文文字超越出众，二百年来，未见其右。造词、用字，皆属上乘"。苏曼殊在翻译上一向自视甚高，但他欣赏辜鸿铭的译作，他于《致高天梅书》中评价辜鸿铭说：

> 甚矣译事之难也。前见辜氏《痴汉骑马歌》，可谓辞气相副。顾元作所以知名者，盖以其为一夜脱稿，且颂其君，锦上添花，岂不人悦，奈非如罗拔氏苍生者何？此视吾国七步之才，至性之作，相去远矣。惜夫辜氏志不在文字，而为宗室诗匠牢其根性也。

苏曼殊在翻译上有他独到的一面，这也间接体现了他任性的一面。他特别强调思想内容，认为思想不好作品翻译了也是无用。曾经在翻译《惨世界》时，他便十分有个性地大胆删减，并创作加入自己的作品，进行了一番修改。当然个性并不代表能力缺失，苏曼殊认为翻译者首先要精通文字，专业基础要好。在《致高天梅书》中他说："衲谓凡治一国文学，须精通其文字。"苏曼殊之所以能对诸多外国作品加以修改，甚至将诗歌浓缩成中国近体诗的形式，全因他精通外文，能深刻理解原作者所要表达的思想精髓，方能在此基础上进行创作修改。有人认为他这种做法是不忠实原作，并不可取。也许，对于原作者而言，他才真正是读懂原作的人，是真正的知音。

拜伦作为伟大的浪漫主义诗人，苏曼殊最先关注的是他的革命斗争、追求自由的精神品质。同时，也因他的身世命运与拜伦有着相似之处，更加给予关注。苏曼殊的作品有两大主题：一是革命主题，一是悲剧的爱情主题。拜伦在这两方面都符合他的文学需求。他曾说："拜伦中土李白。"他将拜伦看作是自己的老师。

1908年上半年，苏曼殊除了文学上出版了《文学因缘》，在绘画上也颇有作为。1月时，他心情不错，去长崎游玩了一番。回来后心安定下来，从2月起至6月，先后在《河南》杂志发表了四幅画作：《洛阳白马寺图》《潼关图》《天津桥听鹃图》《嵩山雪月图》。刘师培的妻子何震跟从曼殊学画，拜其为师。

苏曼殊对自己的绘画要求十分苛刻，每幅作品必臻妙境方可。有学者评价苏曼殊的画是禅画。他亲自写了《曼殊画谱》自序：

> 昔人谓山水画自唐始变，盖有两宗，李思训、王维是也（后称王维画法为"南宗"，李思训画法为"北宗"）。又分勾勒、皴擦二法："勾勒"用笔，腕力提起，从正锋笔嘴跳力，笔笔见骨，其性主刚，故笔多折断，此归"北派"；"皴擦"用笔，腕力沉坠，用惹侧笔身拖力，笔笔有筋，其性主柔，故笔多长韧，此归"南派"。
>
> 李之传为宋王诜、郭熙、张择端、赵伯驹、伯骕，及李唐、刘松年、马远、夏珪，皆属李派；王之传为荆浩、关同（一名种，又作童，《宣和画谱》作仝）、李成、李公麟、范宽、董元（一作源）、巨然，及燕肃、赵令穰、元四大家，皆属王派。李派板细乏士气；王派虚和萧散，此又惠能之禅，非神秀所及也。至郑虔、卢鸿一、张志和、郭忠恕、大小米、马和之、高克恭、倪瓒辈，又如不食烟火人，另具一骨相

者。及至今人，多忽略于形象，故画焉而不解为何物，或专事临摹，苟且自安，而诩诩自矜者有焉。明李流芳曰："余画无师承，又不喜规摹古人，虽或仿之，然求其似，了不可得。"夫学古人者，固非求其似之谓也。子久、仲圭学董巨，元镇学荆、关，彦敬学二米，亦成其为元镇、子久、仲圭、彦敬而已；何必如今临摹古人者哉？

祄三至扶桑，一省慈母。山河秀丽，寂相盈眸。尔时何震搜祄画，将付梨枣。顾祄经钵飘零，尘劳行脚，所绘十不一存，但此残山水若干帧，属祄序之。嗟夫！汉画之衰久矣！今何子留意于斯，迹彼心情，别有怀抱。然而亡国留痕，夫孰过而问者？

佛灭度后二千三百八十三年
粤东慧龙寺曼殊

后人对此自序进行了深入的剖析，认为它全面体现了苏曼殊的绘画理论，其见识高远独到，实乃真知灼见。

禅画是中国画独特、独有的艺术表现形式之一。开先河的是唐代王维，到了明末清初八大山人将禅画推至顶峰。禅画笔法简单，画面空阔，往往寥寥数笔，虽画尘世却有脱尘境界。本土中国画家毕生追求染于禅，归于道，空而不虚，寂而不灭，简而能远，淡而有味，高古脱尘的最高禅画境界。苏曼殊自幼出家，他"色空不二"，画作淡寂疏远，用笔纵放，最能体现境界的便是他提出的"画本无成法"的观点。他在《燕子龛随笔》中自述：

曩羁秣陵，李道人为余书泥金扇面曰："文殊师利白佛言：'世尊，何故名"船若波罗蜜"？'佛言：'般若波罗蜜。'"二十四字，并引齐经生及唐人书经事。余许道人一画，于今十载，尚未报命，以余画本无成法故耳。

苏曼殊的画中常见柳、水、月、松、舟几笔，白马、毛驴、茅亭、一孤僧。至于曼殊的画是否受到日本美术的影响，兄长苏煦亭说过："进大同学校，卒业后入东京艺术学校两年。"对于这种说法，苏家人并未证实，反而是在日本曾资助他读书的表兄林紫垣说："曼殊系大同学校肄业。但善画，未尝入美术学校也。"曼殊自己则说："学泰西美术于上野两年。"明治维新后西洋美术进入日本，西洋画的绘画方法与本土美术开始融合，形成了独特的画风。如今看来，苏曼殊在日本入美术学校学习可能性不大，但确实在日本认真钻研过美术。他自己也只是说在上野学泰西美术。这种学，可以是自学。他的画风自成一派，融入了西方美术的技法，又有中国传统禅画的意境，堪称风格独创，别具一格。

《断鸿零雁记》中有他的绘画记事：

一日，余方在斋中下笔作画，用宣愁绪。既绘怒涛激石状，复次画远海波纹，已而作一沙鸥斜身堕寒烟而没。忽微闻叩环声，继知吾妹，推扉言曰："阿兄胡不出外游玩？"

余即回顾，忽尔见静子作斜红绕脸之妆，携余妹之手，伫立门外，见余即鞠躬与余为礼。余遂言曰："请阿姊进斋中小坐，今吾画已竟，无他事也。"

余言既毕，余妹强牵静子，径至余侧。静子注观余案上之画，少选，莞尔顾余言曰："三郎幸恕唐突。昔董源写江南山，李唐写中州山，李思训写海外山，米元晖写南徐山，马远、夏珪写钱塘山，黄子久写海虞山，赵吴兴写雪苕山；今吾三郎得毋写崖山耶？一胡使人见即翛然如置身清古之域，此诚快心洞目之观也。"

言已，将画还余。余受之，言曰："吾画笔久废，今兴至作此，不图阿姊称誉过当，徒令人增惭惕耳。"

静子复微哂，言曰："三郎，余非作客气之言也。试思今之画者，但贵形似，取悦市侩，实则宁达画之理趣哉？昔人谓画水能终夜有声，余今观三郎此画，果证得其言不谬。三郎此幅，较诸近代名手，固有瓦砾明珠之别，又岂待余之多言也？"

对于这段绘画记事，柳亚子《苏曼殊全集》中这样说："曼殊的画在中国画里有什么样的价值？经他这位知己的女画家品评过，就无庸别人多嘴了！还有柳弃疾说曼殊：'善绘事，丹徒赵声乞为《荒城饮马图》，未竟，声兵败，呕血死，玄瑛嘱人焚其稿墓上，自是遂绝笔弗复作。'现在有人说：'艺术是生命活动的表现。'曼殊的画这样的不苟作，真足以表明他人格的高贵！据傅熊湘在《燕子龛遗诗》的跋说曼殊的画：'别辑于粤中，凡得四十余幅，将用珂罗版印行。'那么我们还幸有赏鉴他的名画的机会。"

1908年何震见曼殊已有许多画作，便想收集起来为他出版一本画谱，一则可供大家欣赏，二则便于曼殊的画作存世。虽然后来因种种原因，画作并未出版，但苏曼殊心中还是对这个女弟子十分感激。何震《曼殊画谱后序》有言：

> 吾师于惟心之旨，既窥其深，析理之余，兼精绘事；而所作之画，则大抵以心造境，于神韵为尤长。举是而推，则三界万物，均由意识构造而成。彼画中之景，特意识所构之境，见之缣素者耳。此画学与惟心论相表里者也。因汇为画谱，先将第一集开印，余俟续出。并乞吾太师母吾师及太炎先生序而行之，以问十方高士。

丁未初秋

仪征何震手书

曼殊这个女学生啊，原本是一个很有才华的女性，却不料最后步入歧途。起初何震跟从曼殊学画积极而谦虚，她知性且充满创作热情，只是不若她的老师曼殊这般简单恬淡。何震之所以选择拜师苏曼殊学画，有她更为"深度"的思考。她与丈夫刘师培是受章太炎之邀赴日的，用当时的行话来说，二人算作章太炎的门生。章太炎因曾经大义凛然被捕入狱，在革命党人心目中拥有十分崇高的地位。章十分欣赏苏曼殊的才华，尤其是他的绘画天赋，《民报》五画皆由章太炎亲题画跋。何震跟从曼殊学画，一方面不仅能提高自己的绘画技艺，另一方面能稳固其在同盟会的地位。这样"高情商"的眼光是单纯的苏曼殊所不具备，也不设防的。这个学生在苏曼殊的人生里，最后成了噩梦，让他连何震的名字都不敢提起。何震是他教学生涯最大的败笔，是耻辱的一页。

民国时期多世家美人，何震便是出了名的美人。当然，她也附带上等美人出身书香世家这么一个贴金条件。她嫁给刘师培这个国学大师，原本也是琴瑟和鸣，这些本来都是十分让人艳羡的。可是这么一手好牌，何震却没有打好。新婚不久，何震在《警钟日报》上发表了一首诗：

> 献身甘作苏菲亚，爱国群推玛丽侬。
> 言念神州诸女杰，何时杯酒饮黄龙？

诗中的苏菲亚和玛丽侬都是女中豪杰。苏菲亚刺杀俄国沙皇亚历山大二世，牺牲时年仅28岁；玛丽侬是法国大革命时期著名政治家，后被送上断头台，留下"自由，多少罪恶借汝以行"的名言。何震崇拜两位革命女英雄，并赞颂刺杀这种献身的行为，可见她思想的激进程度。

1904年11月，刘师培娶了何震不久，便与万福华在英租界行刺清廷高官王之春，遗憾的是刺杀失败。刘师培被捕不久得以释放，而万福华却被判入狱十年。1906年，刘师培干脆与陈独秀创办了暗杀学校。从此，这夫妻二人引起了清直隶总督北洋大臣端方的注意。

1907年，夫妻二人受章太炎邀请而赴日本加入同盟会，何震迅速成长为无政府主义者。同年6月，夫妇二人创办《天义》旬刊（实为半月刊），何震在《天义报》上鼓吹暗杀思想，文笔纵横，狂言说："今日欲行无政府革命，必以暗杀为首务也。"其革命思想的激进程度令许多男子都为之愕然。《天义报》作为女子复权会的机关报，何震确立"以暴力破坏社会""反对主治者及资本家"等信条。《天义》旬刊初期影响极大，何震提出：

> 一是帝王类于娼妓。二是旧政府等于大盗。三是权力决定道德。

如此痛恨封建政府，思想自由高尚、不怕牺牲的女中豪杰本是让人称颂的。但是很快，因何震的文章大多是口号式的套话，大家看久了便觉得乏味，刘师培只好接管了《天义》旬刊的编辑工作。原本这些也无碍，但仅在次年刘师培、何震便背叛了革命，被清政府收买。

当时清廷许多大臣因惧怕被革命党暗杀，都私下出资予革命党以保平安。章太炎与孙中山反目后想去印度学佛，密托刘师培、何震与端方联系借取路费。二人回日本后，与章太炎发生矛盾，何震想要整垮章太炎。据冯自由说，原因是章太炎发现了何震与她表弟汪公权的私情而密告刘师培，于是何震恨章太炎入骨。端方借机收买刘师培与何震，至此他们成为两江总督端方的密探，彻底成了革命的叛徒。

4月，苏曼殊回到东京，发表了《岭海幽光录》，共计16则，分别记录了明末广东地区17位义僧、烈女和志士抗清斗争的事迹。义僧有僧祖心、零丁山人、屈大均，烈女有韩氏处女、湛氏女、苏氏、林氏、李氏、益阳王妃、王桂卿、天濠。《岭海幽光录》的前言这样写道：

> 吾粤滨海之南，亡国之际，人心尚已！苦节艰贞，发扬馨烈，雄才瑰意，智勇过人。余每于残籍见之，随即抄录。

5月，刘师培夫妇与章太炎反目。原本苏曼殊是与刘师培夫妇同住的，但是夫妇二人此时对他的态度大逆转，致使曼殊被迫搬了出来。这年4月，在日本的苏曼殊给刘三去信一封，叙述了自己无处安身，漂泊无以为计的境地：

刘三足下：

> 久不接公书，殊劳悬念。春序已谢，道履何以？前来扇面，尚未写就，盖近日心绪乱甚，太少两公有龃龉之事，而少公举家迁怒于余。余现已迁出，漂泊无以为计，欲返粤一转，奈无资斧何，故只可沿门托钵。公暑假可到申否？曼日坐愁城，稍得路费，当返罗浮，静居数月，然后设法南行。浊世昌披，非速引去，有呕血死耳。前去信一封，相片三幅，何以久无覆音也？天梅佩忍诸公别久矣，或因通书，幸为致意。余容续呈，即颂请安。

四月八日

曼拜

"欲返粤一转，奈无资斧何，故只可沿门托钵""浊世昌披，非速引去，有呕血死耳"这两句将他落魄的现状和对浊世的失望写得见者生泪，众人在内斗中亢奋疯狂，只有他像是无辜的孩子。眼睁睁看着"亲人"们争吵，他站在中间不知所措，最后大家却全将气撒在了他的身上。何震将他扫地出门，曼殊被迫离开了温暖的人群，沿门乞讨，连回粤的路费都没有。刘三一直以来像是一位最值得他信赖的家人，总能在他最孤苦无依时救助他于危难，现在连刘三的回信也不知为何迟迟不到。隔着千万里路遥，连祖国都回去不了，他内心的焦虑和痛苦可想而知。

1915年，刘师培、何震加入"筹安会"，大力拥护袁世凯复辟帝制。何震完全忘记了自己曾经是多么痛恨厌恶"旧政府"，在背叛的道路上他们越走越远。

何震22岁便文笔不俗，响彻当时的文坛，丈夫为国学大师，所结交之人大多为那个时代的革命派或文学家代表。她原本思想积极反对"旧政府"，抵制"腐败统治"，心中的偶像为苏菲亚和玛丽侬这样的女中豪杰。她的内心似乎更像是一个男人，甚至男人不敢做的事，她都有勇气冒险。孰料这样一个书香美人，一个清高而骄傲的革命者，最后也利令智昏，背叛了朋友、道义，甚至自己的信仰。她曾经豪言"权力决定道德"，最终败给了权力和金钱，甚至可以理解为是她毁了刘师培，害死了表弟汪公权。不知该说她是红颜祸水，还是说在那样一个动荡黑暗的时代，红颜终将随波逐流，悲剧收场是许多才女的命运，或因自己，或因那个社会。

1919年刘师培因病而终。他这一生是爱何震的，否则当初就不会在章太炎揭发何震的奸情时，选择了与章太炎反目而继续挽留何震。刘师培对于妻子的私情不会一点都无感觉，何况这个出轨的对象汪公权就在他们身边，也许哪怕一个眼神都足以暴露他们背叛了他的事实。只是刘师培依然选择了爱何震，他这一生在何震煽动下办暗杀学校，投靠端方，与好友决裂，拥护袁世凯。1907年后，刘师培的选择总是错的，陶成章说他是"外恨党人，内惧艳妻"所致，连蔡元培都说"有小人乘间运动何震，劫持君为端方用"，刘成禺干脆称何震"通文翰而淫悍，能制其夫"。但刘师培不在乎，似乎他只在乎何震高不高兴，他那么愿意听何震的话，只是没有料到自己会先何震一步离开这个世界。刘师培永远也想不到他娇艳的妻子，他一生捧在手心的女子，最后会落得这样的下场……

失去了刘师培的何震便是个只会怒吼的妇人，她不再是政客名流，也不再是才女佳人，没有刘师培她什么也不是。刘师培的宠爱让她忘记了身处弱肉强食的世界，忘记了曾目中无人几乎得罪了所有人。她嚣张跋扈惯了，撒娇求怜惯了，如今她终于毁了刘师培的一生，也毁了自己。刘师培临终前唯一留下的值钱之物是一尊金佛，何震恐"露财"将此金佛寄存于北京一个朋友家。刚处理完刘师培的后事，她便急不可待地赶回北京取金佛。这是她最后的资产，是生活的指望。不料，友人贪财，说她没有收据而拒不承认曾保管过金佛。何震气急攻心，痛哭狂笑不止，大闹其府邸，最后被轰了出来。

何震，最终精神失常，下落不明。一切得失，如梦幻泡影。

1908年对于苏曼殊来说是不平静的一年。5月从天义报社刘师培夫妇处搬出来后，苏曼殊苦等不到刘三的救济，辗转来到南太町河合仙的居所，此时河合仙与新婚丈夫同住，苏曼殊与他们在"料亭"见了两次面。

日本料亭的历史可以追溯到17世纪初。当时的日本实际上由幕府大将军执政，大将军一般要求封建领主住在京城，以便监视管束。封建领主们碍于存亡隐忧，常暗中勾结，为避开幕府的监视便派亲信在料亭秘密会面。明治维新后，幕府统治结束，料亭却保留下来，并且日益兴盛。由于幕府时代的历史习惯，料亭不接待生客，须有熟客介绍方可。现如今，真正的料亭非一般经济实力的人消费得起，人均消费基本在5万至10万日元（400~800美元）。苏曼殊同"母亲"河合仙及其新婚丈夫在料亭会面，体现了双方的重视和尊重。自幼在苏家无人关心的"杂种"，在河合仙这里却是至关重要的爱子。难怪曼殊从不承认自己日本人的身份，却经常矛盾地向友人提起，自己在日本有一亲生母亲，这一点值得大家注意。

曼殊在日本带着一个翻译叫陈国权。据他回忆，曼殊与河合仙会晤时间是在1907年，与目前考证的时间有一年之差，陈国权对曼殊日语的评价倒是很有趣。他说："曼殊之日语，若是简单的话，尚可勉强对付，但遇着曲折性之谈话，则词不达意之处……曼殊在大同学校向习中、英文，故对于日文恐怕连平假名及片假名（日文字母）亦不甚了了。"如今我们分析曼殊的日语不如英语是很有可能的，因为毕竟他离开日本时方六岁，况且苏杰生一家在日本时也是惯常说粤语的。但若说他日语很差，似乎也不可信，毕竟成年后的曼殊屡次去日本，作为一个语言天才来说，基本掌握这门语言并非难事。想是陈国权自夸成分多一些，或是曼殊难得委婉一次。

苏曼殊是一个站在路口的人，一方面他响应革命，另一方面他追寻佛宗。如果不是这么热爱革命和文学，也许他会是一个很有成就的佛学大师；如果不是这么信仰佛光，他也会是一个很好的革命者。正是由于无数次的徘徊，让他的生活充满了孤寂清冷。他还常站在情爱的路口挣扎，他对那些女子是那样温柔，不遗余力地展现他的才华，令佳人倾心。可是他对情爱又是那样没有自信，对自己就连半点自信也没有，加上放不下他的佛，在每一次交付真心之后，又决绝地选择转身而去，伤害了彼此。

他所处新旧社会交替的时代，新思想给了他很大的冲击，加上独特的机缘，在文化学习上亦是中西融合，连他的画作技巧都是中国画和泰西美术的结合。众多友人对他大多是关怀的，他的生活本该积极而喜乐，再不济也应是败于革命斗争，然而，他却总是径自愁苦，个人感伤太过严重。我们不能苛责一个自幼缺乏母爱的人能如何阳光乐观，幼年所受的种种欺凌与虐待，让他的内心对这个世界蒙上了一层灰纱。隔着这层灰蒙蒙的纱帐，他看得到这个世界的美好，也向往他所看到的快乐。可是，他的心毕竟在很早以前就已经是灰色的了。这样一颗消极的心加上自幼没有经历长辈的用心教养，在为人处世上又表现得十分单纯，无论在上海、香港、芜湖、东京……他都无法适应身边众人的争斗，更无法加入到他们中间去，他总是惊慌失望而不知所措。有时暴饮暴食，有时狂歌走马，将他的痛苦苍凉、狂热任性融入他的文学作品和绘画中。书中的世界也是他的世界，书中的人亦是他自己。8月他发表了《娑罗海滨遁迹记》，思想意识时而涣散，时而活跃。

8月中旬，苏曼殊辗转回到上海，中秋节后挂单在杭州韬光庵。韬光庵在灵隐寺右之半山，为韬光禅师始建。韬光禅师是唐太宗年间蜀地人，他告别他的师父云游前，师父有禅语与他曰："遇天可留，逢巢即止。"韬光禅师一路云游至西湖灵隐山，闻听此地名曰"巢沟坞"，再一打听方知郡守为白居易，字"乐天"，顿时了悟"此地乃吾师指示之地"，便留下来建小庙而居之。白居易听说此事欣然前往，为庵题词"法安堂"，并与韬光庵的禅师结为挚友。庵内有金莲池、烹茗井，墙上有赵阅道、苏子瞻的题名。明万历十二年（1584），又在庵西面建造了吕纯阳殿，当时的参政郭子章曾作记述之。

曼殊晨起与庵内师父品茗论佛，听禅师讲述了韬光庵的一则趣闻：初唐时期的诗人，与沈佺期并称"沈宋"的宋之问从流放地回到江南在此寄宿。宋之问心情抑郁夜不能寐，月色入户，他起身披衣行至长廊吟咏道："鹫岭郁苕峣，龙宫锁寂寥。"思索至此却苦无下句。一寺中老僧持长明灯而来，一脸慈祥地问道："少年深夜不眠，还在苦苦推敲。这是为何？"宋之问答："正好想要为寺题诗，有了上联却想不出下联。"老僧略为思索道："为什么不用'楼观沧海日，门对浙江潮'？"宋之问闻之十分惊喜，如此一来诗句刚健不失优美，诗兴大起一口气写完全诗。第二日，他同寺中人打听老僧住处，人早已离去无踪。有人说："其乃骆宾王是也。"

禅师说此则趣闻亦是其幼年时听老师父讲过，并说有古人文章记录存于书室内，只是书室所存经册甚多并不知在哪篇文章。曼殊对这则趣闻十分感兴趣，至书室查此史录，寻得几日终在张岱的《韬光庵》一文中找到此记载：

> 师，蜀人，唐太宗时，辞其师出游，师嘱之曰："遇天可留，逢巢即止。"师游灵隐山巢沟坞，值白乐天守郡，悟曰："吾师命之矣。"遂卓锡焉。
>
> 乐天闻之，遂与为友，题其堂曰"法安"。
>
> 内有金莲池、烹茗井，壁间有赵阅道、苏子瞻题石。
>
> 庵之右为吕纯阳殿，万历十二年建，参政郭子章为之记。
>
> 骆宾王亡命为僧，匿迹寺中。宋之问自谪所还至江南，偶宿于此。
>
> 夜月极明，之问在长廊索句，吟曰："鹫岭郁岧峣，龙宫锁寂寥。"后句未属，思索良苦。
>
> 有老僧点长明灯，问曰："少年夜不寐，而吟讽甚苦，何耶？"之问曰："适欲题此寺，得上联而下句不属。"僧请吟上句，宋诵之。

老僧曰："何不云'楼观沧海日，门对浙江潮'？"之问愕然，讶其遒丽，遂续终篇。

迟明访之，老僧不复见矣。有知者曰：此骆宾王也。

苏曼殊挂单在韬光庵，群山白云深处，一池清泉如鸣佩环，池边雕栏上刻"金莲池"。相传池中住着"五爪金龙"，水底有金龙的魂魄映在石上。后据专家考证，此实为古生物"蝾螈"。因历史上韬光庵为海湾，沧海桑田之后海水退去，留有西湖，蝾螈来不及回到海中，长留"金莲池"中成为化石。苏曼殊看着"金莲池"三个苍劲有力的古字，心内思绪翻腾，想自己如今体弱多病时而饱餐，时而饥肠辘辘甚至衣不蔽体。幸得好友仗义相助，尤其是刘三，几次走投无路中皆是他送钱资助，思及此处他便提笔赋诗一首赠刘三：

西湖韬光庵夜闻鹃声柬刘三

刘三旧是多情种，浪迹烟波又一年。

近日诗肠饶几许？何妨伴我听啼鹃。

1909年10月，苏曼殊应杨仁山之邀到南京祇垣精舍教书，这是由杨仁山和陈伯严创办的佛学院。在上海出发前，他曾给刘三去信简单地说了此事：

季平足下：

别来穷居寡邮便，久不修书奉候，罪罪。兹金陵开设梵文学堂，今接仁山居士信，约瑛速去，故明晨束装，大约下月来申。公起居奚似？此后赐书，可寄海航兄处，第未知渠在否？容到宁再奉书足下耳。匆匆此叩清安，丹生兄均好。

九月十一日灯下

元瑛拜

苏曼殊对杨仁山的印象十分好，他很敬佩杨仁山，也唯心地觉得杨仁山八十多高龄身体依然十分健朗，是由于佛祖保佑。在祗垣精舍教书期间，他曾帮助杨仁山翻译过两封十多年前印度法护尊者达摩波罗给杨仁山的信。此事，苏曼殊在给刘三的信里亦有记载，信中他提到两封达摩波罗给杨仁山的旧信：

刘三侍者：

西湖别后，得杨仁山长老命，故于十三晚抵宁。昨日见航公，喜甚。足下起居如前否？此处教务，均已妥备，现向镇江、扬州诸大刹召选僧侣，想下月初可开课。教授汉文，闻是李晓暾先生，讲经即仁老也。看二三年后，僧众如能精进，即遣赴日本、印度，留学梵章，佛日重辉，或赖此耳。得山、意周师处不及另言，如足下得暇，望将此信转达白云庵，幸甚。宁地已冷，出入未便。瑛冬候当返申。足下何时至沪？届期望将地址示知，以便聚谈。航公阖府迁至此土，闻今冬不至沪云。瑛现住仁老公馆内，诸事尚适，不似前此之常出交游也。今午，杭州夏曾佑居士来此相见，居士深究内典，殊堪佩伏。瑛于此亦时得闻仁老谈经，欣幸无量。仁老八十余龄，道体坚固，声音宏亮；今日谨保我佛余光，如崦嵫落日者，惟仁老一人而已。十余年前，印度有法护尊者（达磨波罗），寄二书仁老，盖始创摩诃菩提会，弘扬末法，思召震旦僧侣共住者。昨仁老检出，已嘱瑛翻成华文矣，异日将原函一并印出，当奉台览。现住该会如何，尚未谛审。仁老云："当时以无僧侣能赴其请，伤哉。"瑛比来屏弃诸缘，日惟养静听经而已。足下作何消遣耶？余容续呈。此叩道履万福。得山、意周两大和尚均候。

十七日

元瑛顶礼

赐教乞寄至：南京延龄巷池州杨公馆苏子谷收，为妥。

这封信将自己的近况述说得比较详细，他对刘三说初到南京时对祗垣精舍的发展充满信心，曼殊甚至想着以后僧众多了可以去日本、印度等地使

"佛日重辉"。信中还提及杨仁山有两封达摩波罗的信，并且延请曼殊译为汉语。达摩波罗的会谈或书信内容究竟是什么，现已不知，但应是与"摩诃菩提会"的使命有关，苏曼殊当时已认识到中国的佛教到了必须改革的阶段。

杨仁山早在清同治五年（1866），便在南京设立金陵刻经处。因为太平天国运动后，江南地区很难找到佛经，杨仁山便从刻经着眼，以求能更好地传播佛学经典。同时历代高僧大德也常有刊录佛经来中兴佛法的目的。金陵刻经处的设立是近代佛教复兴的标志性事件。后来，杨仁山的视角从刻经逐渐转变至弘法理念，这跟他和达摩波罗的会晤以及阿尔格特复兴锡兰佛教的实践有关。

杨仁山中年时任外交官六年，1878年、1886年先后两次出使欧洲。1878年到英国结识了南条文雄，此人是缪勒门下的日本留学僧，他给杨仁山推荐了流传至日本的汉语佛典，杨仁山很受触动。此后20年，南条文雄帮助杨仁山在日本搜集了许多中国散佚的佛典。杨仁山通过苏曼殊的《梵文典》得知中国还有一梵学大家，欣喜不已，苏曼殊回国后便极力邀请他至祇垣精舍任教。苏曼殊在祇垣精舍的工作时间，从每天早晨8点到中午12点，十分疲累，加上曼殊近年来身体每况愈下，不多久便又病倒了。他在给刘三的信中这样简述自己的近况：

刘三足下：

前兄处转来达权信已收到。兄何不与衲一言，抑怒衲耶？衲任学林工课，每晨八时直至十二时，疲甚，故久未修书奉候，望见谅耳。海航终日伴其夫人，不敢出门一步，殊可怜矣。少公已返国，衲前日过沪，日余即返。闻佩公亦于月杪至沪。兄何时返申？暇时尚望寄衲数言。岁末衲或返东，今冬沪上，必当握手相笑耳。昨得晦闻来信，居香港背山面海，意殊自得，劝衲不应入世之想。仁山老居士创设学林，实末世胜事，不敢不应赴耳。兄何以见教耶？

二十一日

衲元顶礼

苏曼殊对杨仁山创办梵文学堂看得很明白，说这是"末世胜事"，并且闲话了自己这一场病，在祇垣精舍的课便停了下来。病中，杨仁山对他多加照顾，时常去他的屋舍关怀备至，并同他讲习佛法典故。后来，杨仁山因是第一位游历欧洲的中国佛教徒，又将中国佛教研究融入国际视野，成为公认的中国现代佛教复兴之父。

初冬的时候，苏曼殊的身体稍微恢复一些，陈巢南也回到了上海。曼殊正自愁苦：寒冬将至，自己连床像样的被子都没有。他见陈巢南带来一床薄被，便不管三七二十一携了去。可怜陈巢南只有这一床被子，幸而他的女弟子徐忏慧相助，徐见到曼殊夺被甚觉可笑，便命女仆给老师陈巢南又买了床被子。徐忏慧家境殷实，买来的是一床舒服的厚被子，陈巢南也算因祸得福。这样，这个冬天苏陈二人方才勉强应付过去。

这些在中国近代史上名动一时的人物，生于乱世常常衣食无着，又常常宴饮豪醉。他们时而忧国忧民，时而快意人生。这年冬天，柳亚子与众好友聚会时，写过一首诗：

> 偕刘申叔、何志剑、杨笃生、邓秋枚、黄晦闻、陈巢南、高天梅、
> 朱少屏、沈道非、张聘斋海上酒楼小饮，约为结社之举，即席赋此：
>
> 慷慨苏菲亚，艰难布鲁东。
>
> 佳人真绝世，余子亦英雄。
>
> 忧患平生事，文章感慨中。
>
> 相逢拼一醉，莫放酒樽空。

"无端狂笑无端哭，纵有欢肠已成冰。"

1909年，26岁的苏曼殊病情加重，竟至咯血。1月2日，他东渡日本休养，在东京小石川与张卓身、罗黑芷、沈兼士等住在同一寓所。1934年9月，由上海北新书局出版的周作人的《夜读抄》中，有这样一段话：

> 光绪末年余寓居东京汤岛，龚君未生时来过访，辄谈老和尚及罗象陶事。曼殊曾随未生来，枯坐一刻而别，黑子时读书筑地立教大学，及戊申余入学则黑子已转学他校，终未相见。倏忽二十余年，三君先后化去，今日披览冶公所藏黑子手札，不禁怃然有今昔之感。黑子努力革命，而终乃鸟尽弓藏以死，尤为可悲，宜冶公兼士念之不忘也，民国廿三年三月十日，作人识于平。

这里提及了苏曼殊、罗黑芷、龚未生等人的日常生活剪影。罗黑芷本名罗象陶，黑子是他的笔名，早在1925年即成为文学研究会会员，其笔调畅顺，有契诃夫之文风。

沈兼士是沈尹默的胞弟，是出名的语言文字学家，后来致力于文献档案研究。曾与其兄沈士远、沈尹默同在北大任教，素有"北大三沈"之称，生平倡导新诗创作。

龚未生后来则成了章太炎长女婿，任浙江图书馆馆长。

当时几人正值大好年华，一同住在东京小石川，相处十分愉快，常常一起围坐畅谈古今，评诗阅经好不惬意。龚薇生很高兴能结识这些人，便将众人日常所谈告诉了范古农。他认为这些人的言行是智慧的超度，加之苏曼殊是和尚的身份，又崇尚佛学，干脆称呼他们的住处为"智度寺"。

范古农本是清末的秀才，后来留学日本，也加入了同盟会。他原本积极革命，与章太炎、鲁迅等人均有交往，但是辛亥革命后他将主要精力转向佛学研究，1927年去上海，任佛学书局总编辑，此后渐成为国内佛学界权威。也许当年苏曼殊的佛学思想对他日后的佛学研究产生了积极影响。我们不由得感慨，曼殊的这些友人，日后都在各自领域成了领军人物，他们在青年时代对待文化学习都有着执着钻研的精神，想必是物以类聚的缘故。张卓生在《曼殊上人轶事》中写道：

> 忆自戊申之秋，与予同寓东京小石川智度寺，……偶值寒风凛冽，雨雪载途，人皆围炉取暖。曼殊独自踽踽，出游山林旷野之地；归则心领神会，拳拳若有所得，乃濡笔作画。其画，山明水秀，超然有遗世独立之慨。然亦不多作，兴至则作之。与其诗相称，均足以见胸襟，并传不朽。曼殊尝谓："题词与和人诗不作，作亦不佳。"

此时，印度人密尸逻云游至东京。此人精通梵文，章太炎闻讯欣然聘请他讲习梵文。可惜的是密尸逻并不懂得中文。这时，章太炎首先想到的就是苏曼殊。章太炎便去信给鲁迅，要他来学习梵文。鲁迅与章太炎本就是浙江同乡，因"苏报案"章太炎轰动国内，出狱后至日本办《民报》，对清政府口诛笔伐。此时鲁迅也在日本，且十分敬佩章太炎的文笔和气节胆略，他便迅速站到章太炎的队伍中，成为章太炎的门生。

去岁（1908）章太炎就积极为许寿裳、钱玄同、周氏兄弟、朱希祖、朱宗莱、龚宝铨、钱家治等八人开了一个小班，每周日上午8到12点，讲解段玉裁的《说文解字注》和郝懿行的《尔雅义疏》，地点就在民报社。如今又开梵文学习班，鲁迅自然听从老师的吩咐前来学习。章太炎请苏曼殊担任翻译，每次翻译两个半小时。曼殊本是因咯血至日本休养，医生告诫他每次工作不得超过一个小时。他不愿众人担心，每次咳血皆悄悄以手帕拭去。虽然他苦苦坚持，但梵文学习班停办后，众人渐渐离开，曼殊的孤独有如无边黑夜，寂寞有如无底深渊。

鲁迅一生中最感恩的老师有三位。一位是幼时在三味书屋读书时的启蒙老师，即方正质朴的寿镜吾先生；一位是在日本留学时的医学老师藤野严九郎先生；一位便是国学大师章太炎先生。虽然章太炎在晚年编弟子名录时并未将鲁迅编入，但鲁迅始终尊称太炎为老师。鲁迅十分珍视章太炎的文章，去世前曾回忆说："（我）爱读这些文章，全都剪下来珍重收藏。因为太炎先生的战斗文字所向披靡，令人神往。"

4月的时候，苏曼殊又给刘三去信一封：

季平爱友垂鉴：

别将半载，无时不思，昨秋白云庵南楼一聆教诲，即赴秣陵；阅数月东行，又无握别之缘。及今未闻动定，少病少恼不？行脚僧皮囊如故。思维畴昔，随公左右，教我为诗。于今东涂西抹，得稿盈寸，相去万里，反不得公为我点铁，如何如何？前托枚公转致《文姬图》，随意得之，非敢言画，收到尚望答我一笺。"梦中不识路，何以慰相思"耶？雪近为脑病所苦，每日午前赴梵学会，为印度婆罗门僧传译二时半，医者劝午后工夫仅以一小时为限。《拜伦集》今已全篇脱稿，待友人付印毕事，当速呈上，以证心量。

……

雪西归尚未有期，心绪万千，付之沧波一棹耳。

四月初二日

雪蜨（蝶）顶礼

信中印证了在梵文班每日工作时间，以及医生对他工作时间的建议。况且从去年（1908）开始，他的信中便常出现身体不适的内容，此时他为脑病所苦。在日本的休养，并没有很好地改善他的身体状况。

这封信的结尾以"雪蜨"署名，并且信中也自称"雪"。苏曼殊的名

号很多，如宗之助、三郎、子谷、博经、非非、堤、文惠、雪婕、泪香、王昌、宋玉、沙鸥、燕子山僧、孝穆、栾弘、春蚕、阿难、糖僧、燕影、昙鸾、林惠连等等。使用最多的是"曼殊"和"元瑛"（玄瑛）。"曼殊"是他当年出家的法号，而"元瑛"这个名字，柳亚子在《苏和尚杂谈》"曼殊名号索引"中说"'元瑛'是曼殊的本名，玄瑛是我替他硬改的。……后来曼殊也自己承认。'元''玄'并用"。有学者猜想苏曼殊"玄瑛"的名号取自《红楼梦》中的"神瑛侍者"，这种猜测不是没有理由，曼殊心中似也想"摆脱尘缘"。他在《绛纱记》中给男主人公起名"梦珠"，介绍为："梦珠名瑛，姓薛氏，岭南人也。"不难推测梦珠就是苏曼殊自己的原型。

信中另有提及一幅画，名为《文姬图》。1909年4月苏曼殊绘《文姬图》赠刘三，同时告知刘三自己已译完了《拜伦集》。信末虽说归期未定，但他仍是惦念故土，这年8月苏曼殊回到上海，旋赴西湖与刘三相聚，9月《拜伦诗选》出版。

梵文学习班停办后，苏曼殊在日本的生活又空闲了下来，生活一下子安静许多，他开始感到乏味寂寞。若说谁能在他寂寞时与他志同道合的，唯有陈独秀了。缘何？二人都是不拘小节、怜花惜花的爱花人。陈独秀见曼殊闲下来，便邀请他继续像以往在上海时那样"吃花酒"，只是日本的"局"与国内有所不同，日本的妓院主要进行艺伎表演。

艺伎是一种日本表演艺术的职业，产生于17世纪的东京和大阪。最初的艺伎全部是男性，游走在京町界外，俗称"町伎"，主要在妓院和娱乐场所以表演舞蹈和乐器为生。18世纪中叶，日本艺伎职业渐渐被女性完全取代。艺伎们大多美艳动人，穿着华丽，打扮得十分精致。她们很多人从小就进行专业的训练，尤擅歌舞。在日本，艺伎的主业虽是陪客人饮酒作乐，但大多数艺伎不是卖弄色情，更不卖身。这样的妓院特别适合苏曼殊这种假风流的才子，而陈独秀则不然，他是真风流，比曼殊要放得开。陈独秀常劝曼殊早日成婚，安定下来，但曼殊的性格矛盾忧郁，总是让他苦劝无果。

1909年，苏曼殊在多为歌舞伎居住的猿乐町遇见了号称"江户名花第一枝"的演艺明星春本万龙。春本虽是明星，被众人追捧，但终究是身世凄凉，常常自怜。曼殊也是最怜花的赏花人，对春本敬重欣赏，言行并不见寻常客人的轻浮挑逗。春本也很倾心苏曼殊，曾将自己的小像赠送给他，曼殊每日必拥其小像入睡，后又亲自为春本绘像拿给好友炫耀，他夸赞春本腮霞似海棠，容颜风情姿态似日本寻芳浪人。

总有人想问，既然曼殊不止一次动心过，既然有这么多美好的女子让他倾心，为何就不能让这个木讷的和尚从忧郁的心影里走出来呢？为何他总是一次次选择了落寞地转身，空留佳人垂泪呢？是他信仰的佛教，还是他伤怀的过去？是因为那个跳海的菊子？那个花苞一样娇嫩的女子，纵身一跃的刹那，便决定了与她一起死去的还有苏曼殊对爱情的信心和希望？或许他从来就没有真正拥有过希望。

这一年，苏曼殊过若松町，想起了当年在这里纵身殉情的菊子。感伤之深自不必说，他泪流不止，写下了三首诗来悼念他的初恋：

失题

斜插莲蓬美且鬟，曾教粉指印青编。

此后不知魂与梦，涉江同泛采莲船。

过若松町有感

孤灯引梦记朦胧，风雨邻庵夜半钟。

我再来时人已去，涉江谁为采芙蓉？

过若松町有感示仲兄

契阔死生君莫问，行云流水一孤僧。

无端狂笑无端哭，纵有欢肠已成冰。

三首诗的诗风十分别致，抒情感怀入骨三分。其中"无端狂笑无端哭，纵有欢肠已成冰"广为流传，一语戳中伤情者的内心，能引起读者极大的共鸣。苏曼殊灵魂深处的寂寞已经不再幻想有人能懂了，即便偶遇佳人，可是往事冰寒彻骨欢肠已凝，在寂寞的深渊里已经习惯了久居。最无望的爱情便是从未对爱情抱过希望，苏曼殊在遇到任何一个佳人之前，就已经告诉自己

他的爱情是无结局的。这种自我否认是最可怕的，一扇从未打开的门，如何能走进去呢？他已无所谓生死，无所谓离合，云起云落，相知别离。他终究是"行云流水一孤僧"。

苏曼殊的多面性，也在一定程度上造成了他的命途多舛。他乖僻不俗，一有机会便流连在青楼，结交过红颜无数，但骨子里却还是信仰佛教的和尚。一身僧袍唯其挚爱，即便流连花丛，却从不肯带走倾心他的半片云朵。

苏曼殊的一生有淡烟衰草的苍凉独行，有高朋满座的书生意气，有胭脂和泪的柔情，有静掩云窗的禅境。这是率真，抑或是洒脱，抑或只是痴。

本事诗十首·其七

乌舍凌波肌似雪，亲持红叶索题诗。

还卿一钵无情泪，恨不相逢未剃时。

　　苏曼殊的这首诗，常让人想起仓央嘉措，两个人都算得上情僧。仓央嘉措是雪域的活佛，布达拉宫的至尊王者，他的爱情是西藏净土上最美丽的童话。而苏曼殊是一个红尘里的僧人，痴于情爱是他的本能，愧对佛祖也是他的本能。仓央嘉措说："你见，或者不见我，我就在那里，不悲、不喜。你念，或者不念我，情就在那里，不来、不去……"若真能做到不悲不喜，又如何会写出如此悱恻动人的诗歌？也许，真的不变的就只是情"不来、不去"。苏曼殊与仓央嘉措一样，他们都在僧与俗、情与禅之间徘徊，矛盾与纠结是他们宿命里要承受的痛苦。在那些没有爱情的日子，他就只能依靠孤独支撑理想。斜阳路已过，余晖散去，万重山依然是万重山。

　　苏曼殊在寂寞中苦苦支撑，终究是忘记了之前的离别纠结，又一次陷入了轰轰烈烈的爱情中。即便内心缺乏自信，像是一把锋利的剑直指他的幸福，可他依然宁可鲜血横流，也要再一次选择一场无果的爱。

　　1909年梵文学习班停办后，苏曼殊居住在猿乐町。其现在是东京都千代田区的地名，住居表示实施区域，下分猿乐町一丁目与二丁目。当时这里妓馆很多，终日柔音靡靡，艺伎们缓步轻移，纤指丹蔻，娉婷款款地伺候客人

饮宴高歌。百助枫子像是妓馆里的一泓清泉。以往也有一些女子标新立异地存在，像是金凤、花雪南。她们的出现却显得稀松平常，金凤与曼殊是在秦淮的夜色中相遇，曼殊当时撒疯奔跑，衣衫不整十分狼狈；而花雪南与曼殊是在俗不可耐的"叫局"上相识，众人就醉醺醺，言语不周。但百助枫子的出现，像是一个明星，一处静态的风景，由不得曼殊轻狂，也没有给曼殊半分垂青。爱情往往就是需要这种仪式感，尤其是对于苏曼殊这种具有烂漫情怀的文人，仪式感就更加重要。

一个经过精心梳妆的百助枫子低头掩面坐于台榻之上，着素色和衣，流苏轻轻荡漾在樱桃般的耳垂畔。那若有似无的目光总是看向台下曼殊的方向，却又毫无交集地一扫而过。低低的悲怆的筝声，没有以往妓馆里的靡靡之感，"清泉石上流"的高古，"落残红杏花"的自怜，"远梦轻无力"的怅惘，还有那眉梢眼角的不卑不亢。这样的绝世佳人竟没有入得众人的眼，人们仍然自顾自地喝酒、调笑、取乐。而苏曼殊的世界瞬间安静了下来，他的耳中只有这调筝人的音乐，周围的景物开始变得模糊，他仿佛围着台上的女子旋转起来。这是一场瞬间的陷落。

几曲弹罢，曼殊的世界有雪山，有洪荒，有佳人老死，孤僧远游，这是音乐带来的畅想与共鸣。他见调筝人面容清冷，抱着筝低头而去，不曾多看一眼屋内的众人，心便更加荡漾起来。他寻至这女子的居处，却见只是一间破旧的小屋。日本的住房本就低矮，这女子的小屋似乎低矮得过了头。曼殊轻叩门扉，里面传来幽幽的询问声，他恭敬行礼道："岭南苏子谷。"

苏曼殊很少这样认真地说日语，他的发音十分标准，语气尽显诚恳尊重。过了片刻，门缓缓打开了，调筝人已经卸掉了浓妆，她眉眼低垂侧身道："先生不嫌寒屋简陋，便请小坐。"

百助枫子的居室十分狭小，不过丈余。她恭敬地为苏曼殊烹制番茶。苏家本是经营茶叶生意，曼殊自幼哪怕在沥溪，也是不缺好茶喝的，成年后虽然十分嗜甜，喜饮甜汤，但茶的品质高下入口即知。番茶入口，他对百助的处境更为同情了。

"还望恕衲无礼，敢问为何流落为调筝人？"

她自我介绍说："我名百助枫子，自幼父母不知为何残忍弃吾。"百助的话引起了苏曼殊强烈的共鸣，在心中他对父亲苏杰生也一直有着同样的疑问：为何你能如此狠心将我丢给大陈氏，便不再过问了呢？为何即便我终于等来你回沥溪，却仍然三餐不饱，差点病死在柴房？他的心弦被这位弹筝的少女轻易地拨动了，这是知音方有的感慨，像是千山过后的夕阳，虽晚却最美。

曼殊抬手拭去眼角的泪滴，戚戚然道："我也是自幼多病痛，心中常常愁苦，恨人生。"此情此景曼殊赋诗曰：

无量春愁无量恨，一时都向指间鸣。
我亦艰难多病日，哪堪重听八云筝。

丈室番茶手自煎，语深香冷涕潸然。
生身阿母无情甚，为向摩耶问凤缘。

丹顿裴伦是我师，才如江海命如丝。
朱弦休为佳人绝，孤愤酸情欲语谁？

慵妆高阁鸣筝坐，羞为他人工笑颦。
镇日欢场忙不了，万家歌舞一闲身。

桃腮檀口坐吹笙，春水难量旧恨盈。
华严瀑布高千尺，未及卿卿爱我情。

乌舍凌波肌似雪，亲持红叶索题诗。
还卿一钵无情泪，恨不相逢未剃时。

相怜病骨轻于蝶，梦入罗浮万里云。
赠尔多情书一卷，他年重检石榴裙。

碧玉莫愁身世贱，同乡仙子独销魂。

裟裟点点疑樱瓣，半是脂痕半泪痕。

春雨楼头尺八箫，何时归看浙江潮？

芒鞋破钵无人识，踏过樱花第几桥？

九年面壁成空相，持锡归来悔晤卿。

我本负人今已矣，任他人作乐中筝。

这是一组很好的叙事诗，一句话便说出了百助枫子的生活环境很糟糕："丈室番茶"。仅丈宽的居室，而且饮的是"番茶"。这是贫家惯饮的粗茶，所选的原料是比较硬的芽、比较嫩的茎或是在加工煎茶时被剔除的叶子所制造的绿茶。通俗点讲，就是番茶用的是茶芽以下叶子较大的部分制茶。我们知道，茶叶当属茶芽加进侧一嫩叶炒制后味道为佳。较硬和老叶味道较为苦涩，一般不作为制茶原料。百助枫子待客之茶也反映了她当时生活拮据。

她的处境极大地激发了苏曼殊同是天涯沦落人之感，因此诗中他说："生身阿母无情甚，为向摩耶问凤缘。"摩耶指的是摩诃摩耶，是佛陀之生母，即佛教创始人释迦牟尼生母，世称摩耶王后，父亲是天臂城善觉王。她嫁给了古印度迦毗罗卫国净饭王，本是幸福的一家人。可惜在生下释迦牟尼七天后便逝世了。苏曼殊与百助枫子命运相似，便这样令人怜惜地发问：问一下摩耶，为何我的生母如此无情？苏曼殊的"母亲"虽然将他交给了大陈氏带回沥溪抚养，但对苏曼殊算不得无情。曼殊在诗中表述了百助枫子内心的呼唤。

这样流落风尘身世凄苦的佳人，最容易勾起才子的怜悯之心，况且沦落靡靡之地，偏就存留了高洁的心性。这样互怜倾心，相对垂泪，使得二人很快陷入了疯狂的热恋之中。

苏曼殊将百助枫子调筝的照片寄给刘三等友人，上面有他的题诗：

无量春愁无量恨，一时都向指间鸣。

我已袈裟全湿透，那堪重听割鸡筝。

楼上玉笙吹彻，白露冷飞琼佩玦。

黛浅含颦，香残栖梦，子规啼月。

扬州往事荒凉，有多少愁萦思结？

燕语空梁，欧盟寒渚，画栏飘雪。

余别作《静女调筝图》为题二十八字，并录云林高士赠小璚瑛《柳梢春》一阕，以博百助眉史一粲。

日来雪深风急，念诸故人，鸾飘凤泊，衲本工愁，云胡不感！故重书之，奉寄天笑足下。雪蝶拜。竺公弥健否？

雪蝶拜

题诗上加入了"赠小璚瑛"几个字。元末明初画家倪云林有词，标题为《柳梢春·赠伎小璚英》。小璚英是江南名士顾阿瑛"玉山草堂"所蓄家班女乐之艺伎，百助枫子也是艺伎。"以博百助眉史"中"眉史"也是艺伎的雅称。曼殊书画在近代是一股清流，这样的功底并不多见。

众好友收到曼殊的信和枫子小像，得知苏曼殊与艺伎相爱，担心他又会像以往那样与青楼女子纠缠不休，苦恋无果。况且，这一次的对象还是一个异国女子，众人纷纷写信劝阻。苏曼殊却不以为意，回信云："俗尘偏爱美人。"后来，调筝人的照片在包天笑主办的《小说大观》上发表。后来包天笑为调筝人照片题诗，曰：

调筝静女画真真，风雪天寒念故人。

玉指鸣声思百助，展图犹是画中身。

包天笑为鸳鸯蝴蝶派早期的代表大师。该小说流派始于20世纪初，盛行于辛亥革命后，名称来源于清狭邪小说《花月痕》中的诗句"卅六鸳鸯同命鸟，一双蝴蝶可怜虫"。其内容多写才子佳人情爱，苏曼殊的小说作品对包天笑等人影响很大，鲁迅认为曼殊是"鸳鸯蝴蝶派的先师"。

许多人见到调筝人的照片，误以为此人为苏曼殊在日本时的同学，实则不然。二人爱得太过热烈，苏曼殊几乎每日都要与百助枫子相会，他的诗意无穷无尽，才情融入爱情，笔锋酣畅淋漓。

烛影斑斑，百助枫子伏在曼殊的膝上说起心酸往事泪雨涟涟，曼殊轻轻抚着她的背安慰道："世间本多磋磨，我是男儿刀剑相逼也当承受，可怜你女儿家竟比我还要身世飘零。"

"如今得知音怜惜，不枉费昔日所受之苦。"

"那些寻欢客竟舍得对你这样的佳人拳脚相加，佛祖会惩罚他们的。"

"拳脚相加忍忍便罢了，一次他们不满我冷傲，竟用冷水淋湿我的衣衫将我丢至冰雪中，命我求饶方可入室内。"

"那你可曾屈服？"

"死亦是解脱，我宁可冻死也不愿低头，后来调教人用荆条抽我小腿百次方让寻欢客息怒。"百助枫子眼眸中闪现坚毅的神色。

"可怜我一世注定漂泊，无法圆你良人之愿。"曼殊抚额哀叹。

"既无法解救我，又何必相识徒惹惦念？"百助枫子闻言捶打他的小腿恸哭起来。

曼殊袈裟覆身，其上沾染百助枫子点点脂痕并泪痕，他落泪道："到底是该为你拂去清泪，还是该起身理好袈裟而去？尘世究竟还有多少羁绊？你还有多少悲伤是我放不下的？"

这样的"仙子"在袈裟面前，此生已是不可能修成功德圆满，否则即便求得逍遥，来日天也悠悠，地也悠悠，唯独那高山流水的琴音却无处可寻。

"相怜病骨轻于蝶，梦入罗浮万里云。"即便是不同的国度，但风尘女子的心思大多相同，很快枫子像花雪南一样，心内开始渐渐澄明，苏曼殊对她仅仅是爱，除了爱别无所有，没有未来，没有归宿。这样的态度，又伴着那样的深情，不知道折磨了多少姑娘，枫子最终也放弃了。这一次选择离开的不是苏曼殊，而是她。海潮迭起，碧波漫漫，苏曼殊十分不舍，又深知除了不舍他什么也无法做。无法挽留，无法追随，无法放下佛缘，亦无法许以承诺。枫子用无比清澈的目光看着曼殊，此生种种皆因命薄，来生期期不如不遇。

他画了一幅《金粉江山图》赠予百助枫子，这段情自此隐在这卷轴之中。

调筝人将行，出绡属绘《金粉江山图》，题绝二首

乍听鹍歌似有情，危弦远道客魂惊。
何心描画闲金粉，枯木寒山满故城。

送卿归去海潮生，点染生绢好赠行。
五里徘徊仍远别，未应辛苦为调筝。

在日本期间，他为百助写了许多诗歌，最有名的当属《〈本事诗〉十首》。苏曼殊总是爱上青楼女子，有人说是因为那个时代，女子大多足不出户，想要结识心仪女性并不是易事，况且他与苏家断了联系，致使没有宗族长辈为他指派婚事，无奈只能与青楼女子打交道。这种说法不是很可信，没有宗族张罗婚事只是一部分原因。苏曼殊的生活圈一直都不算小，他周游各处结交的朋友很多，在学校教书时亦接触过不少年轻的优秀女性。他的朋友中也有许多人为了他的终身大事操心，像是陈独秀、章士钊等人就常劝说他早日安定下来，并多次想为他介绍适合成婚的女子，他要么是不作回应，要么是断然回绝。若说是与青楼女子同病相怜而互生情愫反而有些道理，加上他性格比较任性，不喜欢受拘束，对封建礼教嗤之以鼻，喜欢恣意洒脱地生活。这样的性格与同样"离经叛道"的青楼女子的做派不谋而合。所以，留恋青楼楚馆，一是能得到这些异性的关怀与褒赞，二是这里的情爱不受约束，或许还要加上一点，这里的女子在割舍时更为容易。否则，真招惹上哪个本分人家的女子，岂容他轻言别离？他如何能承受女方家族的责骂甚至报复？

与百助枫子的爱，便只能以一句"还卿一钵无情泪，恨不相逢未剃时"

来画下遗憾而蔓延终生的休止符。也许在曼殊心里爱过便是一种拥有，缘起缘灭不过是命途必然，千万里黄沙难逃，仅存一帘幽梦。这种痴于情、困于情、别于情的惆怅全都诉于他的诗语中：

春雨楼头尺八箫，何时归看浙江潮。
芒鞋破钵无人识，踏过樱花第几桥。

1909年6月，苏曼殊与他的生母河合叶子终于重逢了，他在《断鸿零雁记》中写道：

> 余母以白纸裹金授老尼，即与告别，冒雪下山。余母且行且语余曰："三郎，若姨昨岁卜居箱根，去此不远，今且与尔赴谒若姨。须知尔幼时，若姨爱尔如雏凤，一日不见尔，则心殊弗怿。先时余携尔西行，若姨力阻；及尔行后，阿姨肝肠寸断矣。三郎知若姨爱尔之恩，弗可忘也。"

这里的若姨，在现实生活中的原型便是河合叶子。从作者的小说中可以看出来，"若姨"在他小时候便对他十分好，"母亲"希望他不要忘记"若姨爱尔之恩"。但是，无论是小说还是生活中，"母亲"都没有告诉苏曼殊，姨母才是他的生身母亲。1887年，四岁的苏曼殊曾经去东京河合叶子处小住，与她有过一段非常温馨的相处时光。那时的苏曼殊还是一个稚嫩的孩童，如今时隔22年母子相逢而无法相认，眼前的儿子才华横溢，却身体单薄病痛缠身，加上这孩子浑身散发着忧郁疏远的气息，并不与自己十分亲近。这样揪心的重逢实在令人叹惋！河合叶子心中的苦，不为人母无以体会。

其实，苏曼殊并非心中不喜爱自己的"姨母"，他一生亲缘薄，难得有一个姨母如此关怀他。虽说幼时在上海姑母也照顾了他一段时光，但是姑母的刀子嘴和小市民性格，委实伤害了他的自尊心。他还在翻译《惨社会》时杜撰了一个刻薄的姑母形象，文中写下侄女到姑母家寄人篱下的生活——姑母逼迫侄女为娼来报答自己的养育之恩。可见他对姑姨之亲没有好感，所以与叶子重逢一开始并未表现出亲近。

但是，河合叶子与他的姑母是完全不同的两类人。这位姨母对他连大声说话都舍不得，时时关怀备至，怜爱有加。这是他生命里极为缺少的来自亲人的宠溺。连陈独秀都说这位姨母对苏曼殊极为慈爱，奇的是苏曼殊与他的"生母"河合仙还不是很相像，反倒与这位"姨母"眉眼极像。

因河合叶子所嫁海军军官调任到淀川，此番重逢，母子二人便一同沉醉在淀川的山光水色中。淀川当时又名"淀江"，为日本本州中西部河流，源出日本最大淡水湖琵琶湖，流向西南，注入大阪湾。苏曼殊极为想念河合叶子，他心中向往那份宠溺的极为温柔的关爱。终于忍不住，他又至淀川沿岸寻河合叶子，他自称这次探亲为"探母"。沿途风光绮丽，繁花盛发，农人辛勤劳作。虽是天涯流落，却也因此饱览美景，令曼殊诗兴大发：

七绝·淀江道中口占

孤村隐隐起微烟，处处秧歌竞插田。

赢马未须愁远道，桃花红欲上吟鞭。

河合叶子因儿子的探访而欣喜若狂，《断鸿零雁记》中这样描写这次久别重逢：

既至姨氏许，阍者通报，姨氏即出迓余母。已复引领顾余问曰："其谁家宁馨耶？"

余母指余笑答姨氏曰："三郎也，前日才归家。"姨氏闻言喜极曰："然哉，三郎果生还耶？胡未驰电告我？"

言已，即以手扑余肩上雪花，徐徐叹曰："哀哉三郎！吾不见尔十数载，今尔相貌犹依稀辨识，但较儿时消瘦耳。尔今罢矣，且进吾闳。"

河合叶子也曾想告诉曼殊他身世的真相，她的心中不是没有挣扎过，只是相聚已是不易。一则，她始终铭记当初苏杰生对她的要求，此生不可将真实身世告知孩子，河合叶子知道自己与苏杰生是不伦之恋，恐曼殊知道真相有辱苏杰生的父亲形象；二则，她担心若让曼殊知道真相反而会怪罪她当年无情的抛弃，失去再见他的机会。毕竟离开了叶子的苏曼殊并没有得到一个美好的童年，当她听姐姐河合仙说这孩子幼年曾被丢至柴房，屎尿缠身无人问津时，内疚自责日日夜夜折磨着她，身为人母泣血不足以道其悲。

河合叶子每天牵着曼殊的手漫步在淀江边。早春时节莺歌燕语，一草一木都带着温柔的母爱味道。日本女子的发髻总是梳得一丝不苟，虽说大部分都是传统的髻形，但细看也各具特色。苏曼殊心念一动，便已有了主意，他想要绘制发髻图，将女子的各式发髻都绘制下来。1909年上半年，在离开日本前他静心绘制了《女子发髻百图》。身为一个僧人却有这样细腻的心思，真是世间仅此一曼殊。

春来淀江风景如画，百花争放，百鸟争鸣，残红湿了小路，东风醉了萝草。青青垂柳摇曳着无边的春晖，平日的愁苦忧伤都将短暂地烟消云散，曼殊有感于这春花烂漫的好时节，乃赋诗《花朝》：

> 江头青放柳千条，知有东风送画桡。
> 但喜二分春色到，百花生日是今朝。

仲春时节，江头杨柳放青，画船轻漾，侍女如云的发髻似青牡丹，来往间眉梢眼角俱是明媚温柔之态。如此时节，冰皮已解，似曾相识的燕子已归。若放眼这二分春色，一分流水，群芳夹岸。人花相映的画卷翩翩打开，万紫千红总是春，百花生日是今朝！

花朝节是纪念百花的生日，简称"花朝"。它由来已久，早在春秋的《陶朱公书》中便有记载。"花朝"在中国古代是一个十分重要的节日，是一年中最美丽的节日。在中国，节日期间，人们结伴到郊外游览赏花，称为"踏青"，女孩们会剪出漂亮的五色彩纸粘在花枝上，称为"赏红"。在苏曼殊的诗歌作品中，少见这样明快的文风，一改他往日忧郁消极的气息，清艳明秀之感扑面而来。这两首诗充分反映了苏曼殊在与河合叶子相处的时光中，心情是愉快而开朗的。是的，还有什么比母爱更能让一个心灵受伤的人感到慰藉。虽然母子并未相认，但母子连心，即便没有以真实身份相称呼，叶子的母爱却是真真切切，这是心灵的相通！

河合叶子极为关心苏曼殊的身体，她的内心对他总是感到亏欠，认为若不是当年无奈抛下曼殊，又怎么会让那个活泼健康的孩子沦落至今日的病痛缠身？她每日想尽办法为曼殊烹煮食物，亲熬汤药捧至曼殊榻前哄他喝下，希望能调理好这孩子的身体：

> 姨氏手持汤药，行至榻畔予余曰："三郎，汝病盖为感冒。汝今且起服药，一二日后可无事。此药吾所手采。三郎，若姨日中固无所事，惟好去山中采药，亲制成剂，将施贫乏而多病者。须知世间医者，莫不贪财，故贫人不幸构病，只好垂手待毙，伤心惨目，无过于此。吾自顾遗此余年，舍此采药济人之事，无他乐趣。若村妇烧香念佛，吾弗为也……"

天怜曼殊，时隔22年终于再得母爱疼惜！殷殷慈母"手持汤药"细语关怀，他曾经梦寐以求的母爱终于得到了。只是母子终不得相认，遗憾非常。

1909年8月，曼殊从日本回上海，同船的有好友陈独秀和邓以蛰诸人。众人旅途闲来无事，便聚在甲板上闲聊。曼殊望着碧波万顷无尽无边，心内舍不得姨母叶子，也舍不得爱人百助枫子。可终究人生相聚便注定了别离，抑或生离，抑或死别，只在早晚罢了。情动处，他对陈独秀等人讲起枫子的身世，表示甚是惦念枫子近况。同船诸人都不相信百助枫子与他相恋。

邓以蛰说："和尚莫要诓人。那调筝人既如此佳人，想是你单相思罢了。"

陈独秀也说："早前你便同我说起此女，我尚劝你莫要深陷。如今这么快分手，细想来之前所言未必尽实。"

苏曼殊有些激动地站起来，脸色微红道："出家人已涉红尘事，本就愧对佛祖，焉能谎言构陷佳人？岂不是地狱都不配入？"

陈独秀见他情绪开始激动，便劝和道："莫要急，莫要急，即使两情相悦可有信物？不妨取来一睹便知真伪。"

"诸君稍候，和尚去去就来！"说罢，曼殊撩起僧袍便向自己的船舱急急而去。不消半盏茶工夫，他双手小心翼翼地捧着个小布包。看那布料竟是袈裟一角，轻轻地打开里面果然有一些女子的发饰。陈独秀与苏曼殊有一次同去妓馆也是听百助枫子弹过筝的，见曼殊眼中已有泪痕，便温和道："确是调筝人的发饰，余印象颇深。"此话一出，曼殊大滴的眼泪夺眶而出，陈独秀拍拍他的肩膀了然微笑。

苏曼殊抬起泪眼问众人："可是信了？"

众人见他已经伤心至此，便不再玩笑纷纷点头。大家面面相觑顿觉尴尬，气氛一时冷了下来。邓以蛰打圆场道："信了！信了！出家人本就不打诳语，你是好和尚更不会扯谎。刚才是余失言，给子谷兄赔礼了。"说罢对着曼殊一揖。苏曼殊摇头示意他不必道歉，转身走到船舷边，凭栏远眺，背影甚是孤单。他抽噎了几下，捧高双手将一众物品尽数撒落沧海，发饰入水即沉，最后连那片袈裟也被轮船带起的波浪卷至无踪。此时，他转过身弯下腰手捂着脸痛哭。哭声之大，像个孩子。

此事，陈独秀印象十分深刻，后来还写诗记之，诗曰：

> 身随番舶朝朝远，魂附东舟夕夕还。
> 收拾闲情沉逝水，恼人新月故弯弯。

回国后的苏曼殊日夜思念百助枫子，煎熬时写下《寄调筝人三首》予百助，诉说一别情思：

> 禅心一任蛾眉妒，佛说原来怨是亲。
> 雨笠烟蓑归去也，与人无爱亦无嗔。

> 生憎花发柳含烟，东海飘零二十年。
> 忏尽情禅空色相，琵琶湖畔枕经眠。

> 偷尝天女唇中露，几度临风拭泪痕。
> 日日思卿令人老，孤窗无那正黄昏。

柳亚子在《苏曼殊全集》中对此有一段很精彩的点评：

　　曼殊的女弟子倾城女史题他的画，曾有句云："佛心本多情，辞俗情犹扰。"读了他这几首诗，益发信了。这几首诗中，我尤其爱他的"雨笠烟蓑归去也，与人无爱亦无嗔"句，和法国魏尔沦的《无言之曲》中间那一篇《一都冷雨》的卒章，"既与人无爱、无嗔，又何事伤心如许"句，同一是伤心人语。但是，佛心既然是多情的，为甚么又会无爱、无嗔呢？唉！这不过纳兰性德所谓"人道情多情转薄"罢了！怨哟，亲哟，爱哟，嗔哟，怨即是亲，嗔即是爱，离言说相，离名字相，此中三昧，非绝代情人如曼殊者，断不能够认得到哩！

苏曼殊曾为百助枫子丹青妙笔绘制画像，并制成明信片。抛却他在爱情上表现的怯懦不谈，单这份热恋时的情意款款、谦谦君子之态足以让许多少女沦陷。那时的他怜惜枫子便是怜惜自己，心灵和身世的共鸣让他一时间爱得轰轰烈烈、忘乎所以。他的佛祖禅心都抛却了：

为调筝人绘像

　　收拾禅心侍镜台，沾泥残絮有沉衰。
　　湘弦洒遍胭脂泪，香火重生劫后灰。

　　淡扫蛾眉朝画师，同心华鬘结青丝。
　　一杯颜色和双泪，写就梨花付与谁？

　　（尝作《风絮美人图》寄晦公广州。晦公寄余诗，邮箱人风絮有沉衰句。）

柳亚子说苏曼殊是"浪漫艳美的天才"。诚然，这是"凄绝南朝第一僧"的情。

鲍照诗言："泻水置平地，各自东西南北流。"乱世人生更是如此。

1909年8月，苏曼殊在日本休养了一段时间后回国，只在上海短暂停留了几天，便又一次至杭州游西湖，此行依然挂单住白云庵。

8月已渐入秋，西湖如西子淡愁弥散，一壶相思酒，一叶便知秋。西湖泠泠彻夜，知音不复在。山水悠悠，微风吹皱西湖，即便是笔锋写尽柔情的佳公子，当繁华梦散孤独如涟漪泛上心头时，依然是惨淡黄花深处，一半西湖水，一半青山愁。

浊酒可论英雄，情长困住游侠。抛却残梦病床头，山河千年依旧。曼殊喜欢的女孩都不见了，即便将青山翻过来，遗恨依然如春草，"更行更远还生"。他时常想起伊人的遗恨，筝弦的哀怨，那朵莲的微笑终究是化去了。菊子的发丝似轻柔的晚风，金凤银铃般的笑声似划过夜空的流星，花雪南眼角的哀伤比掌心的老茧还要沧桑，枫子那月白色的裙角，像是西湖水一波一波迤逦荡开。

曼殊惯常喜欢独醉西湖，暮色沉沉，意沉沉，心也沉沉。

这次回国后苏曼殊并没有多少积蓄，在日本流连妓馆时便几乎挥霍空了，回到杭州在白云庵，他常向寺中僧人和好友借钱，一旦得钱便又将钱寄去上海青楼。不久他便会收到一些爱吃的摩尔登糖和雪茄，终日躲在南楼里抽烟吃糖，很少出门。如此几日他感到寂寞，便想起好友刘三：

（戊申八月杭州）

拜启：

　　贵来介，知玉体有咎，为寒疾所苦，今已平善耶？又惠借十四元，感愧无已。明日当行。拙诗蒙斧正，不胜雀跃，得山得公书楹联，亦欢喜无量。前丹生兄来纸已涂就，乞公为题"楼观沧海门，门对浙江潮"数字致之，并代云丹兄勿戒，是未用心也。匆匆此叩清安。

瑛叩

　　刘三收到信赶到白云庵与他相聚。一见面甚为惊讶，多日不见曼殊竟如此憔悴。刘三见他脸色泛青，瘦得颧骨凸起，双目暗淡，似垂死之人。

　　入夜，二人在南楼小聚。苏曼殊兴致很好，脸色也红润了一些，他详细述说了自己近期的作品和近日所绘画卷。其中赠白云庵得山大师的《山水横画》，以及赠意周和尚的《古寺蝉声图》得到刘三的大力赞赏。

　　《古寺蝉声图》将西湖边的秀丽景致描绘得入神入骨，画跋："古寺蝉声，为意周大师作。元瑛。"画中保俶塔巍然屹立，令人肃然起敬，禅心即起。山下疏荷摇曳，小桥通幽处，蝉声绕耳来。中国画讲究的是留白，画即无画，不画即是画。此画虽无蝉影，但古塔幽处蝉声透纸而出，神韵俱是上品。

　　曼殊的画十分难得，画与不画皆是随心走笔。得他赠画的友人屈指可数，他一向任性自我，不顾及所谓的客气颜面，不喜之人定不会因事故周旋而赠画。如今赠画给二僧，定是欣赏二人的佛心品德。

　　文涛的《苏曼殊的怪性》中记载：

　　大师很喜欢女人……最喜欢给女子画画，真所谓有求必应。——不，有时简直是毛遂自荐："某某，我把你画画好不好？"故见大师一到，即喊："苏和尚，给我画画。"大师即笑眯眯地答应一声："嗄！"提起笔来就画。至如男子，若求他的画，那是要命，不要说是一个向不往来的要求一方一尺而不可得，就是素相知交的，恐怕也要今天挨明天，一天一天地挨延下去，或许终于不可得。但有一种法子可以得到，你如其看到他已经画好的东西，你只要说一声："苏和尚，这画我拿去了！"你拿之就走，他也默不作声；这是最便利的一种法子。还有一种法子，也可以得到大师的画，不过机会很难遇的。比方今天忽然下雨，下倾盆的大雨，那你先磨好墨，摊好纸。他还是来看看桌上的纸，去看看门外的雨，总要真个下得他实在不能出门了，方始给你画起来。但切记，你要画，切不可说要画；若说要画，他一定是写字的。总而言之，大师的画，在女性则贱若泥沙，在男性则贵若珠玉，从不肯爽爽快快地给男性作画。

曼殊用心眼看人往往也最纯净通透，事实上，之后的事也证明了曼殊的看人眼光。辛亥革命后，二僧谢绝政府厚赠，称："名闻利养，非出家人所受也。"他们不贪图名利，功成身退悄然云游，不知所终。孙中山先生闻听二人事迹，十分敬佩，特为寺院题写"明禅达义"匾额。

曼殊与刘三许久不见，兴致越聊越好。他拿出之前翻译的彭斯的诗《炯炯赤墙靡》给刘三点评。罗伯特·彭斯（1759—1796），是苏格兰农民诗人，在英国文学史上占有特殊的重要地位。他用独特的视角将苏格兰的民歌复活。诗歌节奏分明，适合歌唱。

当时，苏格兰面临着异族的侵略，彭斯的诗歌大量地歌颂家乡的美景，同时融入了纯朴的爱情，并且表达出一种激进的民主、自由思想。这种创作背景和感情基调对苏曼殊来说简直是投其所好，像是苏格兰版本的小拜伦。以彭斯的代表作之一《红红的玫瑰》为例，该诗被曼殊翻译后名字改为《炯炯赤墙靡》。这首诗是英国文学史上家喻户晓的名篇，是诗人献给爱人琪恩的。当时农民彭斯与琪恩私通，琪恩的父亲告发到教会对彭斯进行打压，并发誓一定要把他送进监狱，彭斯无奈只得暂时离开。原诗语言清新明快，节奏鲜明。此诗在我国有三个流传较广的主要译本，分别为苏曼殊的《炯炯赤墙靡》、郭沫若的《红玫瑰》和袁可嘉的《一朵红红的玫瑰》。苏曼殊的译本大胆融入了近体诗的韵律，用词典雅极具创作智慧。但是，由于他忧郁的性格，在翻译时不能很好地表达出原作的热烈奔放之感。

清末，中国翻译进入又一个高峰期，主要表现为东西互译。几个流派各持己见，大体分为以严复、林纾等人为代表的"意译派"和以鲁迅、苏曼殊等人为代表的"直译派"。苏曼殊在实践上一时领先众人，他明确提出自己的

翻译主张"按文切理、语无增饰，陈义悱恻、事辞相称"，既尊重原著又融合汉语的韵律之美，"曼殊体"是近代翻译史上别具一格的文学标杆。即便后人对此种译法甚为推崇，但若要学习非一时之功，除却对两方语言融会贯通，还须具备深厚的古典文学基础，对于现代人来说更为不易。

现展郭沫若与苏曼殊二人译本供诸君对比赏鉴：

红玫瑰

（郭沫若 译）

吾爱吾爱玫瑰红，六月初开韵晓风；

吾爱吾爱如管弦，其声悠扬而玲珑。

吾爱吾爱美而殊，我心爱你永不渝，

我心爱你永不渝，直到四海海水枯；

直到四海海水枯，岩石融化变成泥，

只要我还有口气，我心爱你永不渝。

暂时告别我心肝，请你不要把心耽！

纵使相隔十万里，踏穿地皮也要还。

炯炯赤墙靡

（苏曼殊 译）

炯炯赤墙靡，首夏初发苞。

恻恻清商曲，眇音何远姚。

予美谅夭绍，幽情中自持。

沧海会流枯，相爱无绝期。

沧海会流枯，顽石烂炎熹。

微命属如缕，相爱无绝期。

掺袪别予美，离隔在须臾。

阿阳早日归，万里莫踟蹰！

此番与刘三相聚小楼，曼殊心意大快，挥笔写下一副对联挂于楼内：

小窗容我静，大地任人忙。此联心境超然物外已非寻常文人的笔力，后来此联被人改成"乾坤容我静，名利任人忙"。抗战时期丰子恺也曾至白云庵此楼，逃难中见此联触动心弦，留下一张自己的照片。丰子恺曾说："人世是一大苦海！我在这里不见诸恶，只见众苦！"

刘三停居几日便要告辞离开，临别前反复叮嘱曼殊一定要注意调理身体，切莫再暴饮暴食不知节制，生冷甜腻之物非养生之选，切勿贪嘴。这一番嘱托与河合叶子如出一辙，曼殊动容，握着刘三的手郑重道：珍重。

此次苏曼殊与好友刘三在白云庵相聚，有一个十分戏剧的插曲——他们收到一封匿名的恐吓信。这信言称革命党人早看出苏曼殊图谋不轨，与革命叛徒刘师培、何震夫妇频繁来往，定也是两江总督端方的密探。于是信中便义愤填膺地警告他若再敢与此叛徒夫妇过从甚密，便会取他性命，令其去阴司阎罗那做野鬼。

这封信对苏曼殊来讲，除了是威胁，更是一种羞辱。他一向是那么单纯正直，如今被视作叛徒一党，五内皆焚。苏曼殊根本来不及细想这封信的来由，便仓皇回到上海，急切地想向大家证明自己的清白。此事很快惊动了章太炎。章深知曼殊为人，便赶紧出面为苏曼殊洗清污名，章太炎的辩诬书说：

第三十五章　东渡归来

> 香山苏元瑛子谷（苏曼殊在俗时又名元瑛，字子谷），独行之士，从不流俗……凡委琐功利之事，视之蔑如也。广东之士，儒有简朝亮，佛有苏元瑛，可谓厉高节、抗浮云者矣。……元瑛可诬，乾坤或几乎息矣。

其实，这封惊动众人的恐吓信是南社成员雷昭性所写。他只是盲目地怀疑苏曼殊与刘师培、何震狼狈为奸，却并未有实质凭证。刘三有一首诗安慰苏曼殊，十分有趣：

> 苏子擅三绝，无殊顾恺之。
> 怀人红绊影，爱国拜伦诗。
> 流转成空巷，张皇有怨辞。
> 干卿缘底事，翻笑黯成痴。

1909年冬，苏曼殊应爪哇华侨黄水淇的邀请赴爪哇教学。这一次，他的心相对以往安定了许多，直至1911年5月方东渡日本西京。

有时，这个世界很大，大到即便是擦肩而过，也因看向不同的风景而错过彼此；有时，这个世界又很小，小到天涯芳草却总能回眸相视。赴爪哇的邮轮上，苏曼殊孤身一人，极为敏感的他又一次感到世间浮生不过沧海一粟，生死皆是独来独往，无非苦痛短长。他怅惘天地间日升月落，而自己却如尘埃浮沉于天地间，终究是来去形单影只。航行途中，曼殊不免兀自感伤，不住喟叹，面对汪洋大海、碧浪沧波，他旋身凭栏叹惋。就是这样的一回眸，两步外的那个女子，怎么竟那样眼熟！

"雪鸿"，这个曾想嫁给他，而在他众多交往的女子中最为不起波澜的女孩，竟在这无边的海上咫尺身侧。昔日在香港拜访恩师罗弼•庄湘时，他这个小女儿初初长成，如今五官更加深邃，明眸皓齿，金发垂肩，褪去昔日的稚嫩，已然是西方画卷中才有的仙姝。

"女公子芳名可是雪鸿？"

女子转首看他一愣之后，惊喜之态漫上粉嫩的双颊。她大大方方地微笑道："苏家三郎是否？"其风骨神韵竟如沉稳儒者。

"苏家三郎已是故人，如今是曼殊和尚了。"

"昔日便是和尚，如今也还是罢了。"雪鸿的大方与明媚，立时让曼殊觉得这海上的风景不再那么苍茫无味。眼下恰然是碧波万顷之姿，雪鸿袅袅之态。呆和尚平日里也是可侃侃而谈的，如今女子稍微大方些，他反倒局促起来，不知该如何对答，羞赧窘态毕现。

"师兄就不问问家父身在何处吗？"

是了，要问老师如今怎样的。苏曼殊搓搓手局促道："曼殊失礼，敢问老师如今可在船上？"

"呵，你当日拒婚时可不是如此胆怯。随我来吧！"说罢，雪鸿先行一步引路。曼殊呆了呆，咧开嘴速速跟了上去。

原来庄湘此行要带女儿回国，乘此船是要至新加坡转途的。

庄湘见到昔日爱徒十分高兴，邀曼殊共进晚餐。船上的餐食是曼殊最喜爱的西餐，他吃得十分开心，不再如刚才那般局促，索性侃侃而谈起来："老师容禀，学生这些年实在艰难，数次困顿乃至衣不蔽体。幸得诸友相助，才不致早亡。如今潜心佛学，日感佛法庄重远博。今番前往爪哇任教，以图能有所潜修。"一口气说下许多话，他面色泛红目光灼灼。

庄湘听他讲述了这些年的革命、文学、梵语、佛学上的诸多成就，并详细阅读了他近日所作的英文《潮音序》，欣喜地说："你幼时便极聪明，习英文如同母语，如今看来确属天赋异禀。"

庄湘又听他讲起这些年的种种波折，不免感慨心疼他，给他的杯中又添上香槟道："昔日便知你聪慧异常，你今日的成就比我当年所想更甚了。"

"曼殊，你译了那么多的拜伦诗，如何不译雪莱？"雪鸿在一旁笑道。

"雪莱亦是吾十分敬仰之人，只是余治学懒怠尚未译其佳作。"

"如今想译，亦是不难。"

"雪鸿女公子所言极是。既已如此，曼殊着手拜读付译便是。"

"我若不提你可会想到译他？"雪鸿深邃湛蓝的眼眸直直地看着他，面色略带骄傲。这是一种最动人的率真，让他一时感到目眩。

苏曼殊对雪莱的作品是早有拜读，并十分想译，只是如今见雪鸿神态如此娇俏可爱，便不忍实言，难得头脑灵活地道："曼殊不才，幸得女公子提点。"

"那你今日想着译什么？"雪鸿向前探了探身，好奇而热切地问道。苏曼殊又紧张起来，暗自攥了攥拳头方道："明末阮大铖著有《燕子笺》，实乃佳作。余想译此以示诸公。"

"我没有听说过，你可否讲讲？"庄湘在一旁见女儿与苏曼殊相谈甚欢，不由得了然微笑，假借不胜酒力回自己的船舱休息去了。

《燕子笺》写的是唐代秀士霍都梁赴长安赶考，在曲江池畔巧遇宦家小姐郦飞云，为其秀丽婉约之姿倾慕不已。回去后思慕日深，以致夜来辗转反侧，昼则茶饭不思，于是提笔将相思赋予诗行。诗成后，不料被一只燕子衔走，燕子一路飞掠落于郦飞云的绣楼。此时天雄节度使贾南仲之子贾于佶，终日不学无术流连花街柳巷，考试时却依靠舞弊，私下换取了霍都梁的考卷，得中状元。中了状元的贾于佶向郦飞云求婚，不料睿智的郦父要求当场测试其才学，贾于佶丑态百出，钻狗洞逃走，令人嗟笑不已。最终，霍都梁与郦飞云结为伉俪，终成眷属。阮大铖的剧本辞情斐然尚看，似比效汤显祖。阮剧语言华美，情节多变。《燕子笺》故事婉转曲折，结局善美。这是苏曼殊所追求的浪漫爱情，也是他内心渴盼而没有勇气选择的圆满结局。

雪鸿托着腮听苏曼殊娓娓道来，被他讲述的动人情节感动，时而因剧情的起伏跟着频频蹙眉，时而又因贾于佶的丑态而娇笑连连。最后，有情人终成眷属，雪鸿感动得泪水盈目。苏曼殊讲得动情，目光远投窗外海面。当他收回目光时看到雪鸿双颊粉红，双目带泪含情，不由得浑身一震，竟说不出话来。

"曼殊，你告诉我，中国人的爱情是否得终成眷属方算圆满？"苏曼殊见雪鸿问得直接，并不十分惊讶。他知道雪鸿自幼虽然在中国生活，但是其父毕竟是受西方文化教导，她骨子里有东方女性所欠缺的大胆率真。

"天下有情人终成眷属固然是好，但若不能给对方长久的陪伴，不如早些放手，在心中默默地深爱。只要想起对方心中喜乐，也算得是圆满了。"

"为何相爱却不能长久陪伴？你的爱情也是这样吗？"雪鸿目光紧紧盯着他，迫切地问道。

"乱世之中，人命如草芥，浮沉似孤舟。况且佛法庄严，一入佛门，便注定爱不得果。"

"那佛岂不是害了你？"

"佛爱众生，为众生舍小我乃大爱。曼殊不才，也是心向佛法的。只是定力不足，空累了佳人，必是罪孽深重。"

"那不可两全吗？"

"仓央说'世间哪得双全法，不负如来不负卿'。"苏曼殊的目光涣散起来，看向日落西沉的海面，满面悲色，缓缓流下两行清泪。他叹了口气，闭上眼睛睫毛微微地颤抖，沉浸在自己的痛苦回忆和无限忧虑中。

雪鸿的面色悲伤起来。她开始明白父亲为什么想把自己嫁给眼前这个男子，只是父亲看不明白的，她也开始明白了，比如，他为什么不肯娶妻。高吹万曾说他："绝好名姝竟挥手，怪他毕竟负人多。"

邮轮在海上昼夜航行，很快分别即在眼前。这几日，苏曼殊与雪鸿畅谈了诗词、佛法。从古至今，从西方文学到东方文学，两人日渐产生了微妙的默契。新加坡港很快到了，庄湘要带着雪鸿从这里转渡，苏曼殊以自己身体不适，须下船先行治疗调养为由也下了船。

不知是曼殊无意，还是雪鸿有心，庄湘父女并没有离开新加坡，而是去医院照顾生病的曼殊：

> "……上帝必宠赐尔福慧兼修。尔此去可时以笺寄我。"语毕，其女公子曳蔚蓝文裾以出，颇有愁容。至余前殷殷握余手，亲持紫罗兰花及含羞草一束、英文书籍数种见贻。余拜谢受之。
>
> ——《断鸿零雁记》

紫罗兰、含羞草、蔚蓝色的裙裾……雪鸿开朗明快的性格、灿若星子的双瞳、健康粉嫩的双颊都让曼殊着迷。更让他着迷的是雪鸿的思想，她对东西方文化的贯通理解，让曼殊倾慕。他眷恋这种知我知己的投缘，也贪恋病榻侧佳人温柔以待的照顾。美是需要契合的，人也是如此，再美好的佳人若没有共同的爱好，没有灵魂上的沟通，也无法让人徘徊留恋。雪鸿与以往他接触的女子有些不同，她不仅通中国文化，对西方文学也是十分精通，尤其她喜爱雪莱浪漫又充满进步思想的文风，这一点与曼殊极为投缘。两人常常在病房中畅谈不知时间，每次都惹得护士赶人，雪鸿方明媚地笑着离去。

这一天，雪鸿带来曼陀罗花伴含羞草一束、一本《拜伦诗集》、一张自

己的玉照赠给曼殊。曼殊十分喜爱，在《题拜伦遗集》的一诗中，写有一篇小序：

> 西班牙雪鸿女诗人，过存病榻，亲持玉照一幅，《拜伦遗集》一卷，曼陀罗花共含羞草一束见贻，且殷勤昌力以归计。嗟乎！予早岁披剃，学道无成，思维身世，有难言之恫！爰扶病书二十八字于拜伦卷首，此意惟雪鸿大家能知之耳！

> 秋风海上已黄昏，独向遗编吊拜伦。
> 词客飘蓬君与我，可能异域为招魂。

苏曼殊的身体渐渐恢复了一些，庄湘本以为这一次他会接受自己的想法，娶雪鸿为妻，不料雪鸿抢先道："曼殊不会娶我的，我也不会嫁给他。"

苏曼殊本来听庄湘又提起婚事，陷入为难而遗憾的情绪中，不料雪鸿如此大方地主动拒绝了他。他错愕地抬起头看着雪鸿，眼中充满了疑问。

雪鸿樱桃色泽的唇笑出甜美的弧度，她清亮的眸子看了看父亲，又看了看曼殊，真切地道："圆满的爱情不一定是终成眷属。若能在心中想起所爱便心生欢喜，也是一种圆满了。"

曼殊头埋进双掌间，肩膀抖动起来开始抽泣。雪鸿上前轻轻地将手放在他的肩膀上，轻柔地安慰着他，轻声道："曼殊的心留在了佛法的世界，只要梵音暂停时想起我，能心生欢喜，于我也是一种圆满。"他的哭声越来越大，泪流不止，像个放弃了心爱玩具的孩童。

这一段美好的偶遇，在初冬的航行上短暂地擦肩而过。雪鸿随父亲回国了，苏曼殊则继续踏上赴爪哇的航程。赤道的炎热潮湿气候浸泡着他对雪鸿的思念，他的思念中有太多的佳人，他只是多情，却并非薄情。这样玲珑剔透的心思在古寺名刹、法相庄严中日渐掩埋心底。天涯路遥，他的心底有自己小小的坟。佳人们都已远去，至此远在心上。

苏曼殊在爪哇，平日除了授课以外，还写潜心写作。1910年夏末的时候，他去印度朝圣。虽然通晓佛法，但在印度他十分谦虚，印度的僧人们对这个中国僧人也十分欣赏尊重。在印度，曼殊的生活变得恬静起来，他喜欢观察植物，比较与国内植物的不同。印度的花卉颜色更为丰富，花朵也分外大，中国的花则更具含蓄内敛之气，这似乎像是印度少女与中国闺秀之比较。山上有许多果树，果子和天都很高，曼殊本就喜甜，每日都会采摘许多鲜果食用。正当他乐不思蜀时，黄水淇来信，请苏曼殊再回到学校任教。苏曼殊不能拒绝，从印度原路返回爪哇。

第二年7月，苏曼殊英文译完《燕子笺》，交由雪鸿在西班牙的马德利谋刊。在爪哇他给老师罗弼·庄湘写了一封很长的信，表述"《燕子笺》译稿已毕"，同时讲述了在印尼地区的见闻，以及深入探讨了他对佛学禅宗的一些认识。这是现存苏曼殊书信中最长的一封，可见他对昔日恩师的尊重，以及内心十分看重与雪鸿的文学约定。

庄师坛次：

星洲一别，于今三年。马背郎当，致疏音问。万里书来，知说法不劳，少病少恼，深以为慰。

《燕子笺》译稿已毕，蒙惠题词，雅健雄深，人间宁有博学多情如吾师者乎！来示所论甚当，佛教虽斥声论，然楞伽、瑜伽所说五法，曰相，曰明，曰分别，曰正智，曰真如，与波弥尼派相近。《楞严》后出，依于耳根圆通，故有声论宣明之语。是佛教亦取声论，特形式相异耳。至于应赴之说，古未之闻。昔白起为秦将，坑长平降卒四十万；至梁武帝时，志公智者，将斯悲惨之事，用警独夫好杀之心，并示所以济拔之方。武帝遂集天下高僧，建水陆道场，凡七昼夜，一时名僧，咸赴其请，应赴之法自此始。检诸内典，昔佛在世，为法施生，以法教化，一切有情，人间天上，莫不以五时八教，次第调停而成熟之，诸弟子亦各分化十方，恢弘其道。迨佛灭度后，阿难等结集三藏，流通法宝。至汉明帝时，佛法始入震旦，风流向盛。唐宋以后，渐入浇漓，取为衣食之资，将作贩卖之具。嗟夫，异哉！自既未度，焉能度人？譬如落井救人，二俱陷溺。且施者，与而不取之谓。今我以法与人，人以财与我，是谓贸易，云何称施？况本无法与人，徒资口给耶！

纵有虔诚之功，不赎贪求之过。若复苟且将事，以希利养，是谓盗施主物，又谓之负债用。律有明文，呵责非细。志公本是菩萨化身，能以圆音利物，唐持梵呗，无补秋毫。矧在今日凡僧，相去更何止万亿由延？云栖广作忏法，蔓延至今，徒误正修，以资利养，流毒沙门，其祸至烈。

至于禅宗，本无忏法，而今亦相率崇效，非但无益于正教，而适为人鄙夷，思之宁无堕泪！至谓崇拜木偶，诚劣俗矣。昔中天竺昙摩拙义善画，隋文帝时，自梵土来，遍礼中夏阿育王塔。

至成都雒县大石寺，空中见十二神形，便一一貌之，乃刻木为十二神形于寺塔下。嵩山少林寺门上有画神，亦为天竺迦佛陀禅师之迹。复次有康僧铠者，初入吴设象行道，时曹不兴见梵方佛画，仪范瑞严清古，自有威重俨然之色，使人见则肃恭，有皈仰心，即背而抚之，故天下盛传不兴。后此雕塑铸像，俱本曹、吴（吴即道子），时人称"曹衣出水，吴带当风。"夫偶像崇拜，天竺与希腊、罗马所同。天竺民间宗教，多雕刻狞恶神像，至婆罗门与佛教，其始但雕刻小形偶像，以为纪念，与画像相去无几耳。逮后希腊侵入，被其美术之风，而筑坛刻像始精矣。然观世尊初灭度时，弟子但宝其遗骨，贮之塔婆，或巡拜圣迹所至之处，初非以偶像为重，曾谓如彼伪仁矫义者之淫祀也哉！震旦禅师亦有烧木佛事，百丈旧规，不立佛殿，岂非得佛教之本旨者耶！若夫三十二相，八十随好，执之即成见病，况于雕刻之幻形乎？

"三斯克烈多"者，环球最古之文，大乘经典俱用之。近人不察，谓大乘经为"巴利"文，而不知小乘间用之耳。"三斯克烈多"正统，流通于中天竺、西天竺、文帝玕玛尔、华萝芘等处。盘迦梨西南接境，有地名屈德，其地流通"乌利耶"文，惟与盘迦梨绝不类似，土人另有文法语集。入天竺西南境，有"求察罗帝"及"摩罗隄"两种，亦"三斯克烈多"统系也。

"低娄求"为哥罗门谛海滨土语，南达案达罗之北，直过娑伽卒都芝伽南境，及溯海濒而南，达梅素边陲，扩延至尼散俾萝等处，北与"乌利耶"接，西与"迦那多"及"摩罗隄"接，南贯揭兰陀等处。

"迦那多"与"低娄求"两文，不过少有差别耳，两种本同源也。揭兰陀字，取法于"那迦离"，然其文法结构，则甚有差别。"秝罗耶縊"则独用于摩罗钵南岸，就各种字中，"那迦离"最为重要，盖"三斯克烈多"文多以"那迦离"誊写。至十一世纪勒石镌刻，则全用"那迦离"矣。迨后南天梵章，变体为五，皆用于芬达耶岭之南，即"迦那多""低娄求"等。

天竺古昔，俱剥红柳皮（即桦皮）或棕榈叶（即贝叶）作书。初，天竺西北境须弥山（即喜马拉耶），其上多红柳森林，及后延及中天竺、东天竺、西天竺等处，皆用红柳皮作书，最初发见之"三斯克烈多"文系镌红柳皮上。此可证古昔所用材料矣。及后回部侵入，始用纸作书，而桦皮、贝叶废矣；惟南天仍常用之，意勿忘本耳。桦皮、贝叶乃用绳索贯其中间单孔联之，故梵土以缬结及线，名典籍曰"素怛缆"或"修多罗"，即此意也。牛羊皮革等，梵方向禁用之，盖恶其弗洁。古昔铜版，亦多用之镌刻，此皆仿桦皮或贝叶之形状。

天竺古昔，呼墨水曰"麻尸"，束芦为管曰"迦罗摩"，以墨水及束芦笔书于桦皮、贝叶及纸之上。古昔南天，或用木炭作书，尖刀笔亦尝用之，其形似女子押发长针，古人用以书蜡版者。凡书既成，乃用紫檀薄片夹之，缠以绳索，组文绣花布之内，复实以梅檀香屑，最能耐久。先是游扶南菩提寺，尚得拜观。劫后临安，梨花魂梦，徒令人心恻耳！龙树菩萨取经，事甚渺茫，盖《华严经》在天竺何时成立，无人识之。自古相传，龙树菩萨入海，从龙宫取出。龙宫者，或疑为龙族所居，乃天竺边鄙野人；或是海滨窟殿，素有经藏，遂以"龙宫"名之，非真自海底取出也。

佛灭年代，种种传说不同。德意志开士马格斯牟勒定为西历纪元前四百七十七年。盖本《佛陀迦耶碑文》，相差又有一年之限。吾师姑从之可耳。

中夏国号曰"支那"者，有谓为"秦"字转音，欧洲学者，皆具是想。女公子新作，亦引据之。衲谓非然也。尝闻天竺遗老之言曰："粤昔民间耕种，惟恃血指，后见中夏人将来犁耙之属，民咸骇叹，始知效法。"从此命中夏人曰"支那"。"支那"者,华言"巧黠"也。是名亦见《摩诃婆罗多族大战经》,证得音非"秦"转矣。或谓因磁器得名,如日本之于漆,妄也。

按《摩诃婆罗多》与《罗摩延》二书,为长篇叙事诗,虽荷马亦不足望其项背。考二诗之作,在吾震旦商时,此土向无译本,惟《华严经》偶述其名称,谓出马鸣菩萨手,文固旷劫难逢。衲意奘公当日,以其无关正教,因弗之译,与《赖吒和罗》,俱作《广陵散》耳。今吾震旦已从梦中褫落,更何颜絮絮辨国号!衲离绝语言文字久矣,既承明问,不觉拉杂奉复。

破夏至爪哇,昔法显亦尝经此,即《佛国记》所云"耶婆提"。今婆罗门与回教特盛,佛徒则仅剩"波罗钵多大石伽蓝"倒映于颒阳之下,金碧飘零,无残碑可拓,时见海鸥飞唼。今拟岁暮归栖邓尉,力行正照。道远心长,千万珍重!闻吾师明春移居君斯坦,未识异日可有机缘,扁舟容与,盈盈湖水,寒照颦眉否耶?

一千九百十一年七月十八日

曼殊 沙禅里

1910年,他同时开始创作自传体小说《断鸿零雁记》,在这本书中他多次提到雪鸿,基本是按照生活原型进行写作。1911年时,在当地的华文报纸开始发表该书的开头部分。

到爪哇以后,苏曼殊日益暴饮暴食。水果、肉类、点心……一有美食便如饕餮般暴食不止,有时他会一口气吃下几斤糖果。人世苦海无边,苏曼殊用饴糖的甜味儿短暂地蒙骗自己——生活依然有甜可寻。

梦破残生

步韵答云上人三首

诸天花雨隔红尘，绝岛飘流一病身。
多少不平怀里事，未应辛苦作词人。

旧游如梦劫前尘，寂寞南洲负此身。
多谢索书珍重意，怜侬憔悴不如人。

公子才华迥绝尘，海天寥阔寄闲身。
春来梦到三山未？手摘红樱拜美人。

这是苏曼殊在爪哇步张云雷赠其三章诗的韵，奉答的三首诗。第一首的末句依凭的是温庭筠的《蔡中郎坟》："古坟零落野花春，闻说中郎有后身。今日爱才非昔日，莫抛心力作词人。"吴融在他的《楚事》中也有类似的句子："悲秋应亦抵伤春，屈宋当年并楚臣。何事从来好时节，只将惆怅付词人。"

第二首的末句"憔悴不如人"与白居易《江南谪居十韵》有异曲同工之妙："壮心徒许国，薄命不如人。"罗隐诗《嘲钟陵妓云英》中也有这样的句子："钟陵醉别十余春，重见云英掌上身。我未成名君未嫁，可能俱是不如人。"

第三首中的"红樱"可参见白居易《酬韩侍郎、张博士雨后游曲江见寄》："小园新种红樱树，闲绕花行便当游。何必更随鞍马队，冲泥踏雨曲江头。"白乐天见"红樱"便"绕花闲游",苏曼殊见"红樱"却是堪折直须折,娇花奉美人。这三首诗是一组很完整的组诗,一唱三叹,紧凑递进,可见,苏曼殊此时古典文学功底之深厚,已不是常人所能及。

苏曼殊在诗中述说了自己在爪哇岛"一身病","诸天花雨"的境界因红尘而阻隔。"花雨"是佛教语,"诸天"为赞叹佛说法之功德而散花如雨。康有为也有诗句说:"众神散花如雨为赞叹佛说法之功德,大地烟云翻腾如颠和尚怀素之狂书。"这是佛教徒追求的一种大境界,苏曼殊悲哀地自知自己一因红尘,二因病痛而无法达到了。对于理想,就真的只能是理想,这种悲哀对一个有追求的人来说,无疑是残忍的。苏曼殊虽有时癫狂,但他的内心却并不糊涂,他能保持一种清明:首先是看清自己的冷静,其次是慈悲于人的初心不改。

爪哇,今属印度尼西亚,是该国的第四大岛屿。苏曼殊当年在爪哇的东部一所华侨学校执教中国史。学校的规模很小,只有几十人。在这里不必像在南京执教梵文时那样辛苦,这里的工作很轻松,只是气候湿热难耐,让他多有水土不服。

他的身体很弱,三天两头病着,好友黄水淇经常关心他。曼殊索性认黄水淇的娘为干娘,可见与黄家关系亲近,黄水淇当属他在爪哇最好的朋友。

苏曼殊几乎每日都会去黄水淇家中小酌。他喜欢饮酒,却酒力不济。一次黄水淇替人饯行做东,曼殊正巧赶上便一同作陪。席间,苏曼殊旁若无人地喝得十分痛快,黄水淇知他酒量不好几次劝他少饮都不济于事。席散后众人各自归家,黄水淇不放心苏曼殊独自一人回去,想要送他,谁知他推开黄水淇的手说:"不要你送,我可自行回校就寝。"

"你既已醉了,不妨宿在我家,明早家母为你煮爱吃的八宝饭可好?"这八宝甜饭是苏曼殊十分喜爱的食物。友人见状说:"曼殊兄今日吃了不少东西,已醉了,明早恐不能起来早食。八宝饭不易消化,若真起来喝些清粥便是。"

黄水淇听了大笑道:"你不了解这呆和尚,他自己说以前在上海是烧麦、年糕、八宝饭不离左右的,写一行字就要吃一口东西。有一次,因和人打赌,一口气吃下60个小笼包!哈哈!"说罢友人也捧腹大笑。

苏曼殊醉得迷迷糊糊,挂在黄水淇身上嘟囔道:"少不得马尼拉的香烟。"黄水淇与友人相视而笑，这和尚当真是喜欢口腹之欲。

无论黄水淇怎么挽留苏曼殊都不肯宿在黄家。他走后，黄水淇依然不放心，想循着路去学校找找他，免得这呆和尚醉在半路，受了夜寒。果如黄水淇所料，出门不远便看见这呆子横卧在一家商店门口，酒气熏天地呼呼大睡，黄水淇苦笑着扶他回了家。

说起黄家人，对苏曼殊当真是好。黄家母亲收曼殊为义子后，时常照料他的身体。黄水淇的弟弟名唤黄火炎，苏曼殊亲切地称呼他季弟，这一称呼出自《左传·文公十一年》："卫人获其季弟简如。"意思是最小的弟弟，可见苏曼殊视黄家人为亲人。在他与黄火炎的合影上，他题写：

> 宣统二年春，同季弟南洋泗水埠造相一幅。时余为也班埠中华会馆英文教习也。

苏元瑛记

陈独秀的兄长去世时，他扶柩回乡经上海与邓秋枚相遇。听说苏曼殊在南洋，只是他到底在南洋具体何地教书众人皆不知。陈独秀向朱少屏打听此事，得知其在南洋爪哇中华学校教授中国文史，终于得到了苏曼殊的住址。陈独秀担心他不能够照顾好自己，写信以表思念：

> 与公别后，即遭兄丧，往东三省扶棺回里。路过上海，晤邓秋枚，始知公已由日本乘船过沪赴南洋。去年岁暮，再来杭州，晤刘三、沈君默，均以久不得公消息为恨。兹由朱少屏所得公住址，殊大欢喜。继今以往，望时惠书，以慰远念。仲别公后胸中感愤极多，作诗亦不少，今仅将哭兄丧诗及与公有关系绝句奉上。公远处南天，有奇遇否？有丽句否？仲现任陆军小学堂历史地理教员之务，虽用度不丰，然"侵晨不报当关客，新得佳人字莫愁"。公其有诗贺我乎？刘三沈实均无恙，唯望惠书至切。

此上曼公
陈仲顿首

"哭兄丧诗"，即《述哀》。"新得佳人字莫愁"，指高君曼；"与公有关系绝句"，指《存殁六绝句》第六首。

陈独秀与苏曼殊的友情十分深厚。一日陈独秀抚琴一曲，曲调悲凉，他心头感到难过。其实，陈独秀刚刚新婚，并且写下了一首好诗：

> 垂柳飞花村路香，酒旗风暖少年狂。
> 桥头日系青骢马，惆怅当年萧九娘。

"萧九娘"暗指他的爱人高君曼，陈独秀与她的爱情故事在当时看来不可谓不大胆。高君曼本是陈独秀结发妻高晓岚同父异母的妹妹，高晓岚比陈独秀大三岁，而高君曼比陈独秀小六七岁。因陈独秀与高晓岚的婚姻是封建包办婚姻，他内心并不满意，高君曼来探望姐姐时与陈独秀一见钟情。陈家和高家自然不同意这桩婚事，陈独秀索性带着高君曼到上海单独生活。

此时的陈独秀虽然佳人在怀，但是因家中亲人都不能理解他而深感苦闷。加之这些年革命屡次失败，吴越、何梅士、汪希颜等诸多好友已牺牲离开，如今赵伯先、章士钊、孙毓筠、郑赞丞、江彤侯、苏曼殊等活着的友人，又都四散天涯，内心苦闷，心头如负重石。他夜不能寐，提笔写下了《存殁六绝句》，其六写的便是已故的葛循叔和在世的苏曼殊：

> 曼殊善画工虚写，循叔耽玄有异闻。
> 南国投荒期皓首，东风吹泪落孤坟。

陈独秀在第二段婚姻期间，获任北大文科学长，创办《新青年》杂志，创建中国共产党，被选为中央局书记，可谓是登上了人生的巅峰。高君曼不得不说是陈独秀人生的贤内助，可惜的是1922年起两人感情开始破裂，至1925年高君曼带着一双儿女移居南京，与陈独秀天涯不复相见。

虽然身处异国，与友人间的书信往来却是没有断过。曼殊在爪哇期间时常想念国内友人，一次他想起高天梅，写了一封言辞恳切的信给高，信中说：

昨岁自江户归国，拟于桂花香里，趋叩高斋，而竟不果。情根未断，思子为劳。项接《南社初集》一册，日夕诵之，如与诸故人相对，快慰何言！……昨岁南渡，舟中遇西班牙才女罗弼氏，亦以此说为当，即赠我西诗数册。每于榔风柳雨之际，挑灯披卷，且思罗子，不能忘弭也。未知居士近日作何消遣，亦一思及残僧飘流绝岛耶？前夕商人招饮，醉卧道中，卒遇友人扶归。始觉南渡以来，惟此一段笑话耳。

落款时间为"屈子沉江前三日"便是农历五月初二，因此推断此信写于1910年6月8日。

半个月后，苏曼殊对友人的思念日盛，又写了一封信给高天梅、柳亚子二人。信中提及在外六月已花费了许多钱，足有七百多块，因此没能赴印度。在爪哇小岛，他心内十分想念昔日与友人们"文酒风流"的时光，想到自己的身体，他悲观地觉得：不知道自己还能活多久，是否还有归期。其信言辞消极、抑郁不已：

……嗟夫！病骨还剩几朝，尚不可知，焉问归期？道一、佩忍两公，为况复何如也？平生故人，去我万里，伏枕思维，岂不怅恨？万梅图不值一粲。……两居士大著必多，还望便中书示一二，以慰缠绵之病，幸何如之！

从这封信中，我们悲伤地知道曼殊身体日益病重，咯血复发。自1908年因章太炎、孙中山发生矛盾，身患抑郁症后，他的身体便时常不好。1909年时，26岁的苏曼殊便因病去日本休养。此后，在他的诸多作品和信笺中，越来越多地提及他身染病痛。这位文学、翻译天才，从1910年开始渐渐地暗示他即将远去这个世界，恰如一颗耀眼的明星开始摇摇欲坠。

梦破残生，篝纹灯影，山长水阔，一个又一个清凉如水的夜里，他究竟在什么样的孤寂里反复煎熬？也许越是爱这个世界的人，越是懂得心好痛好痛的滋味。

1911年5月苏曼殊东渡日本西京，后很快又至东京。本次回日本他再次见到了河合仙、河合叶子。自苏曼殊出生后，三人终于又一次团聚了，姐妹二人的心情自不必说。人生坎坷，旧年往事皆漫心头。

苏曼殊自两年前至淀江与河合叶子分离后，心中对这位姨母甚是想念。上一次陈独秀说自己长得十分像河合叶子，当时并不以为意。可分开后，这句话却如魔音入脑，每次病痛孤苦便想起河合叶子在淀江时每日里为他悉心烹煮药膳，春来景色优美，河合叶子牵着他的手在江边漫步，竟让他不自觉地认为河合叶子才是自己的生身母亲。

三人相处时，河合仙总是有意地谦让河合叶子，让她多亲近曼殊。曼殊心里时常觉得有疑，却在河合叶子温柔的目光中什么也问不出口。分别后，苏曼殊终于正视自己与这位姨母的骨血亲情，离开后他将自己与河合仙、河合叶子的合影送给黄水淇，不再对众人隐瞒自己长得十分像姨母这一事实，由着他人议论。他心中早已释然：即便姨母才是自己的生身母亲又如何？若如此，她这一生是多么令人痛惜。

苏曼殊儿时在日本有一位好友名唤飞锡，他六岁回到沥溪后，因是"异邦之妇所生"备受欺凌，曼殊童年的伙伴实在找不出几个。如今见到儿时伙伴，触发他心底积压的伤痛，不免拥抱这位童年旧友，涕泪皆下。飞锡成年后亦出家为僧，只是日本僧人戒律不如中国和印度的严格，日本和尚可以成婚生子，这一点是曼殊所不认同的。二人重逢彻夜漫谈佛法，天明疲乏至极方肯休息，稍微小憩后便又聚在一室继续钻研，各抒己见。曼殊将自己的《潮音》书稿交由飞锡赏鉴，飞锡对曼殊更加钦佩不已，应他的邀请为《潮音》作跋：

曼殊阇黎，始名宗之助，自幼失怙，多病寡言，依太夫人河合氏生长江户。四岁，伏地绘狮子频伸状，栩栩欲活。喜效奈良时裹头法师装。一日，有相士过门，见之，抚其肉髻，叹曰："是儿高抗，当逃禅，否则非寿征也。"五岁，别太夫人，随远亲西行支那，经商南海，易名苏三郎，又号子谷。始学粤语。稍长，不事生产，奢豪爱客，肝胆照人。而遭逢身世有难言之恫。年十二，从慧龙寺住持赞初大师披剃于广州长寿寺，法名博经。由是经行侍师惟谨，威仪严肃，器钵无声。旋入博罗，坐关三月，诣雷峰海云寺，具足三坛大戒。嗣受曹洞衣钵，任知藏于南楼古刹。四山长老极器重之，咸叹曰："如大德者，复何人也！"亡何，以师命归广州。时长寿寺被新学暴徒毁为墟市，法器无存。阇黎乘欧舶渡日本，奉太夫人居神奈川。太夫人命学泰西美术于上野二年，学政治于早稻田三年，一无所成。清使汪大燮以使馆公费助之学陆军八阅月，卒不屑。从此孑身遨游，足迹遍亚洲，以是羸疾几殆。太夫人忧之，药师屡劝静养，而阇黎马背郎当，经钵飘零如故。尝从西班牙庄湘处士治欧洲词学。庄公欲以第五女公子雪鸿妻之，阇黎垂泪曰："吾证法身久，辱命奈何？"庄公为整资装，遂之扶南，随乔悉磨长老究心梵章二年。归入灵隐山，著《梵文典》八卷，盖仿《波弥尼八部》书。余杭章枚叔、仪征刘申叔及印度波逻罕学士序而行之。阇黎绘事精妙奇特，太息苦瓜和尚去后，衣钵尘土，自创新宗，不傍前人门户。零缣断楮，非食烟火人所能及。顾不肯多作，中原名士，不知之也。初，驻锡沪上，为《国民日日报》翻译。后赴苏州，任吴中公学义务教授。继渡湘水，登衡岳以吊三闾大夫。复先后应聘长沙实业学堂、蒙正学堂、明德学堂、经正学堂、安徽公学、芜湖皖江中学、金陵陆军小学、日本西京学社、淑德画院、南海波罗寺、盘谷青年学会、锡兰菩提寺、嗒班中华会馆诸处，振铃执鞭。慈悲慷慨，诏诸生以勇猛奋迅，大雄无畏，澄清天下。故其弟子多奇节孤标之士。前岁，池州杨仁山居士接印度摩诃菩提会昙磨波罗书，欲遣青年僧侣西来汉土，学瑜伽、禅那二宗，并属选诸山大德，巡礼五天，踵事译述。居士遂偕诗人陈伯严创办祇垣精舍于建业城中，以为根本。函招阇黎，并招李晓暾为教师，居士自任讲经，十方宗仰，极南北之盛。阇黎尽瘁三月，竟犯唾血，东归随太夫人居逗子樱山。循陔之余，惟好啸傲山林。一时夜月照积雪，泛舟中禅寺湖，歌拜轮《哀希腊》之篇。歌已哭，哭复歌，抗音与湖水相应。舟子惶然，疑其为精神病作也。后为梵学会译师，交游婆罗门忧国之士，捐其所有旧藏梵本，与桂伯华、陈仲甫、章枚叔诸居士议建《梵文书藏》，人无应者，卒未成。阇黎杂著亦多，如《沙昆多逻》《文学因缘》《岭海幽光录》《娑罗海滨遁迹记》《燕子龛随笔》《断鸿零雁记》《泰西群芳名义集》《法显〈佛国记〉、惠生〈使西域记〉地名今释及旅程图》，俱绝作也，又将《燕子笺》译为英吉利文，甫脱稿，雪鸿大家携之马德利，谋刊行于欧土。阇黎振锡南巡，流转星霜，虽餐啖无禁，亦犹志公之茹鱼脍，六祖之在猎群耳。余与阇黎为远亲，犹念儿时偕阇黎随其王父忠郎，弄艇投竿于溪崖海角，或肥马轻裘与共。曾几何时，其王父已悲凤草。弹指阇黎年二十有八。而余综观世态，万绪悲凉，权洞上正宗监院之职，亦将十载。今夏安居松岛，手写阇黎旧著《潮音》一卷，将英译陈元孝《崖山题奇石壁》，澹归和尚《贻吴梅村诗》，杜牧《秦淮夜泊》，陆放翁《细雨骑驴入剑门》绝句，及汉译师梨《含羞草》数章删去，复次加《拜轮年表》于末，系英吉利诗人佛子为阇黎参订者。今与莲华寺主重印流通，仍曰《潮音》。圣哉，响振千古，不啻马鸣菩萨《赖吒婆罗》，当愿恒河沙界，一切有情，同圆种智。会阇黎新自梵土归来，诣其王父墓所，道过山斋，握手欷歔，泪随声下。爰出是篇，乞阇黎重证数言。阇黎曰："余离绝语言文字久矣。当入邓尉力行正照，吾子其毋饶舌！"阇黎心量廓然，而不可夺也。古德云："丈夫自有冲天气，不向他人行处行。"阇黎当之，端为不愧。

学人飞锡拜跋于金阁寺

《潮音》的出版十分顺利，当年便在日本东京由神田印刷所刊行见众。这样顺风顺水，当然离不开飞锡的帮助。该选本收录英汉互译诗，以及苏曼殊译作，并中外译作。苏曼殊对《潮音》甚是喜爱，亲自作序两篇，汉、英文各一篇。他在序中对雪莱、拜伦给予了崇拜似的评价，并初次正式地阐述自己的诗歌创作、互译理论，将文学创作推向了理论体系的境界，进一步明确了个人创作风格。他曾说："今译是篇，按文切理，语无增饰；陈义悱恻，事辞相称。"岁月淘沙，如今看来曼殊此番评论独到而有分量。《潮音》高度展现了苏曼殊的文学审美能力，对研究近代中西方文学互译，以及对苏曼殊个人的文学研究都具有极高的参考价值。

飞锡在《潮音跋》中说："（曼殊）东归随太夫人居逗子樱山。循陔之余，惟好啸傲山林。一时夜月照积雪，泛舟中禅寺湖，歌拜轮《哀希腊》之篇。歌已哭，哭复歌，抗音与湖水相应。舟子惶然，疑其为精神病作也。"非挚友莫能详尽至此，也非知音莫敢直言若此。

苏曼殊此番至东京，常来往的朋友便是费公直。他是同盟会会员，也是南社社员。费公直工诗善画，十分欣赏苏曼殊的才学，尤其是一直苦求不得曼殊的画作。

说起来，费公直的花卉得华喦遗法，秀雅轻灵，画功亦是了得。他又十分擅长篆刻，曾为柳亚子刻"李宁私淑弟子"印，该印现藏于苏州博物馆。费公直时常邀请苏曼殊至自己家中做客，每次皆备美酒美食。曼殊至日本暂无居处，也十分乐于有费公直的接待，他常借费的书房替朋友书写绘画。一日，曼殊正替朋友写条幅，不知不觉到了午饭时间。费公直体贴地问曼殊今日想吃些什么，曼殊道："天健兄，近日皆食中餐，你对日式料理可感兴趣？"

费公直笑道："皆听贤弟的便是，吾于饮食一门属实糊涂，平日里果腹即可，无甚研究。"

"既如此，那定当好好思量吃些什么，令兄长不致失望。"费公直见他笑眯眯地像个馋猫，不禁摇头失笑。

"日本人常生食海味，想来天健兄不常食吧？"曼殊的眼睛亮晶晶的，探着脑袋问道。

"若遇友人相邀食些亦无妨，只是生食终归与养生一道相左，故不常食。"费公直见他憨态可掬，知他身世凄苦，很是怜悯他。

"非也！这料理一味，若做得干净得法，不仅鲜美异常，而且于身体亦是有利的。"说罢，也不等费公直吩咐，便唤来用人道，"你去买盘鲍鱼来，必要鲜活能动，看着他们宰杀方可。"费公直哑然失笑，心里道：这曼殊当真是天人，用我的银钱吩咐我家的用人，而且只买鲍鱼，想必是他嘴馋罢了。

费公直心性宽厚，为人仗义有血性，自然不会同曼殊计较。曾经两江总督端方为祸一方，暗使刘师培、何震夫妇背叛革命同道，害了不少同盟会的战友。费公直曾义愤填膺地去参与刺杀端方，可见是大丈夫心性，必不拘小节。

不一会儿鲍鱼买回来了，曼殊向费公直详细地说着此物的鲜美之处，仿佛费公直不曾吃过一样。费不言语，含笑将盘中的鲍鱼尽数夹到他的盘中，曼殊吃得畅快，索性不多说话，低头闷吃起来。一盘鲍鱼怎么够曼殊解馋？吃完后他意犹未尽，竟自己跑出去又买了三大盘回来。费公直见状忙劝阻道："贤弟，莫要贪嘴。这生食最是伤身，吃多了恐怕要腹痛，不若明日再食。"

"都同你说了，若是新鲜得法便无碍。"

"要不我让人煮熟了奉你食用，稍等片刻便好。"费公直急切道。说话的工夫三只大鲍鱼已经下了肚。曼殊含糊不清地道："天健兄，若真像你说的，这日本人每日生食，岂不是终日腹痛？医馆哪里医得过来！"

"你且忘了？咱们饮食习惯与这东岛有诸多不同，肠胃亦是有差别的。"费公直按下他的筷子，不料曼殊直接调皮地用手捏起一只鲍鱼直接丢进了嘴巴。见费公直愣在那儿，曼殊呷巴着嘴得意地笑了起来。

费公直苦笑："由着你这疯和尚纵口腹之欲吧，余投降矣。"

费公直担心他吃太多难以消化，饭后煮了一大壶咖啡劝他多饮。不出意料，当夜苏曼殊腹痛不止，暴泻了整晚，哀叫连连。天亮时，他已是躺在床上出气多进气少的模样。如此气息奄奄地休息了好几天，他方才能直起腰来走路。费公直这一次可是长了记性，以后每到饭后必煮消食中药汤，让曼殊多饮，好助消化。

5月的日本正是樱花盛开的时节，费公直与曼殊在花丛中比试投射，曼殊却因不擅长此道而兴趣缺乏。他闲观樱花不由得感叹：开也开得淋漓尽致，落也落得荡气回肠。费公直见他无心投射，醉心赏花，便邀他在花丛中留个合影。照片中曼殊愁容满面，萧索心情和满腔凄凉皆入眼眸，他的心已是一座旧城，投荒的白马早已不知去向何踪。行脚僧愁苦病身，有今日没来日，一切都不符这春来花雨。分开后，曼殊写信给费公直：

> 别后京都小住，顽躯已健全。生鲍鱼加糖醋拌食，味究不恶，病后不敢多进，每次仅一碟，当无害耶？君见字，定要说和尚贪嘴。一笑。

通过努力，革命党人终于在1911年10月10日（农历辛亥年八月十九）成功地发动了具有划时代意义的武昌起义。这是一场旨在推翻清朝统治的起义，亦是辛亥革命的开端。自黄花岗起义失败后，以文学社和共进会为主的革命党人决定把目标转向长江流域，准备在以武汉为中心的两湖地区发动一次新的武装起义。武昌起义任命蒋翊武为军事总指挥，孙武为参谋长，刘公为总理。

苏曼殊收到国内消息催他早些回国支援革命，但爪哇的课业尚没有结束，无奈名士重诺，只能决定继续留在日本休养，待身体有所好转先返回爪哇任教。

起义军掌控武汉三镇后，湖北军政府成立，黎元洪被推举为都督。如今，岁月淘沙，昔日叱咤风云的人物已经成为历史，武汉辛亥革命军政府旧址现为辛亥革命武昌起义纪念馆。

苏曼殊无法回国，他的好友费公直却按捺不住，毅然放弃了在日本学医的学业，于1911年秋自日本回到上海，通过友人介绍，与中国同盟会的元老、青帮代表人物陈其美结识。辛亥革命初期，陈其美便与黄兴同为孙中山的左右股肱，在革命界是威震一方的人物。蔡元培盛赞其为"民国第一豪侠"。

陈其美与谭人凤、宋教仁等人于1910年组织中国同盟会中会总部活动，此时陈其美内心壮志豪情，大有占领江南地区之野心。他希望通过中会总部促进长江流域的革命活动。于是，第二年他便在上海发动起义，转而攻入浙江巡抚衙门，一跃成为护军都督。费公直此时作为陈其美的部下，深受其重视，尤其在江南地区的革命活动中，费公直起了重要的作用，据说他甚至将江南制造局的门匾扛回来以作战利品。攻克上海以后，陈其美任命费公直为其襄办军需。

1912年中华民国成立，孙中山在南京任临时大总统。中山先生在上海徐园会见了在沪同盟会会员，摄影留念，费公直也在其中。

1912年4月沪军都督府撤销。秋天，费公直回乡行医至终老。

费公直一生结交文豪、政客无数，却始终对曼殊另眼相看，他一直珍藏着苏曼殊在日本赠送给他的藤杖为念。那时苏曼殊身无长物，仅以此物酬知己。公直曾写有长歌纪念曼殊：

> 辛亥之夏四月朔，上人归来自天竺。
>
> 手持几片贝叶经，拜伦诗卷共一束。
>
> 萧条衣钵渡扶桑，满眼樱花意未降。
>
> 十年浮海崎岖遍，诗心玄学传异邦。
>
> 雅典诗人女雪鸿，扶将病榻灵犀通。
>
> 袈裟红上胭脂点，不障禅心色早空。
>
> 班荆海外话前因，悲欢交集泪沾巾。
>
> 探袖殷勤无长物，贻我藤杖连城珍。
>
> ……

1912年在中国历史上是不平凡的一年。

1月1日，孙中山在南京宣誓就任临时大总统，改国号为"中华民国"，成立中华民国临时政府，1912年为民国元年。两天后，任命黎元洪为副总统。未到半个月，袁世凯便在北京、天津大肆搜捕革命党人。良弼、溥伟、铁良等组成宗社党，目的是保存清皇朝的统治，反对与革命军议和。可叹，陶成章于上海被刺死。1月16日，革命党人群情激愤，京津同盟会张先培、杨禹昌、黄之萌等谋炸袁世凯未果，三人不幸被捕遇难。

彭家珍于青年时代受文天祥、黄宗羲等人的思想影响，具有强烈的民族主义观念。1906年他从四川武备学堂毕业赴日本学习军事，在日本期间加入中国同盟会。孙中山就任中华民国临时大总统后，清政府以爱新觉罗·良弼为首的宗社党扬言："要重整兵马和南方革命党决一死战。"彭家珍见良弼如此倒行逆施，为了扫除革命的障碍，他义愤填膺地去谋炸良弼。结果彭家珍不幸牺牲，良弼两日后伤重不治而死。

到了2月1日，时任南京临时政府教育总长的蔡元培发表《对于新教育之意见》（《临时政府公报》第13号）。他是第一位提出"五育并举"的教育思想家。"五育"即"军国民教育、实利主义教育、公民道德教育、世界观教育、美感教育"。这种以公民道德教育为中心追求完全自由的教育理想，充满人文关怀，对中国教育乃至当时的革命都起了很大的推动作用。

历史的车轮飞速地向前推动，腐朽的封建王朝开始全面垮塌。2月12

日，隆裕太后代宣统帝溥仪颁布了退位诏书，授袁世凯全权组织临时政府。

春天好似终于要来了，革命日益看到胜利的希望。苏曼殊在爪哇再也按捺不住回国的决心。黄水淇等人知道他欲回国，便询问归期，曼殊坦言："和尚已身无分文，欲归而无银购船票。"

黄水淇惊讶道："你不是带着几百元课酬去买票吗？"当时南洋华侨逐渐发展起来，创办的学校增多，对老师十分渴求，薪酬也不低。

曼殊面不改色道："和尚糊涂，途中遗失了。"

黄水淇哑然失笑，积极联络一众好友同人集钱与他资助。苏曼殊从印尼班港返回国内，同行的有许绍南、魏石生。柳亚子在《苏和尚杂谈·曼殊和我的关系》中说：

> 他预算（十二月）二十日以后启行。正月初十便可到上海，所以我以为曼殊是1912年春天才归中国的。但据陈佩忍讲，1912年旧历元旦，曼殊和张溥泉同到西湖秋社。那末，一定是1911年旧历年底，就还中国来了。大概他在十二月十四日发信以后，便变计急行，南洋去中国不到半月行程……

苏曼殊从爪哇临行前囊中尚有百金，登船前他居然全用来买了糖果。同行的许绍南见之十分吃惊道："上师买这么多糖果，是要归国送友人吗？"

曼殊愁苦道："这些恐怕不够途中食用，到时无钱再买，不知该如何忍受煎熬。"

许绍南闻言瞪得眼珠都要掉出来，慌忙道："这么多的糖果全部吃得下！"

曼殊也不言语，径自剥开糖衣大嚼起来，不待海轮抵岸，这百元的糖果真的已被他吃完。许绍南、魏石生归国后对大家讲起此事，始终记忆犹新。后来这件事广为传开，也成了曼殊的饕餮趣事之一。

这次归国他先至香港下船，与堂兄维翰会面。自1898年他从上海跟随林紫垣、苏维翰赴日本留学后，这些年再未见到这位堂兄。苏杰生临终前曼殊都不肯回去见最后一面，缘何多年后还能与堂兄维翰见面？此中有因，慢慢道来。

苏维翰，字墨斋，是苏杰生胞弟德生的三子，上有维春、祖饶二兄，1898年曾与苏曼殊一同留学日本，亦加入了同盟会。辛亥革命前夕，维翰与其他革命党人返回香山。1911年武昌起义爆发后，后同盟会指派他至香山恭都学堂任教职，秘密参与策动前山新军起义，在学界颇有声望。曼殊本次回国前便致电报给维翰，多年未见，维翰已认不出眼前的禅者便是昔日的堂弟。

如今苏曼殊身穿西装，脸也圆了一些，尤其是他蓄起了胡须，看上去竟似老了20岁。兄弟相见都不愿提起童年旧事，大多是探讨革命问题，倒也甚欢。兄弟二人有合影留念，照片背景是小楼瘦松，两人比肩而站，将外套搭在左手臂上，曼殊曲右臂扶着一旁。维翰面带微笑，曼殊戴着礼帽，表情要严肃一些，浓密的胡须让他看起来比维翰成熟许多。这张珍贵的照片成为苏曼殊少见的与亲人的合影之一。

维翰自知苏家有愧于三郎，见他从爪哇归来几近身无分文，他四处同友人借钱凑了500元资助这位堂弟。

维翰所任教的恭都学堂，中华人民共和国成立后改校名为珠海县拱北中学，"文革"时改名为珠海县前卫中学。著名的岭南书法家鲍俊、革命先驱杨匏安烈士曾在该校就读任教。如今的珠海市前山中学，依然在凤凰山下振铎传薪、诲人不倦，传承着香山文化的薪火。

第二日，苏曼殊休憩得当，精神恢复一些便急急地去往赵声的墓前拜祭。这位曾经在南京共事的知己，那个与他啃着板鸭喝着黄酒谈论佛法的赵声，等不及他回来便怀着壮志未酬的悲愤溘然长逝，年仅30岁。

那夜，赵声得黄兴急电："速来广州起义。"而当时香港已无船开往广州。第二天赵声赶往广州，起义已失败，战友多殁，赵声身为总指挥却未得亲临战场，眼见战友尸骨遍野，他悲鸣五内，回到香港后便病入膏肓，痛呼："吾壮志未酬竟要去矣！"弥留之际召众人于榻前，哀切勉励大家："我对不起死难同志，报仇雪恨就靠你们了。"

4月20日，赵声口吟"出师未捷身先死，长使英雄泪满襟"而英年早逝。章炳麟发讣报称其国殇："中外之士，识与不识，闻之皆为流涕。"黄兴、胡汉民代表同盟会作《告南洋同胞书》；大江南北众将士无不痛惜，祭文如雪纷至。

赵声墓前竖一匿名墓碑，碑上化名书"天香阁主人之墓"。苏曼殊抚着赵声的墓碑，一站便是半日。他举目望天，悲恸难以抑制，青天朗朗大业未成而君已不在。纷纷细雨飘下，他内心颓然，虚弱地坐在赵声墓前哀伤道："百先（赵声字）！百先！你年长吾三岁，幼时便极聪慧，诸君都道兄你习文练武，最是仗义执言。犹记得君曾笑谈：昔日君仅14岁，时有乡人无辜被污吏拘捕，君母泣请声父营救，而声却已入狱砸枷，救出邑人（同乡的人）。何天妒英才至此，岂不令草木悲枯，群雄落泪！"

曼殊祭拜完赵声，回去时双目已哭得红肿，进门时陈少白正在用晚餐，见他脸色煞白如鬼，吓得一口汤下不去猛咳起来。昔日陈少白并不看好他，如今异国执教归来风骨不俗，况如今通佛法，善文译，画技更名满天下。今日曼殊《文学因缘》《潮音》在手，《燕子笺》《断鸿零雁记》已成。陈少白对他早已是刮目相看，只可惜曼殊依旧如往日沉默寡言，病体恹恹。

曼殊并不欲在香港久留，第二日出发至广州，不告而别。

同年，孙中山明令追赠赵声为上将军，迎遗骨归葬于镇江竹林寺旁。15年后镇江人民建"伯先公园"，以纪念这位昔日的"长江盟主"。

1912年4月，苏曼殊经广州拜访了蔡哲夫、黄晦闻后至上海，到沪后住在柳亚子七浦路的居所。久别重逢，众人自然是不醉不归。这样的场景，他尚在爪哇时便已设想过不下百次了，在去年11月回国前夕，他便给柳亚子去信说要与诸君痛饮十日：

亚子足下：

曼离绝语言文字久。昨夕梦君，见膝上蒋虹字腿，嘉兴大头菜，枣泥月饼，黄垆糟蛋各事，喜不自胜；比醒则又万绪悲凉，倍增归思。'壮士横刀看草檄，美人挟瑟请题诗'，遥知亚子此时乐也。如腊月病不为累，当检燕尾乌衣典去，北旋汉土，与天梅、止斋、剑华、楚伧、少屏、吹万并南社诸公，痛饮十日；然后向千山万山之外，听风望月，亦足以稍慰飘零。亚子其亦有世外之思否耶？

不慧曼殊顶礼

震生兄已内渡，相会未？

可爱如曼殊，赤诚如曼殊，短短数语的短信让一个鲜活的曼殊跃然纸上。他是那样思念着自己的朋友，乃至梦中也要与友人相聚并大快朵颐，醒来发现自己尚在异国，不觉"万绪悲凉，倍增归思"，难怪当日他会因友人间的反目而抑郁成疾。如今可爱的曼殊、赤诚的曼殊回来了，他蓄起胡须似一副禅师老者模样，只是心性一如孩童般单纯。当日所言"痛饮十日"必是不可省，那梦中的"嘉兴大头菜"，还有日思夜想的"黄垆糟蛋"统统要请出来！

糟蛋在中国实有一段风靡时光，它是平湖的传统特产。光绪二年（1876）的平湖举人何之鼎，在其《清琅轩馆诗钞》中有一首"买糟蛋"的诗：

买醉城西结伴行，源源佳酿远驰名。

剖来糟蛋好颜色，携到京华美味评。

晚清时期，有几家作坊生产糟蛋，老字号如"徐源源店号"和"老徐鼎丰酱园"。民国时期，平湖糟蛋于国内主要在浙江、上海、江苏、北京等地销售，国外则销往东南亚。经销商中著名的老字号商店，有苏州的"采芝斋"、上海的"邵万生"、北京的"稻香村"等。曼殊自从读了何之鼎的诗，便馋得不行，吃过之后便爱上了糟蛋，以至在爪哇梦里都想吃糟蛋。亚子、天梅、止斋、剑华、楚伧、少屏、吹万这些南社友人，与嘉兴大头菜、枣泥月饼、黄垆糟蛋都是曼殊和尚的最爱，梦里也割舍不下。如今归来，众人心疼他赤道岛国湿热受苦，包容着这个心思纯善的"大男孩"，能弄来的自然都会想尽办法找来给他解馋。

稍事休息几日，曼殊收到友人萧某的来信，放下书信他闭门画成《饮马荒城图》，另附书信一封请萧某代他焚于赵声墓前：

萧公足下：

佛国归航，未见些梨之骑，经窗帘卷，频劳燕子之笺。猛忆故人，鸾飘凤泊，负杖行吟，又欷歔不置耳。昨晤穆弟海上，谓故乡人传不慧还俗，及属某党某会，皆妄语也。不慧性过疏懒，安敢厕身世间法耶！惟老母之恩，不能恝然置之，故时归省。足下十年情性之交，必谅我也。拜轮诗久不习诵，曩日偶以微辞移译，及今思之，殊觉多事。亡友笃生曾尼不慧曰："此道不可以之安身立命。"追味此言，吾诚不当以闲愁自戕也。此次过沪，与太炎未尝相遇。此公兴致不浅，知不慧进言之缘未至，故未造访，闻已北上矣。今托穆弟奉去《饮马荒城图》一幅，敬乞足下为焚化于赵公伯先墓前，盖同客秣陵时许赵公者，亦昔人挂剑之意。此画而后，不忍下笔矣。

曼殊顿首顿首

苏曼殊此举乃效法延陵季子挂剑的典故。他读三国刘向《新序·杂事卷七》，其中讲述了"季札挂剑"的典故：延陵季子将去访问晋国，佩带宝剑拜访徐国国君。徐国国君欣赏季子的宝剑，但延陵季子因出使任务在身，没有将宝剑赠予徐国国君，可季子见其真心喜爱自己的宝剑，心里已经答应将宝剑赠予他了。不料后来季子出使未归，徐国国君已死在楚国，季子归来至徐国将宝剑赠给徐君的继位人。同使者劝阻，他道："吾非赠之也，先日吾来，徐君观吾剑，不言而其色欲之；吾为有上国之使，未献也。虽然，吾心许之矣。今死而不进，是欺心也。爱剑伪心，廉者不为也。"季子认为当初自己心中已答应将宝剑赠给他，如今他死了，再不把宝剑赠给他便欺骗自己的良心。一个正直的人不会因为爱惜宝剑而违背自己的良心。季子将宝剑挂在徐国国君墓前的树上，默然离开。徐国人赞美延陵季子，歌曰："延陵季子兮不忘故，脱千金之剑兮带丘墓。"

当日，苏曼殊与赵声在钟山饮酒高歌，他曾允诺赠画赵声，君子当一诺千金，故人已去画成焚灰。许多在世的名家政客闻此长叹惋惜，众人多方求曼殊一画而不可得，如今他苦心画成图却焚赠赵声。所谓宝剑酬知己，佳作寄故知。赵声说"和尚看得通透"，他通透地明白谁才是真正能赏识自己的知己。苏曼殊此举恰如季子所言："吾心许之矣。今死而不进，是欺心也。"

他望向远方山峦，低声道："伯先，焚过此画，他日九泉遇故知，衲坦然无愧矣！"

曼殊在《饮马荒城图》上题龚自珍诗一首：

绝域从军计惘然，东南幽恨满词笺。

一箫一剑平生意，负尽狂名十五年。

1912年4月，苏曼殊回到上海填写了南社入社登记表，并在《太平洋报》发表《南洋话》《冯春航谈》《华洋义赈观》等文。其中以《南洋话》一文最佳，它产生了深远的政治影响，促使中华民国政府同印尼政府交涉，善待华侨。

《南洋话》这篇文章本是曼殊4月初抵沪时便发表的。多年来南洋华侨委实不易。我国地大物博，人口众多，因此人口的流动性也较大，世界各地都分布着我们的同胞，这些人艰苦卓绝地在异国他邦确立自己的地位，传播文化，让中国人更有尊严地行走在异国他乡。可是，他们艰难的立足过程有些却不为人知。

清末至民国初年，也就是苏曼殊在爪哇任教时期，由于国力衰弱，华侨大多因生活所迫不得不背井离乡，去南洋谋生。因华侨的经济地位、政治态度以及当地的政治形态等诸多因素，华侨在异国处境十分危险。几乎每一次遇到南洋诸国的政治形态发生转变，华侨都要胆战心惊，每一次政局的动荡对华侨来说都是一场血腥的考验。

郑和下西洋（1405—1433），便是南洋华侨问题形成的第一时期。当时郑和的船队带去了最早赴东南亚的中国移民，随着荷兰的殖民侵略，以及芬兰人对劳工的大量需求，由此引发了中国东南沿海一波移民潮。那时候去南洋的华人十之八九是有去无回，这便是中国同南洋关系的开始。

中国南海的百姓大多依靠海上作业为生，老话常言"宁上山，勿下海"，在下南洋的诱惑面前，许多人急切地想要摆脱大海的危险，于是吃苦耐劳的壮劳力们奔赴南洋，开启了华侨时代。当优秀的中国人在南洋开始立足，成为殖民者的管理者或极少数有能力者自己办厂时，便无形中与南洋本地人形成了对立关系，他们鄙视这些成为侵略者"看门人"的华侨，在种族上给他们定了死罪。

这些率先发展起来的中国华侨开始在南洋组建商会、开办学校，风风光光地在南洋划分自己的势力范围。然而在他们"炫富"的背后，是南洋政府如狼似虎的双瞳。每当南洋政局发生动荡，华侨便成为南洋殖民侵略者的"替罪羊"。

苏曼殊作为一个热血的爱国者、一个慈悲的禅者，对华侨的处境十分担忧。当他得知"红河役"华侨被挨门逐户地屠杀时，内心悲痛愤懑不已。这段黄水淇对他讲述的悲惨历史，他在多方考察求证后，多将我华侨的悲惨遭遇述之国民政府。

1740年10月9日，荷兰人当权者下令对巴达维亚全体华人居处进行搜查。但搜查很快演变成血腥的大屠杀，整整三天像是一场漫长的梦魇，一万余华人被残忍杀害，即便是已抓获的华人亦未能幸免，这便是史上著名的"红溪惨案"。据史料记载，华商在东南亚的地位一直很高：

中国贾人至者，待以宾馆，饮食丰洁。

凡见唐人至其国，甚有爱敬，有醉者则扶归家寝宿，以礼待之若故旧。

——《宋史》

土人最朴，见唐人颇加敬畏，呼之为佛，见则伏地顶礼。

——《真腊风土记》

（暹罗）国人礼华甚挚，倍于他夷……若有妻子与中国人同好者，则置酒饭，同饭共寝，其夫恬不为怪，乃曰，我妻美，为中国人喜爱。

——《瀛涯胜览》

荷兰殖民者开发巴达维亚，极大地依赖华人的制砖技艺。他们欲将巴达维亚"建成整个东印度最大的城市",争先恐后地招募华工。这是对华侨的看重,也是华侨在南洋地位开始下降的起点。

到了1682年,巴达维亚的华侨达到3000人以上。随着清政府对海禁的开放,1684年至1719年华侨增至4000多人,巴达维亚城遍布华人,连郊区也不例外,其中郊区华人更是多达7500多人。华侨的增多给荷兰殖民者带来了巨大压力,激发了他们排外的情绪。1727年当局下令凡是最近十年至十二年内居留在巴城的中国人,如果没有申领政府所颁发的居留准许证,则必须驱遣出境。随着驱遣,矛盾升级,最终变成凡见到穿黑衣黑裤的华人一律捉拿,其余一概不论。

当时有传言说华人一旦登船就会被投进海中溺死,劳工们因恐慌拒绝登船,聚集在甘达里亚糖厂附近的5000劳工以一个名叫黄斑的华侨为首,准备发动暴乱自救。但是,一名叫林楚的华侨背叛了大家,向荷兰殖民政府告密,殖民者以华侨欲进攻巴达维亚为由,命令各家华侨交出利器,逐门挨户搜查,不论男女老幼,所有华侨一律屠杀。这次大规模的屠杀,使巴城内华侨被屠过万,侥幸逃出者仅150人。其惨烈震惊爪哇、中国和欧洲,因巴达维亚城西有一条河叫红河,华侨们称之为"红溪",故此次屠杀称为"红溪惨案"。

当时中国处于康乾盛世中的乾隆王朝,福建总督策楞、提督王郡将此事上奏朝廷。荷兰国会亦曾对此事进行过激烈的辩论,当权者担心乾隆政府会施以军事报复,第二年派使臣来华谢罪,乾隆帝却答复:"天朝弃民,不惜背祖宗庐墓,出洋谋利,朝廷概不闻问。"仅禁止了彼此之间的通商贸易为终。

苏曼殊闻此历史愤懑拍案,终日如鲠在喉。加之他在爪哇期间亲眼见到当地政府对华侨的欺侮和压迫,便暗下决心回国后必呼吁革命同胞关注南洋华侨的生存处境,力求改变!

曼殊回到上海后应聘于太平洋报社任笔政,便借由此报发表了《南洋话》,意在呼吁国人,希望国民政府关注南洋华侨,通过外交途径切实维护华侨的利益及安全。此文是苏曼殊极具国际精神的体现,是他骨血里的爱国精神的爆发,是挺直了脊梁的中国人必然具备的民族自尊心。原文如下:

衲南巡爪哇二次，目击吾邦父老苦荷人苛法久。爪哇者，即《佛国记》所云耶婆堤是。法显纤道经此时，黄人足迹尚未至也。唐、宋以后，我先人以一往无前之概，航海而南，餐风宿雨，辟有蛮荒。迄万历时，华人往前通商者始众，出入俱用元通钱，利息甚厚。乃至今日，华侨人数，即爪哇一岛而论，即达三十余万，蔚为大国矣。谁知荷人蚕食南洋三百年来，以怨报德，利我华人不识不知，施以重重压制。红河之役，复糜吾先人血肉殆尽。今虽子孙不肖，犹未付之淡忘。乃开春中华民国甫成，而荷兰又以淫威戮我华胄，辱我国旗。呜呼，荷兰者，真吾国人九世之仇也！今者当道群公，已与荷政府办严重交涉，固吾新国堕地啼声，应该一试。惟衲更有愿望于群公者，即非废却一切苛法则弗休也。后此当重订商约，遣舰游弋，护卫商民；分派学人，强迫教育，使卖菜佣俱有六朝烟水气，则人谁其侮我者！

爪哇野老尝为衲言："昔千余年前，华人缔造末里洞石佛山，工竣，临行，土人依依弗忍遽别，问我华人：'何时复返？'我华人答之曰：'后此当有白奴儿来此，替我经营，我返当以铁为路识之。'"今铁道刚筑至该地，宁非华侨业尽福生之朕耶！

"南洋话"是"话南洋"的倒装句式。通过苏曼殊的呼吁，中华民国政府与荷兰政府进行外交交涉，迫使对方"电爪督，力从温和主义""嗣后升起可通融，不加禁止"，一定程度上维护了华侨在异邦的尊严。

新中国成立之后，召唤各国华侨回国发展，世界各地华侨带着自己的财产积极回国，投身到新中国的建设中，印尼华侨感受到祖国带给他们的强大归属感亦纷纷回国。著名的印尼华侨汤仙虎便是其中之一，他回国后带领中国羽毛球队刻苦训练，使中国羽毛球队达到世界顶尖水平。

2015年3月26日起，由沙特阿拉伯、埃及、约旦和苏丹等其他海湾国家组成的国际联军在也门发动打击胡塞武装的军事行动。3月29日，中国海军护航编队护卫舰临沂舰在也门港口亚丁停靠，准备撤离中国公民。第二日，潍坊舰载449名中国公民平安撤离也门西部荷台达港。整个撤侨行动，将571

名中国公民全部安全撤离也门。

美国在4月6日承认，无法帮助在也门的公民离境。由于也门机场关闭，美国希望在也门的公民从海上乘坐外国船只离境。2018年票房36.48亿人民币的电影《红海行动》，便以此次行动为背景改编。

今天，一个强大的祖国站在每一位华人的背后，若遇到他国政权动荡，战乱危及我中国公民，祖国的军舰随时准备奔赴危局，接他们回家！此乃后事，两相对照，始知中国今日之强盛。

风云尘世，沧波云烟，苏曼殊昔日于爪哇之遗恨，于今日今时日渐扫去，若曼殊于泉下有知，应感欣慰也。

1912年4月30日，苏曼殊再次东渡日本省母河合叶子。母子血缘真的是很神奇，河合仙一直视曼殊为己出，况且他这一生都不曾知道叶子方是他的生身母亲。可是，自从三年前与叶子重逢后，他不知多少次在心内猜测，姨母才是自己的亲生母亲，陈独秀的戏言化作一个魔咒，萦绕在他的心头，挥之不去。

临别前苏曼殊有信与叶楚伧，言明他接到日本的紧急电报，催促他回去：

> 不慧接家母电促速归，明晨乘筑前丸东渡，孙少侯之长公子暨犹子辈六人随行，途中颇不寂寞。楚伧先生，勿以为念也。

从信中可以看出苏曼殊此番回去得十分仓促，心中记挂日本究竟发生了何事，河合叶子要急急催促他回去？叶楚伧此时是南社的中坚分子，后来成为国民党官员，是一位有名的政治活动家，他历任国民党中央宣传部部长、江苏省政府主席、国民政府委员、国民党中央执行委员会常委兼秘书长、国民党立法院副院长。曼殊虽然已坦言自己远离政治，但是他尊敬革命友人，对革命的发展十分挂心，此番若不是心内焦急，不知河合叶子在日本情况究竟如何，亦不会丢下众人东渡。致叶楚伧的这封短信，扼要而直白地表现出他对南社友人的重视。此信后来刊登在1912年5月的《太平洋报》上。临别前柳亚子前去相送，并赠诗一首：

壬子暮春送曼殊东渡

红灯绿酒几旬醉，海水天风万里行。

正是阳春旧三月，樱花丛里访调筝。

到达日本以后，曼殊又得到了日夜思念的"母爱"。这一次相聚记录甚少，直至今日我们也不知道河合叶子为何要催促他速回日本，也许只是真的思子情切。此次会面后河合叶子搬离了东京。

此番与河合叶子在东京相聚，对他产生了巨大的影响。有一个疑问，始终在他的脑海中徘徊：姨母究竟是不是我的亲生母亲？在平时的相处中，河合叶子无论从言行或态度都使曼殊感受到，她远比河合仙要更爱自己。如今，每当近距离地看向姨母的眼角，曼殊都仿佛看到自己的影子。而且每一次分别河合叶子都表现出极为不舍，那样温柔入骨的眼神，那样无微不至的照顾，不正是传说中的母爱方才会有的吗？这样的疑问默默地埋在曼殊心底。

苏曼殊此次在日本，游览了玉娘湖。这次游历，记载在他给某位朋友的书信中：

> ……谓山僧日醉卓氏垆前，则亦已耳。何遂要山僧坐绿呢大轿子，与红须碧眼人为伍耶？七夕发丹凤山，鸡鸣经珠帘瀑，旁午至一处，人迹荒绝，四瞩衰柳微汀，居然倪迂画本也。草径甚微，徐步得小丘，丘后有湖，寒流清泚，有弄潮儿，手携银鱼三尾，口作笛声，过余身畔，方知为濒海之地。问是何村，曰："非村落。"湖名"玉女"，余直译之曰玉娘湖，博君一粲。即日趁渔船，渡沙陀江，初九日到樟溪，策马，马频嘶而行，顾望崦嵫，悽然身世之托。初十日至枫峡，颇类吾乡在厓门……

拜访僧人，游玉女湖，至枫峡，曼殊的生活十分惬意。玉女湖直译为玉娘湖，颇有一番风情。他将玉娘湖所见，莺飞草长的小径，徐步慢行的悠然自得，弄潮儿的高超技艺，黄昏篱笆的唯美，写成了一幅醉人的画卷。

苏曼殊在日本陪伴河合叶子约一个月后，5月底返回上海。

1912年6月，苏曼殊将飞锡所写的《潮音跋》交由柳亚子在《太平洋报》发表，从6月9日至6月13日刊登完。刘三见到此文后便跑来质问曼殊："你此文意在说自己完全是日本人，这样不怕背负上骂名吗？"

"何来骂名！"曼殊闻言不由得愤慨。

"如今有识之士与东洋仇恨日深，你须立刻登报，将真相公布出来！"刘三不理会他的愤怒，执意要他登报澄清此事。

"决不！你太过夸大其词，世人不会如你所言！"曼殊率性地认为众人不会像刘三认为的那样夸大地误解自己的身份。

刘三为此又急又气，寻至柳亚子处吐苦水。柳亚子知道曼殊脾气倔，无奈安慰刘三说："《潮音跋》只当是子谷失心疯发作时的痴话，我却疑心他确是间断类的失心疯。"刘三叹道："只能如此罢了，李太白亦有疯癫时，想来你说得有几分道理。"

其实，苏曼殊此次在日本时便做出了一个重大的决定：他要借由文学创作公布自己内心的猜想——叶子是他的生母。他曾经无数次地揣测姨母才是自己的母亲，但是他始终不敢问出口，也不敢直白地承认他的心里时常惦记着这位"姨母"，只是含蓄地同亲近的朋友们说："（叶子）便是我的母亲一样。"曼殊爱国思想浓厚，素来不承认自己是日本人，只肯承认生母是日本人。如果再公布自己是父亲与其妻妹所生，在当时的时代无疑是要背负巨大的舆论压力。

可是世上还有几个人像曼殊这样率真可爱，这样任性胆大呢？1912年5月他回国后，开始在《太平洋报》上连载小说《断鸿零雁记》，熟悉他的友人马上意识到，这几乎就是一本自传体小说。书中笔法细腻，直接地写出了主人公三郎与姨母之间真挚的亲情，那样亲切的相处，那样母子化的对白，已远超他与河合仙之间的感情。

余母指余笑答姨氏曰："三郎也，前日才归家。"姨氏闻言喜极曰："然哉，三郎果生还耶？胡未驰电告我？"

言已，即以手扑余肩上雪花，徐徐叹曰："哀哉三郎！吾不见尔十数载，今尔相貌犹依稀辨识，但较儿时消瘦耳。尔今罢矣，且进吾阁。"

……

第心甚疑骇，盖似曾相见者。姨氏以铁箸剔火钵寒灰，且剔且言曰："别来逾旬，使人系念。前日接书，始知吾妹就瘥，稍慰。今三郎归，诚如梦幻，顾我乐极矣！"

余母答曰："谢姊关垂。身虽老病，今见三郎，心滋怡悦。惟此子殊可愍耳！"

闻听三郎尚在人世，姨氏"喜极"，用手拂去他身上的雪花，叹道"哀哉三郎"，书中姨母这样的言行同母亲"今见三郎，心滋怡悦"的反应相比，确实更像是一位母亲。

姨氏言至此，凝思移时，长喘一声，复面余曰："三郎，先是汝母归来，不及三月，即接汝义父家中一信，谓三郎上山，为虎所噬。吾思彼方固多虎患，以为言实也。余与汝母，得此凶耗，一哭几绝，顿增二十余年老态。兹事亦无可如何，惟有晨夕祷告上苍，祝小子游魂来归阿母。"

这场三人重逢的描写中，姨氏回忆昔日闻听三郎被老虎吃了"一哭几绝，顿增二十余年老态"这样真切深入骨髓的悲伤，也只有白发人送黑发人的境遇方能体会。据书中描写，姨氏比母亲的话要多许多，虽然姨氏也表达了姐姐对儿子的关怀和想念，但这样的话不是该由母亲说出来更为恰当吗？从作者的笔触和用语上，似乎想要表达出姨氏对自己有说不完的话，而母亲在一旁也是一位聆听者，最深切的感悟须由姨氏言说方显本意。

苏曼殊婉转地表达了一个令人吃惊的事实：姨母是他的生母。这不仅使小说故事情节更为曲折，也加重了整体"悲情"的气氛。三郎出身可怜，唯一疼爱他的乳娘被继母赶走了，父亲虽为他与雪梅订下婚约，但父亲去世后家道中落雪梅父亲悔婚。孤苦的三郎出家后东渡日本寻母，却隐晦地表达出姨母方是亲生母亲。在日本的生活虽重得母爱，但是宗教信仰和天生的悲情意识使他放弃与静子的姻缘。爱情中，执着有执着的苦痛，放下有放下的剜心。三郎骨子里的悲情主义，让他一生都无法得到真正的幸福和家庭的温暖。

飞锡与苏曼殊乃知音之交，两人无话不谈，他在《潮音跋》中说：

> 曼殊阇黎，始名宗之助，自幼失怙，多病寡言，依太夫人河合氏生长江户。……五岁，别太夫人，随远亲西行支那，经商南海，易名苏三郎，又号子谷。

飞锡对曼殊姓名、性格、回国时年龄、名号皆为事实无误，但对曼殊的父亲介绍为生父早亡"自幼失怙"，而生母河合氏居住地介绍为"江户"，也就是东京。我们可以顺理成章地分析出，飞锡之所以介绍他"自幼失怙"皆缘于苏杰生是曼殊一生的痛，父亲没有在幼年时给予他应有的保护，以至于几近病死柴房，后来苏杰生病重他都不肯回去见最后一面，便可知这伤痛有多深。飞锡的介绍应是表达出他的真实心境，与其有父如此，莫不如自幼成孤（幼儿无父之人）。而对母亲河合氏的居住地就更耐人寻味了。河合仙最开始同苏杰生在横滨生活，后由云绪町迁往了南太町，也曾在曼殊成年后偕他回逗子樱山小住。但是，当年离开横滨嫁给了海军军官的河合叶子，却是由横滨迁往东京的。由这样的揣度内心的介绍可见，飞锡这位"曼殊知音"确实是实至名归。

1912年，苏曼殊如同一个普通的儿子般常回家看看，多次去广岛省"母"河合叶子。

　　1912年5月，苏曼殊回到上海后，继续在《太平洋报》工作。这一时期，他颇勤勉，分别绘《湖上双鬟图》赠陈去病，又绘《汾堤吊梦图》《黄叶楼图》《燕子飞翻图》《葡萄》及扇面十余柄。尤其是他的《无题诗三百首》成书，只可惜已失传。

　　陈去病是近代有名的诗人，南社创始人之一。早年参加同盟会，追随孙中山先生，为助其宣传革命立下诸多功劳。近日苏曼殊与他走得较近，曼殊听陈去病讲其出生时，父亲已去世五个多月，他是个遗腹子。去病母亲"倪太夫人"对人说："因在苏州娄门平江路庆林桥旁的旅社将其生下，遂为陈去病取乳名时便用桥名命之，呼为庆林。"陈去病在日本时很仰慕孙中山，渴望见他一面。但孙中山先离开日本去了东南亚，与之失之交臂。陈去病在日本结识了黄兴等人，与革命党人的往来，使他的思想有了质的变化，虽然很遗憾未能与孙中山结识，但为日后孙中山先生在上海会见他打下了基础。此时他一心革命，认为清王朝的统治"病入膏肓""无药可救"。当他再次读到"匈奴未灭，何以家为"时，毅然易名"去病"。

　　曼殊读他的诗多是风格苍健悲壮、抒发爱国激情之作，又发觉他性情急躁，负气慷慨，与自己颇为性情相投。连陈去病自己都对曼殊说："我幼年便聪颖过人，但性情急躁，脾气甚大。家母便为我取字'佩忍'，要我一生以忍让为本，盼能平安度日。"

　　"如今世道如何忍得？"曼殊率直地问他。

"和尚所言极是！如今天下风云动荡，叫我如何忍让？便是追随中山先生慷慨赴死，料能快意恩仇，死亦无憾！"曼殊敬他颇具侠义。

陈去病很早便想求曼殊一画，但和尚总是推诿，始终没有如愿。当时叶楚伧任《太平洋报》总编，索性费时半日购得曼殊爱的朱古力糖、鲍鱼虾蟹、八宝饭点心若干，又因其嗜雪茄如命，干脆不吝一并买齐，统统放在编辑室邀曼殊品尝。曼殊见到糖果直言："闭目食糖如入云端。"叶楚伧吃惊地见他糖不及吃完，便又将腌鲍鱼丢入嘴中，咂舌道："咸甜同食焉有好滋味？"曼殊一副"饱得自家君莫管"的孩童姿态，眉开眼笑猛点头。叶楚伧趁机退出，将其锁在室内。

苏曼殊见门被反锁上，便忙反身去开门，急切道："卓书（叶楚伧字）先生，为何将衲锁于此？"

叶楚伧一改往日的严肃，在门外嬉笑道："和尚总是泼皮无赖，欠着我的画不给。今日你若是不画完，我便不开门。"

"若说衲无赖，先生岂不更是荒唐？如此强行索画，即便画出亦是朽墨枯纸，有甚意境？"

"吾岂不知牛不饮水强按头的道理，美食亦如佳人，屋内诸多美食皆为和尚置办。料想你吃得欢实，便可天马行空，下笔有如神助！"

苏曼殊回头看看，屋内尽是他最爱的佳肴，实在引得食欲大动。诚如叶楚伧所言，美食在前，如佳人在怀。况且见他准备得如此用心，对自己的饮食喜好甚是了解，亦算是真切地了解关心自己，如此便也不再扭捏，灵感不过是即兴而来，终不负其所望，绘出名动画坛的《汾堤吊梦图》。

此图几树垂柳，小屋暗藏，一线孤舟，寥寥数笔却意味无穷，留白的功夫令人惊叹，画中的意境让观者神游。叶楚伧将此画拿给李叔同（即后来的弘一法师）欣赏，李惊叹世间尚有此等心境之人，料想定不是凡尘俗胎。当时李叔同任《太平洋报》主编文艺及画报的编辑，他铸版此画石印见报，印品堪称经典之作，其灵动若不细看极易误以为是原作。

陈去病闻听叶楚伧以美食向苏曼殊求画已成，便绞尽脑汁以奇遇向曼殊索画。陈曾游"樱洲"（今南京玄武湖），此地因产樱桃而得名。史载康熙年间，江南织造曹寅曾将玄武湖樱桃进贡给康熙，康熙大帝十分如意，便因此扬名。

陈去病曾在樱洲遇到卖樱桃的一对孪生姐妹，虽着布裙荆钗，但姐妹俩风姿动人，娇俏妩媚，神韵天成。陈绘声绘色地对曼殊语及此次丽遇，并夸大详细地叙述了姐妹俩卖樱桃时的风姿神韵，举手投足皆是世间珍品。曼殊最喜浪漫，闻听此奇遇便心猿意马，恨不能速往樱洲以见姐妹二人娉婷袅娜之态。入夜后他辗转反侧，遂起身绘《湖上双鬟图》相赠陈去病。

高吹万闻听二人都已得了苏曼殊的画，便急了起来，立时千里寄笺，请曼殊绘制《寒隐图》：

曼殊上人慧签：

阔别五年，积思成痗。山村无俚，我劳如何。前知师驾莅沪未久，忽复东徂。居未数旬，飘然又至。近悉是月更将重赴蓬山，万里瀛程，视同咫尺；盈盈一水，往来如梭。挂碍尽除，身心俱畅，闲云野鹤，欣羡可知。不敏蚓结蛰藏，萧然隐几，尘尘世事，久付无闻。冷僻性成，乏善可述。惟文章结习，未能忘情。当此天地改观，河山生色，但望衮衮诸公，息争蜗角，闲气胥平；俾大好神州，立足巩固，则著书岁月，为日方长。时鸟候虫，乐无极矣。曩者不敏尝远寄缣缃，以诗乞画。荷蒙传语，当俟暇为之。明知能事从容，不受迫促，然不敏爱慕而欲得之心，固无日不系于荒寒萧散间也。比闻我师有重译《茶花女》之举，功德无量，未识何时可以脱稿？不敏已储三斗泪待矣。万绿覆窗，桐叶似扇。兴到援笔，不尽所怀。天梅自沪回，具道相念，甚感甚感。

曼殊收到信后，对于昔日的承诺非但没有推诿，反而十分欣喜，他认为高吹万时隔这么久依然如此惦记着他的画，实乃真知己。于是也愉快地为高吹万绘作了一幅扇面，以示与高的友情颇深。高吹万有诗《柬曼殊大师并乞画寒隐图》，其曰："曼殊大师耽禅癖，画法精能巨然敌，昔年寸笺赐丹青，箧底珍藏如拱璧。"

6月下旬，苏曼殊同马小进同赴上海郊外的刘三家做客，一聚便是十日。邹容死后，刘三为邹容收殓遗骨，葬于自家黄叶楼下。苏曼殊非常敬重刘三的侠义之举，为他画了《白门秋柳图》。

这一日，刘三聚众好友设宴款待。宴罢酒酣，曼殊又显现出风流浪漫的本性，兴之所至便想用胭脂作画。此时，陆灵素已经带着孩子们入睡了，刘三兴高采烈地将妻子唤起道："速将你最好的胭脂取给我，今日要有佳作传世了！"

陆灵素埋怨道："你也同那呆和尚一道疯起来！"刘三满面堆起笑容讨好陆灵素，模样憨态可掬与曼殊无二。陆灵素无奈披衣下地取来一片一直不舍得用的上好云霞脂，薄硬如脆饼，刘三喜不自胜地捧着小跑而去。

苏曼殊醉眼斜眜，笑语连连，不消几笔便画就《黄叶楼图》。刘三见画心内大喜，又在一旁作势道："此胭脂乃拙妻心爱之物，和尚定要再赠一画给她，方为礼周。"

"这有何难？"曼殊说罢，顺笔画就一幅扇面谢赠陆灵素。他一气呵成，下笔有如神助，紫酱色的笔锋画作老树、枯枝、寒鸦，扇面画成时笔端胭脂尚未用完。陆灵素在《曼殊上人逸事》中写道：

> 上人偕粤东马小进义士过华泾，在民元五月初。一夕饭罢，索胭脂作画，时儿女辈皆已尽睡，外子觅得一片如薄饼者，置画碟中。上人且画且谈笑，顷刻成《黄叶楼图》一，为余画扇面一。又蘸墨汁作横幅一，笔端胭脂未净，枯柳残鸦，皆作紫酱色，今日尚储箧中，成奇观也。

非曼殊此等灵秀之人，难成此神来一笔，此扇一直被刘家珍藏至今，成一佳话奇谈。

这一时期，苏曼殊画兴不减，又绘出十余幅扇面，其中一幅叶楚伧留有题诗：

戏题曼殊画扇

明湖十里映晴丝，不管桃痴与柳痴。

觅个情场归宿处，春风一棹载西施。

6月，苏曼殊再次东渡日本省母河合叶子，旅途中他有书信与刘三，表述了此行东渡的又一目的为"孤屿习静"：

> 别来思念不置，起居如昨否？小进初七南归，弟昨日起行东渡，聊作孤屿习静之计。达权兄有书至否？匆匆不尽所怀，此叩双安。
>
> 名心印发自长崎舟中

"孤屿习静"顾名思义便是一个人在孤岛上过幽静的生活。王维在《积雨辋川庄作》中言："山中习静观朝槿，松下清斋折露葵。""习静"亦作"习靖"。靖、静古通，谓习养静寂的心性。所谓"孤屿"，日本岛本就是东瀛海上孤岛，或者曼殊的内心便是一座孤岛，也无须多加揣测。近期在日本他完成了《梵书摩多体文》的编撰，苏曼殊请桂伯华来题写书名，计划来年春天出版。桂伯华，此人名念祖。早岁曾随康有为、梁启超从事变法活动，后任上海沪萃报馆主笔，宣传维新，"戊戌"后从杨文会学佛。1910年时，桂伯华赴日本学真言宗。其间，与章太炎相过从，宣传佛学密宗。当时在日本的中国佛学研究家中颇具名望，苏曼殊对他十分尊敬。1912年，桂伯华欣然同意为曼殊的《梵书摩多体文》题写书名。桂伯华后于1915年病逝于日本。

1912年秋天，河合叶子随丈夫迁居舞子，苏曼殊随后前往舞子省母，其间绘成《舞子海滨图》：

亚公足下：

> 别后甚相思想，联月弗书一字，故绝音讯耳。秋寒石瘦，可无恙耶？又《舞子海滨图》，即异方飘寄之人，尽日眺望处也。

10月金秋而至，苏曼殊在河合叶子家中休养一段时间。每有"母亲"悉心照料他的身体便会有所好转，刚长了几两肉就兴致勃勃启程赴琵琶湖。

琵琶湖是日本中西部山区的淡水湖，面积约674平方公里，邻近京都、奈良、大阪和名古屋。该湖与富士山一样是日本的象征，是著名的游览胜地。琵琶湖为近畿地区千万人提供水源，被誉为"生命之湖"。

琵琶湖周边古寺每逢霜秋红叶漫野，美不胜收。日本常见的枫树品种有伊吕波枫、板屋枫、羽扇枫、大枫，还有中国品种唐枫。古时日本就有秋天赏枫的习俗，因枫叶艳红像是野兽艳丽的皮毛而得名"红叶狩"。枫叶是秋天慷慨的馈赠，美得肆无忌惮却从不取悦任何人，只要霜华袭来，它便开始枯落前歇斯底里般地变色，有时竟一夜红满山，似乎一年的积蓄便是为这最后的释放。秋来日本红叶每天以27公里的速度变色，不过两月整个日本岛便弥漫在荼蘼的红色中。

苏曼殊被这种美深深地震撼着，琵琶湖似乎已是一幅血色的画卷，至纯粹，至浪漫，又至轰轰烈烈。旧历九月时，他书信给柳亚子：

亚子足下：

　　前日奉去一笺，妥收未？英明日启程西渡，相见禾如伺日，殊用憔忧耳。

英发自红叶寺

此信看似普通，然日本历史上根本无一寺庙名曰"红叶"，想必是曼殊被红叶迷人的景致倾倒，有感而发。

1912年10月苏曼殊又书信给柳亚子，告知他"改定阳历十月三十正午"（此当为旧历）启舷回国，计划将于"十一月初七八人（赴）苏州一行"，"十一月末至唐山"，"十二月赴香港星家坡等处"。

然而苏曼殊是经由马关、长崎，回上海，时陈独秀邀请他去安徽高等学堂教授英语，但因他大病一场，休养至腊月方才启程赴安庆。

这一年，多年不见的堂兄维春从青岛至上海，与曼殊再次相会。曼殊对这位堂兄印象极好。儿时在沥溪村，幸得维春照料，才不至于被宗族邻里的孩子们欺负得太惨，尤其是小时候维春带领他们捉蔗鼠的事，他始终记忆犹新，那是他童年回忆中少有的放纵快乐的情节之一。

说起来，苏杰生弟弟德生的几个儿子待曼殊都很和气，曼殊对几个堂兄始终心存感激，此番见面忆起儿时往事难免涕泪纵横。维春拍着曼殊的肩道："吾知你幼时着实受了一番磋磨。然，姨母亦有他的难处，虽不敢让尔体谅，但也不要太过怨恨罢。"

苏曼殊知道他口中的姨母便是大陈氏，拭去眼角的泪道："旧时往事，子谷已不大记得了。"

"唉！听你所言，当真是心中放不下昔日煎熬。"维春上前握住他的手，继续恳切道："总归是一家人，便是不去想姨母，也莫要忘记姑丈栽培之事。"

"生养之恩从不敢忘，然手头无钱，不好回去交代。"苏曼殊又以手中无钱推托不欲回沥溪。

"昔年你便以此推托，我知你不愿回伤心地。然同宗本源，即便他年化为尘土亦要落叶归根。"

"出家人不问红尘事，随遇而安，四海皆为根。"

"便是了却红尘事，亦要回去一次方才有始有终。"

维春握紧曼殊的手。他突然同情起这位堂兄来，他心里明白昔年在沥溪大陈氏等人对他的虐待，并不能归罪于维春。况且，维春又多是护着他的，现在无辜承受了他的怨气，实属自己不该。思及此，曼殊心软下来，便开口道："兄容弟禀，本是打算回去的。待几年手头有些积蓄，定要回去看看的。"

"你既如此说，我的心也安些。"兄弟二人此番见面，让维春心中对曼殊的愧疚更深了。他想起昔日儿时，孩子们都是那样天真快活，唯有曼殊一个人孤苦伶仃，眼圈经常是红肿的，哭得像只无辜的兔子。

9月的时候，维春同妻子欲回广东，临别前想去《太平洋报》同曼殊辞行。可是不巧，此时曼殊又东渡去了日本，未能再见面。曼殊回国后听柳亚子说堂兄偕堂嫂来向他辞行未果，心中有几分失落不舍，想下次堂兄堂嫂再来定要好言相待。只是人生的变故往往比戏剧更为仓促无奈。第二年苏曼殊同堂兄维翰打听维春的近况，维翰回电寥寥数字，便让曼殊涕泪横流，内容大致为：兄维春已于上月殁。

这些年，沥溪村中的亲人一个个相继辞世，先是祖母，后是父亲的妾小陈氏，又后来父亲亦去世了，如今维春也走了。虽然沥溪是他的梦魇之地，但血脉相连总归是令人愁惘。想到自己的病躯，他悲观地感到过不了多久自己也许也要化为尘土了。

安庆，是安徽省高等教育的发源地。

1897年，时值清政府统治，安徽巡抚邓华熙恳切地奏请清廷，希望在安庆创建"安徽求是学堂"，获批准后便于鹭鸶桥处设学堂。四年后学堂改名为"求是大学堂"，次年又改为"安徽高等学堂"，这便是安徽省历史上第一所高等学堂，该学堂曾有一众名仕任教，严复便曾任职过校长。

至1906年时，安徽巡抚恩铭上奏清政府在姚家口都司署旧址创办"安徽官立法政学堂"，希望可以参照京师大学堂法律专业和日本法政速成科来安排课程，这在课程安排上较之前有很大进步，更凸显时代的发展性。同期，安庆先后创办有"安徽高等巡警学堂""安徽农工商医实业学堂""私立高等农业学堂""安徽讲武堂"等。至此，安庆高等学堂的创办进入了相对热潮时期，文化文流、有志之士、求学者在安庆开始活跃起来。这在当时的中国是走在了教育的前沿，对高等教育的探索做出了突出贡献。

清末由于政府当权者闭关锁国，要在中国创办高等教育非常不易，需要地方官努力争取，以及多方贡献方可事成。后期陈独秀等人创办"江淮大学"收入学生1000多人，在当时已经算规模较大的学堂了。

陈独秀听闻苏曼殊回国后便邀请他至安徽高等学堂任教英语，曼殊苦于病体拖累未能立马赴行，至旧历十一月底致信刘三：

刘三我兄左右：

　　示悉。清恙已除否？甚念。昨已函覆马君，岁末或可南归。今夕赴皖江，为能走别，但有惆怅。十二月初闻重来上海，彼时当谋良会。倚装匆匆，未尽欲言。诸祈为道珍摄，嫂夫人清安。

行行白

　　辛亥革命后陈独秀就任安徽高等学堂教务主任。苏曼殊赴安庆后身边的朋友主要是陈独秀、邓仲纯、邓以蛰。23岁时，苏曼殊便曾在安徽任教，最后因"皖江风潮"所害黯然离开。当年有学生破坏学堂几乎将邓绳侯打死，并扬言是江彤侯从中挑拨，至此风潮大起。当年邓、江二人皆是曼殊好友，迟钝的他夹在朋友的矛盾间无法自处。临别时留给卢仲农和朱谦之的信，让闻者泪流，曼殊有言："不识今秋木脱草枯之后，可有机缘于留春园中携手同游，随诸公后，盈盈池水，寒照额纹否耶？"落款"寒僧曼殊拜"。

　　如今重返安徽，苏曼殊的心情是复杂的，多年漂泊病骨已朽，他已少了当年的热情与憧憬。现如今，他更安静，更懂得处理一个人的时光。

　　曼殊在安庆教书期间，因性情较为孤僻，平日里不喜与学生聚会阔论，总是将自己关在房间里，有时上课亦懒怠不想赴讲台。有时上课铃已响却仍不愿出房门，便临时请同人代课。据闻，他每周课时十四小时，有八小时的课是由沈一梅代教，自己任教不过六小时。因天气严寒，苏曼殊不喜写字，闲暇时便常与邓艺孙女婿葛襄（云中）及程演生、孙以童弟孙以炯（从迎江寺月霞法师剃度）等人交游，这样的生活也算得轻松惬意。

　　怀宁人程演生，这时年方25岁，聪明好学，与曼殊等人交往时十分谦虚。曼殊对程演生多有点拨，日后其与高一涵、王星拱等散发陈独秀、李大钊印制的《北京市民宣言》，斥责北洋军阀政府的卖国行径。"北伐"后，程演生更是出任外交部特派员。他一生著述甚多，有《圆明园图考》《安徽清代文字狱备录》《中国清代外交史料丛书》等。程演生还酷爱戏曲艺术，尤爱京戏。在京、沪、安庆等地，程演生与杨小楼、夏月润、梅兰芳等京剧名流交往频繁，著有《国剧概论》《皖优谱》等戏曲论著。近年，有学者在复旦大学图书馆偶然觅得刊有"老安大"校徽、校歌的册页，查实校徽、校歌均为怀宁籍程演生所创，1933年由校务委员会审定通过。程演生亲自作词的校歌古意凝重，不失为此题材作品中的上佳之作：

> 潜岳苍苍，江淮汤汤。
> 夏商肇启，雍容汉唐。
> 文化丕成，民族是昌。
> 莘莘多士，跻兹上庠。
> 潜岳苍苍，江淮汤汤。
> 缅怀先哲，管仲蒙庄。
> 高文显学，宋清孔彰。
> 莘莘多士，跻兹上庠。

1913年元旦，苏曼殊去陈独秀家拜访。陈实在算得上是苏曼殊最好的朋友，柳无忌在《苏曼殊及其友人》一文中说："郑桐荪曾讲：'曼殊的朋友，恐怕要算仲甫最久最厚。他与太炎缔交，以我所知，已在太炎出狱以后。他与太炎交情，似亦不如仲甫之久而厚。'柳亚子在曼殊身后编有《苏曼殊全集》，对他的一生进行了系统的研究，他亦以为：'曼殊生平第一个得力的朋友，是仲甫，大抵汉文和英文、法文都曾受他指教的，所以常常称畏友仲子。'"

陈独秀与苏曼殊思想上比较相似，有时行起事来不顾及世俗眼光。前文曾介绍过陈因爱上妻妹高君曼，受到整个家族的反对，索性带着这位小姨子远行上海，过起了同居生活。此时在安庆，陈与高的第一个孩子已经出生。昔年陈独秀东渡留学与曼殊相识，众人皆知，一次陈"欲借其夫人十两重金镯作为游资，坚决不肯"，为此大吵一架。想想陈独秀也算豪杰心性，为此银钱琐事与内室喋喋不休，定是深感苦恼。他喜得知音佳人后，曾给在爪哇任教的曼殊写信说"新得佳人字莫愁"。苏曼殊一直无缘得见高君曼，众人更是连高的照片也没见过，各方便绘声绘色地说其为"尤物"。如今苏曼殊至安庆，终于见到这位名动一时的嫂夫人，喜不自胜若窥探挚友的珍藏。他的心里默默为陈的勇气而赞叹，也为他得到幸福而高兴。

迎江寺位于安庆市枞阳门外，它通接九华山，比邻匡庐，北靠天柱，南濒长江，此地自古聚天地物化之灵，骚人墨客流连往复。苏曼殊欲在迎江寺长住些时日，但他听闻邓庆初的妻子方素悌是桐城人，会做桐城特产的丝枣，苏曼殊便被勾起馋虫，求着邓庆初想让嫂夫人给做一些解解馋。邓庆初又名邓仲纯，父亲邓绳侯为陈独秀的老师，邓氏兄弟与陈独秀从小一起长大情同手足，1908年时三人一同留学日本。邓绳侯十分重视家中子女的教育，邓家多才俊，许多年后，其孙邓稼先成为国之栋梁，"两弹"元勋。

11月，苏曼殊给邓庆初写信道：

> 迎江寺甚好，拟明岁于彼处租一寮房，习静修来生耳。明岁夏间或一游东京，可否未必也。仲兄处亦常去，惟仲兄忙极，又好讲笑话……前数日偕云中君出西门，登大观亭，后由西门步至东门，登迎江寺宝塔，时正崦嵫落日，诚壮观也。

"仲兄"说的是陈独秀（字仲甫），苏曼殊说他很忙，又喜欢讲笑话，如此看来众人的生活尚算不错，尤其陈独秀可谓春风得意。

苏曼殊至安庆时常与好友聚会宴饮，小蓬莱酒馆便是他常去之地，旧历二月时他致信柳亚子曾提到"小蓬莱"：

> 亚兄足下：
>
> 乍合仍离，可胜惆怅！抵皖百无聊赖，无书可读，无花可观，日与桐兄剧谈斗室之中，或至小蓬莱吃烧卖三四只，然总不如小花园之"饭宝八"也。
>
> 吾兄比来游兴何似？桐兄决月杪归沪，英亦同去，彼时或能再图良会也。浪游潦倒，无有是处，迹子心情，亦当怜我。六月返西京红叶寺，吾兄可肯一尘游屐否？兄如先在沪渎，乞为我善护群花。诚惶诚恐。
>
> 念一日
> 英顿首顿首

"饭宝八"便是曼殊十分喜爱吃的八宝饭。近年来他因为暴饮暴食时常为腹泻所苦。到达安庆后，他几乎日日闹肚子以至无法起床，幸得郑桐荪在旁照料，在给柳亚子的信中提及"连日生洞泻之疾，心绪无俚之至，幸得桐兄朝夕对谈，堪自慰耳"。病好后曼殊又写信给柳亚子说"桐兄为况如昨，弟病亦已脱体，无足念也"。

因为贪嘴，苏曼殊所受的苦实在不少，即便是安庆特产的千层酥味道不如日本枫山的好吃，他仍是痛快大吃方觉过瘾。1927年郑桐荪与柳无忌信中也回忆了昔日与苏曼殊在安庆小蓬莱相处的好时光：

> 我们在安庆每天上"小蓬莱"吃点心或吃饭，这也是他的主动。现在回想当时的每天上"小蓬莱"，乱谈古今，觉得生平快乐，莫过于此。

然好景不长，陈独秀担任安徽高等学堂教务主任不久，就因学生闹风潮被赶走了。学堂教员周越然乃是民国时沪上知名藏书家，他在《我所知道的陈独秀》一文中回忆道：

> 清末民初，安徽高校的学生真不容易"侍候"，真不容易对付！独秀先生的离去高校，全为学生要求不遂。据说当时他与学生代表最后的对话如下：
>
> （学生）我们非达到目的不可。你答应么？——你答应也好，不答应也好。
>
> （独秀）我决不答应。
>
> （学生）你竟不答应！有什么理由？
>
> （独秀）我不必对你们讲理由。
>
> （学生）那么，你太野蛮了。
>
> （独秀）我是野蛮。我已经野蛮多年了，难道你们还不知晓么？
>
> 于是，喊打之声四起；同时，全校电灯熄灭，变成黑暗世界。独秀先生到底是活泼伶俐的革命家，就在此"千钧一发"喊打未打之际，

无影无踪地脱离高校而安然抵家了。次日独秀先生辞职，教务由郑某代理，不久郑某辞职而由溥泉继任，暑假前溥泉又辞职返浙，教务由我主任。

这种形势下，郑桐荪也没有在学校久留，不久便辞职而由应溥泉接任工作。暑假前溥泉又辞职返回浙江，先留学英国，又留学德国。后来溥泉成为民国时期著名的政治家，其精通罗马法律，曾任职国民政府司法院副院长，乃国民党元老。

郑桐荪接替陈独秀任教务主任后，与苏曼殊同校任教，曼殊曾写信给柳亚子汇报近况说"暂住高等学校，桐荪兄亦同寓所"。曼殊为何要在与柳亚子的信中，专门提及谁与他同住？乃因郑是柳亚子的大舅子，柳无忌《舅父郑桐荪家传》，言郑桐荪留美回国后曾任教安徽高等学校，"在安庆时，与苏曼殊、沈燕谋同事，合编《汉英辞典》与《英汉辞典》"。

苏曼殊在安徽高等学堂任教时的同事除郑桐荪、沈燕谋外，还有张继、周越然、傅盛勖等人。陈独秀、邓仲纯、邓以蛰、葛温仲等人为昔日旧识，程演生、易白沙等人为新交。

"辛亥"后复校的安徽高等学堂这四任教导主任，陈独秀、郑桐荪、应溥泉、周越然，都是民国的文化名流。1913年7月12日，"二次革命"爆发，陈独秀随柏文蔚返皖，协助制订"讨袁"计划，并起草《独立宣言》。7月17日，"二次革命"失败，安徽宣布独立，陈独秀在芜湖被当地驻军首领龚振鹏捉拿，险遭枪决。

"二次革命"失败后，柏文蔚、陈独秀逃离。此后，安庆长期被皖北军阀倪嗣冲统治，安徽高等学堂也在其武力威迫下停课，苏曼殊又一次黯然离开了安庆。

民国时期，老师地位很高，军阀见了毕恭毕敬，总统也会礼让三分。这种高地位体现在三方面：薪酬、地位、自由。

民国时，教师薪水远超当下，苏曼殊于安庆高等学校任教期间，每月薪水为200元，实属高薪。民国时期的一个女仆月薪仅为1块银元，县长20块银元。当时中学老师可以拿到100块银元，高等学校的老师拿的工资则更高出几倍。辛亥革命前后，茅盾、沈从文、鲁迅、刘半农等人，月工资皆在200至300块银元之间，苏曼殊亦算作此列。后期的收入鲁迅的年薪约1.5万银元，然而民国三十年（1941），上海的一流影星的收入也达不到这个水平，名满沪上的明星周璇收入为每月200块银元，而蓝苹（江青）的薪水则是每月60块银元。

民国初的1块银元可比现在200块还要值钱。那时1块银元便可大约能买150根油条，或者80瓶荷兰汽水。曼殊喜食海鲜，在沪上他摆一桌最高级的海鲜酒宴不过12块银元。他得了如此的高工资，直接助长了口腹之欲，每日出入酒楼楚馆，终日寻欢宴饮。

除了工资高，民国时教师的地位亦十分高。熟悉近代史的人，应该听说过曹锟。此人劣迹斑斑，在北京放火闹事，助袁世凯就任临时大总统。甚至直接策划了"直皖战争"，使得战火纷飞，百姓流离失所。曹锟可谓是一个没有原则的人，纵兵行凶，贿选总统，公然践踏民主共和制度。但即使是这样一个十恶不赦之徒，却依然对教师毕恭毕敬。

有一则事载，1919年曹锟在保定创办河北大学，他经常对左右说："自己是贩布的大老粗没有文化，办大学一定要靠教授。"曹锟专门聘请了很多知名教授，自己以师礼待之，每逢发工资的时候，行政人员会用托盘托着红纸包好的银元，弯腰举案过头，恭敬地奉给教员。当时供职曹锟的普通教员，所得薪水比他手下的师长还要高。即便如此，他依然十分内疚，说："你们这样用脑子，每月那点钱，抵不上你们的血汗呢。"

民国这样厚待教师的事，并非一例。那时的教师除了高工资、高地位，大多比较有个性，课堂也灵活，如何教学、在何地教学，皆不受学校管控，非常自由。国学大师刘文典，一次讲《月赋》讲到一半便对学生说："今天提前下课，改在下星期三晚饭后七时半继续上课。"原来他是在等月圆之夜。入夜，满月如盘，银辉流泻而下，加之老师的见解独到而精辟，学生们身临其境，沉醉不知今夕何夕。

苏曼殊身处这样一个时代做老师，确实很幸运也很幸福。他每月拿着200块银元的高薪水，享受着学校对他的礼遇。那时候民国刚刚成立，清政府被推翻的喜悦弥漫在大街小巷，人们在长期的封建制度压迫下已经疲累麻木不堪。灵魂初得释放，人们的自我约束急剧减小。

苏曼殊在安庆虽有"小蓬莱"可供其宴饮，但是根本不能满足其贪玩的需求。每月领到薪水便迫不及待地回到上海，又恢复了他昔日的烟花柳巷生活。当时他与朱文鑫、沈燕谋二人同住在英租界南京路第一行台旅馆，三人包下了旅馆最大的客房，名"大餐厅"，推窗而望便是沪上著名的红庙。

南京路灯火阑珊，醉倒无数政客名流，像是一枝妖艳的罂粟横插在上海的繁华中。此路最早起源于1851年的花园弄，1906年，公共租界有轨电车工程开工，开辟了从外滩过南京路到静安寺的有轨电车线路。这在当时算作大工程，整个南京路路面都进行了翻建，用铁梨木铺成一条"红木马路"。英籍犹太人欧·爱司·哈同斥巨资，从江西路（今江西中路）西首抛球场，至泥城浜东面（今市百一店门前），共铺400万块进口"红木"，耗费白银60万两。当年的60万两白银相当于今天币值两亿元以上，然红木已远非昔日的价格了。如此手笔令人咂舌，在世界城市道路铺面上亦可谓独一无二。

曼殊所观景致"红庙"，本称"虹庙"，是老黄浦典型印象之一，是上海道教正一教派主要道观之一。它位于南京东路496号，坐北朝南，砖木结构，占地672平方米。始建于明万历年间，原名汀沟庙。清康熙六十一年（1722），按照道教传统将内外墙面悉用紫红色刷新，故称之为"红庙"。鸦片战争后，由于南京路的日益发展与繁荣，虹庙成了上海香火最盛的庙观。

1913年的南京路便已初露繁华，来往商贾络绎不绝，富家千金、贵族妇人缓行漫步，红庙一带更是聚集了老上海有名的秦楼楚馆。曼殊几人惯常午睡后出游南京路，至晚饭时入各种酒场饭局，每晚至局竟有五六场，三人轮流入座应局，同席不过二三次。曼殊所住旅馆第一行台的老板是日本人，他有一位亲戚叫尤温和，与曼殊交善。尤温和曾回忆曼殊，说他时常推窗观美人，最具柔肠，对美人亦十分豪爽大方，若有所求未有不予。有时美人拂到他的衣角，他竟将衣服一并给了，打着赤膊回馆。

苏曼殊"叫局"的局票上喜欢落款"和尚"两个大字，包天笑说："苏和尚最喜依偎追随佳人，自古亦少见矣。"曼殊的任性不羁实乃荒唐，局票写出不等妓到局，便转换至下一局。酒馆的校书应曼殊的堂差，便引着妓女去下一局寻他，寻不见又复至下一局。有时被"叫局"的女子一夜寻不到曼殊，便将校书责骂得苦不堪言。到了深夜，校书拖拉着小脚妓女追到第一行台旅馆，一同指责抱怨曼殊。若遇到脾气火暴的妓女，曼殊便由着她在旅馆门口捶打一番。从秦楼至第一行台一路灯红柳绿，来往莺歌燕语，众人觥筹交错，夜夜笙歌。

苏曼殊虽然每乐衷于"叫局"召妓，但他从未与女子有肌肤之亲，更不会越雷池行事。他召妓喜欢瞪着眼看着对方，半天不说一句话。吃东西时，双手合十念佛，人们常被他弄得兴致全无，不欢而散。过一段时间，等他有钱了又询问上次所召妓女的名字，像是很喜欢的样子。等到将人再带到他面前，他又像上次一样瞪眼看着对方，默然无语，惹得妓女背后痛骂"疯和尚"。

1907年曼殊离开沪上时，花雪南泪眼婆娑相送，碎了曼殊的柔肠。除花雪南外尚有昔日佳人玉立、桐花馆等人。玉立长得出尘脱俗，偶尔还会着西方女子的装扮，花冠革履，宛若混血佳丽。桐花馆最具风姿，会驾亨斯美四轮马车，在龙华直道上手持碧桃一束，柳眉粉腮，人花相映之姿令曼殊倾慕不已，拜倒之态仿似昔日遇调筝人。于右任《独树斋笔记》中，说他：

> 曼殊于歌台妓院，无所不至。视群妓之尤，如桐花馆、好好、张娟娟等，每呼之侑酒。高士之于名花小鸟，心赏目娱，皆成悟悦。与言政事，则辄曰："不成问题。"继是即作风花语矣。

平日里，曼殊在青楼除了喜欢打牌喝酒，还喜欢作画。若是友人索画便十分吝啬，若是青楼女子索画却非常痛快。有时他一进门，便有女子扶栏探身喊他："疯和尚，今日给我画一幅！"他忙应声："嘎。"呼堂倌找出扇面提笔就画，从不见半分推诿矫情。有时曼殊作画，花雪南静静地侍立一旁，曼殊抬眼见她艳若桃花，便用笔尖余色在她额间画出花瓣，有时调皮地用花雪南唇上朱色画作图中美人樱唇，诸如此类，真可谓风月无边。

苏曼殊此番热恋花雪南依然如四年前那般从不肯有夫妻之实，他喜欢住在花雪南的闺房中，甚至将那里视作自己的家一般，与花雪南同榻而眠，共覆一衾，彻夜谈笑却不动性欲。

一次，张好好忍不住问他："和尚为何能钟情三娘（花雪南别称），却迟迟不肯一亲芳泽？"

曼殊双手合十答道："爱情像是灵魂的空气一样。灵魂因有爱情而永在。"

花雪南这几年变得大胆许多，闻言上前一步，双目噙着泪水逼问他："既然爱情对灵魂如此重要，那又为何不敢碰我？"

苏曼殊退后一步，双手合十行佛礼道："世人言'情海如祸水，若游泳于情海，稍涉即溺'，和尚虽不以为然，但物极必反，登峰造极，越峰则降。性欲，乃爱情至极也。"

"日日登得极峰，久之便会厌倦是吗？或者，你嫌我烟柳之身，不欲为伍。"花雪南不顾颜面，道出多年的疑问，语罢已哭成泪人。

曼殊从怀中拿出一条手帕双手奉予她，接着道："你与我相爱却不乱情，方能永守此情，即便关山万里，亦此情不渝。若乱情为始，终将孽海为终。"

张好好在一旁妖媚道："和尚便是不知这灵肉之乐，乃人间极乐。你若是娶了三娘，便是佛祖相邀亦不肯赴约了。"说罢纤手搭在苏曼殊的肩头，娇笑连连。

苏曼殊微微一哂，目光灼灼地看着花雪南，仿佛这世间唯留他二人，一字一句道："和尚的爱情是给了花雪南的灵魂，非给了她的肉身。我不欲图肉体之快乐，而伤了精神之爱。愿卿能与我共守之。"

花雪南双目璀璨，银牙轻咬红唇，似有巾帼之态，她站起身拂去曼殊肩头张好好的手，泰然道："你一七尺男儿都守得住，我一女子有何不可？罢了，此生你是我的冤家，我便与你干干净净地同枕而眠，也省得叫世人总以为我青楼无出贞女。"

封建思想中的女子，必须"贞洁方能得道"，女子越是在污泥中越是要懂得"贞"，方显得高贵不俗。陈汝衡的《说苑珍闻》中记载了这一段关于爱情与性欲的对答：

> （苏曼殊）游踪所至，常流连于秦楼楚馆中。每有所许可，辄喁喁为好色，斯则浅人之见，厚诬曼殊矣。兹举一事以证其人……几乎视妓家如己家，与妓同衾共枕，更不待言，而终不动性欲。妓以为异，问其故，则正容而语之曰："爱情者，灵魂之空气也。灵魂得爱情而永在，无异躯体恃空气而生存。吾人竟日纭纭，实皆游泳于情海之中。或谓情海即祸水，稍涉即溺，是误认孽海为情海之言耳。惟物极则反，世态皆然。譬之登山，及峰为极，越峰则降矣。性欲，爱情之极也。吾等互爱而不及乱，庶能永守此情，虽远隔关山，其情不渝。乱则热情锐减，即使晤对一室，亦难保无终凶也。我不欲图肉体之快乐，而伤精神之爱也。故如是，愿卿与我共守之。"

柏拉图认为："当心灵摒绝肉体而向往着真理的时候，这时才是最好的。而当灵魂被肉体的罪恶所感染时，人们追求真理的愿望就不会得到满足。当人类没有对肉欲的强烈需求时，心境是平和的，肉欲是人性中兽性的

表现，是每个生物体的本性，人之所以是所谓的高等动物，是因为人的本性中，人性强于兽性，精神交流是美好的，是道德的。"苏曼殊认可的这种"柏拉图式爱情"，注重精神恋爱，是只爱灵魂不爱肉体的一种方式。在西方哲学家柏拉图眼中，追求心灵沟通，排斥肉欲，追求理性的精神上的纯洁爱情。

与花雪南分别后，他在七律《何处一首》中，将自己消极的爱情观念表达出来：

> 何处停侬油壁车，西泠终古即天涯。
> 捣莲煮麝春情断，转绿回黄妄意赊。
> 玳瑁窗虚延冷月，芭蕉叶卷抱秋花。
> 伤心怕向妆台照，瘦尽朱颜只自嗟。

诗中所说"油壁车"乃指名妓苏小小的故事。南朝齐时钱塘第一名妓苏小小，常坐油壁车于西湖游山赋诗。当初苏小小乘坐一辆精致的油壁车，如黄莺般歌唱，世俗之人见了纷纷指责她不够检点。但她虽出身青楼却十分自爱，她动听的歌声引得书生鲍仁倾慕不已。苏小小同情鲍仁的贫困遭遇，颇有侠女风范，她资助鲍仁上京赴试。后来苏小小命途多舛，被人陷害入狱，身染重病，临终前依然嘱咐身边的人道："我别无所求，只愿死后埋骨西泠。"金榜题名后的鲍仁得知苏小小已故，悲痛万分。他遵照苏小小"埋骨西泠"的遗愿，出资在西泠桥畔择地造墓，墓前立一石碑，上题"钱塘苏小小之墓"。花雪南让曼殊想到了苏小小，他们都是中国的茶花女，是风尘中的玉骨芳魂。

曼殊以苏小小喻花雪南，他说：你的油壁车停在什么地方呢？我知道我们已经是天涯之隔了，西泠已作终古。但我们的爱情犹如捣莲已烂而丝不断，麝已煮沸而香不灭。如今，四季交替，春绿转秋黄，我的思想像是赊下的情债。玳瑁装饰的窗外，冷月千年冷眼斜睨着我的癫狂，骨子里的空虚像是秋风秋雨中的残花，在芭蕉叶下颓败。早已无法对镜妆台，那容颜一定是憔悴而枯瘦不敢自观，除了哀叹又能奈何？

友人郑桐荪读到曼殊的这首诗后，步其韵以诗安慰曼殊：

> 曾傍红楼几驻车，青衫无奈又天涯。
>
> 诗成百绝情难写，雪冷三冬恨梦赊。
>
> 漫去深山盟落叶。应怜空谷老名花。
>
> 朱颜未减少年态，何事频频揽镜嗟？

　　风月场中本是逢场作戏，苏曼殊却戏假情真。在空虚之处寻归宿，必然是得更深的空虚寂寞而归。这像是他的宿命，一直在寻找温暖，却总不知该去何处寻，寻错了地方，留错了情，真伤了心。

　　苏曼殊行事颇有魏晋士人风骨。他放达不羁、潇洒飘逸、旷达博古，在特立独行的行事之后，是他本真的面貌，是人格真实的存在。终其一切，可能都是不幸的童年带给他的阴影，这种高尚的精神恋爱，除了因他结缘佛教，也许也源于他骨子里的怯懦和对幸福的不自信。在他的小说中多是这种精神恋爱，除了浪漫的相遇，大多还有死亡的阴影。鸳鸯蝴蝶派的才子都爱佳人，才子们的最高境界便是得一"红粉知己"，美丽只是佳人的一部分，还要有高贵的灵魂、灵秀的才气，方算得上女子中的上品。

　　民国时期，许多名士都有这样的浪漫爱情观。周作人曾说："（苏曼殊）浪漫的性情，颇足以代表民国革命前后的文艺界风气。"中国的许多问题，都在极端的思想中得到释放和解决，如若曼殊的生命再长一些，经历的历史变迁再多一些，对世事更深入地了解后，或许他便也不会那么清高，不那么邈远。

　　死亡似乎是文学作品中爱情至高的结局，苏曼殊的笔下众多女子都早早地香消玉殒了，几乎每一篇都写了自杀。越是纯洁剔透，越是不能得到，不能妄动，最后竟其不动，而枉送了佳人性命。《断鸿零雁记》中写与静子的相处："余垂目细瞻其雪白冰清之手，微现蔚蓝脉线，良不忍遽释，惘然久立……"这种笔触和心思，非一般俗人可陈。殉情者亦是殉己，在他们看来：不幸的命运面前死亡是对自己和爱情最好的交代。雪梅如此，静子如此，对曼殊自己亦然。

柳亚子晚年曾说："曼殊不死，也不会比我们高明到哪里去，怕也只会躲在上海租界发牢骚罢了。"也许柳亚子所言不虚，但曼殊终究是英年早逝了。他乐于赴死，急于速死，面对这个世界他深切地感到疲累与厌倦，他没有给自己变得庸俗麻木的机会。

十年后，姜可生在上海西藏路见到一女子似花雪南，彼时身穿青色衣衫，头发蓬乱，形容狼狈憔悴。姜可生上前询问她："姑娘可是花雪南？"

女子抬头看了一会儿，认出是昔日苏曼殊的同座好友，便道："正是。"

"姑娘怎会如此憔悴？"

花雪南黯然道："鸨母已死，众人已散。我乃残败之躯，沦入黑籍。自古青楼女子无不薄命，一朝老去便连脚底泥都不如，我又如何能逃脱呢？"

姜可生见她落魄至此，拿出些钱给她："我这有些钱，你若不嫌便拿去暂度几日。"

花雪南没有推拒，接过钱仔细收好，生存所迫，已经让她不复昔日的清高。姜可生原有事在身，便要话别。刚转过身花雪南拉住他的袖口，姜回过头来，见花雪南眼中含泪道："和尚可是真的走了？"

姜可生心有不忍地说："和尚确是圆寂了。"花雪南流下两行清泪，垂下头转身踉跄着走了。昏黄的路灯下，她驼着背，脚步踉跄，走出十多米后蹲在地上将头埋于双膝，肩膀剧烈抖动着痛哭起来。姜可生见她如此重情，不由得钦佩，长叹一声转身离开。

1913年3月20日晚10时45分，苏曼殊赴花雪南家晚宴，众人沉醉在欢声笑语中。此时，上海火车站，一辆开往北京的列车升火待发，月台上人潮来往，宋教仁准备乘此趟列车北上应袁世凯急电之邀共商国是。

黄兴、于右任、廖仲恺等友人陪同宋教仁从特设议员休息室出来，准备登车。廖仲恺郑重道："此番北上，钝初（宋教仁字）定要力挽狂澜，以求共和方可罢休。"

宋教仁沉重地点点头："必当竭尽全力而为。"

突然，检票口附近一颗子弹射向宋教仁，枪声一起人群乱作一团，黄兴拉起身旁的宋教仁就要跑，情况不明，他想找个地方先躲起来。宋教仁弯腰蹲下身来拉住黄兴道："克强（黄兴字），我中枪了。"

众人慌乱间将他扶上一辆汽车，立时送往就近的老靶子路沪宁铁路医院急救。杀手在人群中故意连开几枪制造骚乱，并迅速逃窜。于右任看见了开枪的凶手，拔腿便要去追，廖仲恺急忙拉住他大呼："回来！钝初中枪了，快喊巡警！"

匪夷所思的是，往日夜班车必有警察在车站巡逻，此时却找不到半个巡警的身影。于右任远远看见凶手滑摔了一跤，顾不得疼，爬起来又继续狂奔，气得大骂："混账！该死！"

到了医院，医生诊断后出来说："子弹由右腰射入，伤及小腹与大肠，逼近心脏。虽然手术将子弹取出，但是伤势十分严重，危及生命。"

宋教仁术后疼得厉害，双手扣紧床边铁栏。黄兴见他额上汗如雨下，上前为他拭汗问："钝初贤弟，你可知是何人所为？"

"余自……自认并无仇识。"宋教仁疼痛难忍咬着牙道。

"我这就命人去查，你且忍耐一下，勿乱动使伤口裂开。"黄兴转身欲出病房。

宋教仁拉住他的衣角道："罢了，罢了！惜凶手在逃，不知误会吾者为何许人。亦或许吾主张责任内阁而埋此祸，被歹人所忌。"说罢高呼护士，"烦请为余注射止痛药物！"

廖仲恺小跑着去请医生，开了最大限量的止痛药给他注射进去，但他仍痛不欲生，其哀号之声令众人不忍闻之。

黄兴等人因宋教仁伤势过重，整夜寸步不离守在病床旁。到了清晨时分，宋教仁疼痛稍止。他自感伤重必命不久矣，便授意黄兴代拟致民国临时大总统袁世凯电文一封，希望他能够竭力保障民权，自己则虽死犹生：

今国基未固，民福不增，遽尔撒手，死有余恨伏冀大总统（袁世凯）开诚心，布公道，竭力保障民权，俾国会得确定不拔之宪法，则虽死之日，犹生之年。临死哀言，尚祈鉴纳。

袁世凯曾说："孙中山襟怀豁达，是容易相处的，天真的黄克强也好对付，顶难驾驭的，只有一个宋教仁。"

上午，宋教仁遇刺的消息飞速地传开。苏曼殊在花雪南处睡到中午刚刚醒酒，闻听噩耗震惊不已，他来不及整束好衣衫便飞奔向医院。宋教仁向于右任留下遗嘱：

今以三事奉告：一、所有在南京、北京及东京寄存之书籍，悉捐入南京图书馆；二、我本寒家，老母尚在，如我死后，请克强与公及诸故人为我照料；三、诸公皆当勉力进行，勿以我为念，而放弃责任心。我为调和南北事费尽心力，造谣者及一班人民不知原委，每多误解，我受痛苦也是应当，死亦何悔？

曼殊赶到医院时，宋教仁因大小便出血严重又进了手术室，曼殊不忍听其痛呼，躲在医院走廊的拐角里不停地诵经。延至22日凌晨4时48分，宋教仁不治身亡，年仅31岁。曼殊在门外闻听众人哭声，倚着墙滑倒，口中喃喃道："南无阿弥陀佛，终究来去一场空。"

范鸿仙在宋教仁身故后拍下遗体的照片，今宋教仁墓安于上海市闸北公园。孙中山题挽联："作公民保障，谁非后死者；为宪法流血，公真第一人。"

宋教仁的死，使沪上陷入恐怖的气氛中，革命党人昼出夜伏，不敢再似往日逍遥，以防不测。从1911年辛亥革命至1913年宋教仁遇刺，这段时间的轻松和欢庆终于结束，民国开始纷乱动荡，普通人命如草芥之风又刮了起来。宋教仁的死让苏曼殊悲痛不已。一直以来他并不十分欣赏宋教仁，反而认为他"只是人比较聪明"，能取得今日成就皆因"（他）知道中国革命迟早总要成功罢了"。如今突闻噩耗，以曼殊宽厚的性格、侠义的风骨，悔痛非常。他伏在花雪南的膝头回忆昔日如过眼云烟般的往事，低低地对她讲述他们的故事：

"有一次，衲生活困顿，身无分文，向众好友求救。友人接到信笺时，恰巧中山先生在旁。中山先生听说衲生活困顿，食不果腹，便让钝初接济二百大洋于衲。他给我送钱时说：'和尚切莫贪嘴，省着点花。但亦不可让自己冻着饿着，速去买些厚衣御寒，日后如遇困顿可来寻我。'"

花雪南见他眼角有泪便劝道："切莫再说了，越说越是伤心，你不是一直想听我唱《秦淮景》吗？我唱给你听。"

曼殊摇摇头继续道："让衲说完吧，不知日后还有多少人记得他的好。"

花雪南倒了杯茶递给他："喝点，嘴都干了。你想说我便听。"

曼殊对她含泪悲怆一笑，继续道："衲得钱后大喜，决定大宴群朋以示庆祝，派发了许多请柬出去。"

"你这和尚就是做事不按章法。"

"衲还邀请了中山先生和钝初。"

"都言借花献佛，你倒好，采了佛前青莲，返敬佛祖。"花雪南虽知他素日痴傻，也不觉莞尔。

"衲只是高兴，想着终于又有钱可以与众好友欢聚，并未多想其他俗念。"

"那，他们来赴宴了吗？"

"自然是来了，钝初高兴，还饮了好些酒，连中山先生都有些微醺。"曼殊忆起当日众人豪饮，是何等英雄模样，不觉嘴角含笑。

"他们也是性情中人，跟着你一起胡闹。"花雪南喝了口茶，托着腮若有所思。

"他们不是胡闹，而是想让衲高兴罢了。衲后来听仲甫说他二人接到帖子后对视，哭笑不得。中山先生大笑道：'这便是苏和尚！走，咱们赴宴让他高兴高兴！'"说及此，苏曼殊放声痛哭，花雪南抱住他口中不停地劝着："你切莫大悲，太过伤身。"说着说着，自己也跟着落泪。

曼殊哭累了，缓过气来接着对花雪南道："上次游西湖还偶遇钝初，孰料竟是永别。"

当时李一民、张卓身与曼殊同往西湖，湖上偶遇宋教仁、于右任、石瑛、田桐等人，宋教仁欣然邀他们入席。曼殊个性不羁，小酌了几杯便提早离席。后来，众人为宋教仁接风洗尘之事登报，其中有一句"香山苏曼殊先生亦在此座"，曼殊见报还十分生气，他恐世人觉得他是逢迎拍马之人，对张卓身说："和尚不欲与官场俗辈相交。"遂同二友返沪。

如今宋教仁竟遭厄运，不幸辞世。昔年，与中山先生、宋教仁、陈少白等人的交往历历在目。曼殊向来对生死颇多伤怀，此番难过竟病倒大半个月起不了身。辛亥革命胜利后至"二次革命"，是他们这批清末留日革命者一生中宁静快乐的人文时光。

经此伤心惊惧，苏曼殊无心在沪久留，6月他与郑桐荪同赴苏州。途经盛泽，与沈燕谋同行。三人此次相聚为的是此前在安庆与郑桐荪编纂的《汉英辞典》和《英汉辞典》。

三人曾同游盛泽红梨湖。红梨湖碧波千顷，树色如黛，景色十分迷人。传说在600多年前的元末明初，江南富商沈万三与爱妾九娘泛舟游湖。聪慧美丽的九娘，诗、书、画才艺俱是上品风流。她不喜沈万三终日挥霍奢靡，更苦恼府中姬妾相争，手段卑劣，便请求沈万三让她出府别居。眼前这片碧波千顷的湖泊，令九娘十分中意。沈万三非常宠爱九娘，不久便在盛泽西北郊的湖畔建了"九娘楼"。为爱妾能增添雅兴，沈万三还"植红梨万树于湖滨以点缀风流"，红梨湖由此得名。湖边的渡口便唤作红梨渡，"红梨晚渡"亦成为盛泽名景。曼殊见中和桥上写有"金波跌宕红梨渡，玉带长垂绿晓庄"的桥联，不禁点头称赞。三人同赏红梨晚渡，直至水光明灭、月隐星回方才回家。

几人不觉已在盛泽住了十六日，这一夜曼殊觉得晚饭没有吃饱，取出自己的皮箱，郑桐荪不禁哑然失笑，里面竟全是糖果小吃。曼殊大方地邀他同食，郑只吃了两块糖便觉牙痛不肯再吃。曼殊独自埋头大嚼，不一会儿工夫身旁已覆满一层糖纸。郑知和尚向来贪吃，担心他吃多了糖明日喉咙痛，便起身煮了茶给他喝，二人喝了几壶茶后方休息。郑桐荪因喝多了茶睡不着，见曼殊在一旁也不睡，奇怪道："和尚心无挂碍，平日豪饮咖啡都不会失眠，今日为何不能入睡？"

"兄不知衲非饮茶之故，乃是腹胀难忍。"郑桐荪闻言大笑，曼殊也跟着大笑起来。

二人一笑更精神了，索性坐起来披着被子聊天。苏曼殊想起上次在盛泽与柳亚子相聚，不禁惦念他："不知景山（柳亚子别号）兄近来如何？"

郑桐荪也担心道："景山毅然离开，南社如今散乱，恐是非其归来不能平复。"

"那日景山兄言，南社诸友于上海属第七次雅集，景山兄欲改其条例，使编辑员三头制为一头制，并自荐遭众人否之。"苏曼殊回忆上次在盛泽相聚，柳亚子因欲改南社条例并毛遂自荐，遭到高天梅的强烈反对，最后众人通过投票表决，支持柳亚子的仅为少数。高天梅又趁机说了许多风凉话，使柳亚子大为愤慨。

"和尚知不知？景山兄在集会第二日便愤而出社，并登报声明此事。"

"仅耳闻罢了，并未详见。"苏曼殊裹紧被子。6月的天气早晚温差大，他腹胀又有些冷，难受得起了哀声。

郑桐荪笑道:"不如下地走走,也好消食得快些。"

曼殊摇摇头:"罢了,总也习惯了。"郑桐荪拿脚踢他一下:"和尚不仅犯了馋虫,连懒虫也犯了罢!"说着感到困意袭来,倒身睡去,不多久便呼吸均匀,微微鼾起。

苏曼殊一个人睡不着,披着被子发呆。他一会儿想起宋教仁,一会儿惦念柳亚子,不觉惆怅非常。他深感自己并非离经叛道之人,只是如今世风不好,只能三缄其口。又思及想在广东开设图书馆,想让"粤人多读圣贤之书"之事。他拥着被子下地,取出纸张给友人写了一封信:

曼殊再拜敬覆某公阁下:

去岁自南东渡,劳公远送于野;今得广州书,复承远颁水晶糖、女儿香各两盒。以公拳挚之情,尤令山僧感怀欲泣。别后悠悠行脚,临水登山,每欲奉寄数行,聊证心量,而握管悲从中来。嗟夫!三复来示,知公固深于忧患矣。庄生云:"水中有火,乃焚大槐。"今之谓也。故交多遯衲南归,顾终于无缘一返乡关。四月三十日,从安徽过沪,风雨兼天。欲造访令亲,探问起居,亦不可得。与公晤会之期,尚难豫定,凄恻其何能已耶!区子固非离经叛道之人,然此时男子多变为妇人,衲只好三缄其口。昔人云:"修其天爵,而人爵随之。"见时还望以此言勖之。衲重五前三日,偕燕君行抵舜湖,风景秀逸。一俟译事毕业,又重赴迎江寺,应拂尘法师之招。东行须游泰山之后始定。令弟何时渡英?如行期已决,衲有介绍书三通付之。燕君亦于秋间往合众国惠斯康新大学重攻旧业,可时相通问。未生养疴日本,图书馆事无从而知。闻文澜阁藏书已尽移于图书馆,广雅书藏无恙,但未闻有图书馆之设。使粤人多读圣贤之书,吾公亦有意于此乎?某公盛意,衲惟感篆于心。丁兹四维不张之世,尤得道义之交如两公者,此生慰矣,夫复何求!

五月十八日

天明时,郑桐荪醒来,睁开眼惊讶地见他还是昨夜拥被而坐的姿势,摇头叹道:"莫说你痴,你原是比我们多长颗心而已。"

苏、郑、沈三人经过20天的紧张工作后，返回苏州，临行前他给刘三写了封短信：

刘三我兄足下：

前在舜湖，曾寄数行，想登记室矣。今日午后，行抵苏城，住乌鹊桥滚绣坊七十二号，拟阴历六月二十日过沪，当图良会。小进哲夫近日有信至否？通讯时幸为祔道念也。

七月游泰山，亦肯一尘游屐否？

五月二十二日

曼谨上

旧历五月二十二日乃新历六月二十六日，苏州城乌鹊桥滚绣坊七十二号乃郑桐荪兄郑咏春家，三人抵达后，继续紧张地工作。

苏州滚绣坊东起凤凰街，与带城桥下塘相对，西至乌鹊桥北堍平桥直街，与长洲路相对，乃是宋代古坊，为名臣元绛故居所在。巷有"衮绣"牌坊，"衮绣"指古代三公（最高级官员）的礼服。后人不知"衮绣"的原意，于是以讹传讹变成了"滚绣"讹传至今，与刘三此信曼殊亦于此字有错。

衮绣坊历史悠久，据说宋代天圣五年（1027）进士元绛，官至参知政事，辞官归老后便住在巷内。巷内素来为显宦大族所居，环境素雅，十分安静。坊旁是典型的苏州水巷，此河往东过带城桥、星造桥直抵葑门。苏曼殊在郑家常启窗赏景，手中不离雪茄，一观便是大半日。

柳亚子后来至衮绣坊住在兄长家，怀念起曼殊写有一首诗缅怀他：

潇潇暮雨过吴门，一水红梨旧梦痕。

无那落梅时节近，江城五月为招魂。

（君曾客红梨湖畔，寓余妇兄家累月）

1913年，宋教仁遇刺后，凶手在上海公共租界被捕获，陈其美势力称搜出凶手与国务总理赵秉钧的通信，袁世凯作为背后推手日渐浮出水面。

孙中山闻讯立刻赶回上海，种种证据皆指向袁世凯是暗杀背后的策动者。国务总理兼内务总长赵秉钧、内务部秘书洪述祖与罪犯应桂馨之间来往的秘密电报和信函，被江苏都督程德全、民政长应德闳向海内外"通电"。上海地方检察厅也开始传讯赵秉钧，他却拒绝应讯，最后迫于巨大的舆论压力发公开电报为自己辩白。革命党人进一步引导舆论施压袁世凯，最后赵秉钧辞去总理一职，由段祺瑞接任。

可惜，孙中山当时所领导的革命党人的力量并不能与袁世凯相抗衡。1913年初，袁世凯根据《临时约法》，在全国进行了国会（参议院、众议院）的议员选举。两院参加人数共计870个席位，国民党列席392席，共和党175席，统一党、民主党各24席，其他席位均为跨党者和无所属者。

宋教仁的死引得各方震动，国内外舆论哗然，但革命党人武装力量薄弱，依然无法与袁世凯抗衡。4月8日，中华民国第一届国会召开，108门礼炮响彻天际。据姜克夫《民国军事史略稿》记：

> 袁世凯上台之后，强化独裁统治，积极扩编北洋军事武装，将"清朝末年的新军9个师11万人，巡防营旧军4万人，扩大为新式陆军12个师另16个混成旅，约计22万人。再加上旧巡防营军和张作霖等军，共

计30余万人。

袁世凯在执政党方占有优势地位，此时的立宪派代表人物有梁启超、张謇等人，他们主要是已经或正在转化为民族资产阶级的地主、官僚和商人阶级。说白了就是由清朝统治阶级转变而来，他们的固有势力依然十分可观，在南方军队中尚有一定影响力。在辛亥革命前，他们主张君主立宪，反对君主专制，但同时又以改良主义来抵制革命。这一群人，由清政府的反对势力演变为袁世凯的依附势力。

"宋案"发生前立宪派与革命派为暂时联合的关系，此时双方矛盾激化，宋教仁的死带给革命党人的不仅仅是愤慨，还有恐惧。如果继续任由立宪派主导新政府，那么革命党人势必要面临着与宋教仁相同的命运。虽然立宪派并非彻底支持袁世凯，但迫于形势短时间内与革命派公开对抗。

以孙中山为领导的革命派作为北洋政府主要的反对派势力，军事和政治力量都远不及立宪派，但革命党人的激情和斗志却是让袁世凯寝食难安。一时间，民国政治风起云涌，唐（绍仪）、陆（征祥）、赵（秉钧）内阁的更迭，国会议员选举，张（振武）方（维）事件与江西民政长等事件迭起。

苏曼殊回到上海后，面对的就是此局面。以他的个性对宋教仁积极选举、热衷政治活动的行为本不甚赞同。但中山先生回国后，力主讨袁，发动了"讨袁之役"。此番讨袁便是后来我们所熟知的"二次革命"，这一提法，最早出现在1912年11月26日袁世凯发布的《严惩倡言二次革命党徒》的通令中。

对于宋教仁在中国革命中的作用，历来褒贬不一。人们惯常评价他为中国的"宪政之父"，是中华民国的主要缔造者之一。况且常年在中山先生近侧，多数革命党人皆认为他为民主革命有诸多贡献。民国初年，他算得上第一位倡导内阁制的政治家。但也有人认为宋教仁的行为对中国革命并未起到积极作用，他们觉得宋教仁并不清楚中国宪政的前进方向，放着安全的道路不走，反而召集部分拥护者去夺权，大搞院会对立。是的，在任何民主政权面前，以军事干扰政治都是不智的选择，民国初期便是宋教仁开的先河。

无论如何，我们应清醒地认识到，在那样一个时代，能做一名勇敢的革命家已实属不易。人们在革命初期，处事格局上有所偏差是很正常的事。历史上，没有哪位领导人能做到完美领导，人们对错误的态度应是吸取教训，对今后有所助益。

中山先生在上海召开的讨袁会议上，国民党内不能形成统一意见，戴季陶、孙中山支持讨袁，黄兴、李烈钧、柏文蔚、胡汉民等多数领导人持反对态度。他们更倾向用和平的方法解决问题，甚至妄想着诉诸法律而抗争。会上，黄兴等人与戴季陶展开了激烈的辩论。其实他们的反对也不无道理，此时民国政府刚刚建立，内忧外患，民心尚不稳定，老百姓都惧怕战争，盼望和平能够持久，同时，两方的军事力量对比悬殊，此时讨袁无异于以卵击石。

1913年4月26日，袁世凯的北洋政府与英、法、德、日、俄五国银行团签订《善后借款合约》。革命党人认为袁世凯借款的本意是扩充北洋军队，属非法借款。事态进一步扩大，到了5月初，广东都督胡汉民、安徽都督柏文蔚、江西都督李烈钧联合反对袁世凯同列强银行贷款。6月，由于舆论高涨，迫于执政压力，袁世凯杀伐心已起，下令免去三人职位，并派遣北洋军第六师李纯的部队进入江西，以防抵抗。

1913年7月12日，孙中山指示李烈钧返回江西，集合可用势力组建"讨袁军"。李烈钧的旧部大多群起响应，不日江西宣布独立。江西的独立代表着"二次革命"开始。7月15日，孙中山又授意黄兴至南京，宣布江苏独立，并推举都督程德全为南军司令。接着，安徽柏文蔚、四川熊克武、湖南谭延闿、上海陈其美、福建许崇智、广东陈炯明纷纷宣布独立。

7月21日，《民立报》发表了苏曼殊的《释曼殊代十方法侣宣言》：

> ……自民国创造，独夫袁氏作孽作恶，迄今一年。擅操屠刀，杀人如草；幽蓟冤鬼，无帝可诉。诸生平等，杀人者抵；人伐未申，天殛不道。况辱国失地，蒙边夷亡；四维不张，奸回充斥。上穷碧落，下极黄泉，新造共和，固不知今真安在耶？独夫祸心愈固，天道愈晦；雷霆之威，震震斯发。普国以内，同起伐罪之师。

> 衲等虽托身世外，然宗国兴亡，岂无责耶？今直告尔：甘为元凶，

不恤兵连祸结，涂炭生灵；即衲等虽以言善习静为怀，亦将起而祓尔之魂！尔谛听之！

曼殊此篇《释曼殊代十方法侣宣言》一改他往日的行文风格，词锋凌厉，完全撕下了袁世凯虚伪的画皮，将袁的嗜血祸国揭发得淋漓尽致。此文不再是一篇普通的随笔杂记，这是曼殊的讨袁檄文。虽然他所指的十方法侣未必有授意于他，这像是他一个人的革命，用佛法的旗帜，以"众生平等"的观念化为武器，站在一个更高的审判台上将袁世凯讨伐得一文不值。

两年后爆发了反对袁世凯复辟帝制的"护国运动"，孙中山先生也发表了一篇檄文，算作是中国历史上著名的十篇檄文之一。中山先生一生为国操劳，倾尽心血于振兴中华的革命。曼殊和尚的檄文虽不能与其相比，但却走在先生的前面，亦为可敬可叹。

"二次革命"的失败，迫使孙中山、黄兴等人逃亡日本，这样仓促的逃离自然是无法带上苏曼殊的，可敬他身处在这样危险的社会环境中依然泰然自若，只是他心中对袁世凯的憎恨又深了几分。

袁世凯的狼子野心已经暴露得昭然若揭，他终究还是迫不及待地下令解散了国民党，并大肆打压、开除了国会内的国民党籍议员。此时国会已经人数骤减，完全发挥不出它的应有作用。这个更像是独裁皇帝的总统令世人不耻，数年后袁世凯称帝。

苏曼殊对袁世凯窃夺政权的无耻行为十分痛恨。在章太炎对袁世凯依然抱有幻想的时候，他却看透了中华民国政府的虚伪与黑暗。章太炎在革命上一直比苏曼殊要敬业，此时被蒙蔽也是因他心中对新政权太过期盼所致。

1912年1月3日，中华民国联合会在上海宣告成立。当时章太炎被选为会长，他发表演说称："本会性质，对于政府立于监督补助地位。"民国成立后，章太炎一直是袁世凯的拥护者。"二次革命"爆发后，章太炎被骗至北京。等他终于迟钝地发现袁世凯意图称帝的狼子野心后，愤然不能自抑，大闹总统府，最后被袁世凯软禁，直到袁死去方休。曼殊对章太炎此番境遇心有微词，他在答萧公书中说："此次过沪，与太炎未尝相遇。此公兴致不浅，知不慧进言之未至，故未造访，闻已北上矣。"

曼殊啊曼殊，你究竟是痴和尚，还是七窍玲珑心肝的通透人？尘世浮夸，污浊辱目，你的疯癫是不是对这个社会无力而愤慨的嘲讽？郑桐荪就认为，苏曼殊暴饮暴食，近乎自残地毁坏肠胃，是以此方式表达对现实和人生的反抗。

"二次革命"失败后，孙中山、黄兴等人再次被迫逃亡国外。11月中旬花雪南去看望苏曼殊，见他形容憔悴，眼下乌青，双目无神。花雪南关心地问他："和尚你还好吗？"苏曼殊抬起头看她，像是一个找不到家的孩子，双眼充满了迷茫。花雪南知他近来经事颇多，心内积郁，轻声道："和尚，今晚我叫厨房多煮些海鲜给你吃可好？我来请客，定叫你吃饱。可好？"

曼殊摇摇头，口中喃喃道："壮士横刀看草檄，美人挟瑟请题诗。"花雪南知道这是当初辛亥革命成功时，曼殊在国外闻而狂喜，立时写下的诗句。

"和尚，我知道是袁世凯篡夺了革命果实，然而你尽了力呀，中山先生也尽力了呀。"

"壮士横刀看草檄，美人挟瑟请题诗。"苏曼殊又一次重复着诗句。花雪南体贴地站到他身旁，叹息着抱着他的头轻轻地抚慰，曼殊肩膀抖动，泪流满面。

苏曼殊将袁世凯统治下的生灵涂炭化作文字付诸纸上，修改了自己的七绝组诗《吴门依易生韵》，并发表《燕子龛随笔》，成为史册上不可抹去的一页。

苏曼殊在1913年发表的《为玉鸾女弟绘扇》一诗中，写下"疏柳尽含烟，似怜亡国苦"的沉痛之句。他将"讨袁之役"的失败认作是"亡国之痛"。年初他游历苏州时畅游吴地，"吴宫花草埋幽径，晋代衣冠成古丘"。曼殊触景生情，曾写下七绝组诗《吴门依易生韵》，今日将此组诗斟酌修改，决定见报。

江南花草尽愁根，惹得吴娃笑语频。
独有伤心驴背客，暮烟疏雨过阊门。

江南已非昔日的江南，"暮烟疏雨"已打湿愁绪的琴弦，伤心的骑驴客忆及昔年的繁华，落寞又漫上了阊门的余晖。

碧海云峰百万重，中原何处托故踪。
春泥细雨吴越地，又听寒山夜半钟。

碧海千山，玉钗信茫，任九万里山河无限，却也寻不出可寄行脚僧的片寸"故踪"。春泥伴着细雨，天上飘的是愁，地上流淌的亦是愁，夜半寒山寺的泪雾，只凝成钟声响起时的一缕青烟。

月华如水浸瑶琶，环珮声声扰梦怀。
记得吴王宫里事，春风一夜百花开。

你便是那古老故事中的伊人，只有你的"环珮声声"能惊扰我念佛的梦。梦醒我守着流泪的红烛，恍惚中见你赤着双足，脚踝上银铃清脆，白玉般的光晕中漫步而上"月华如水"的瑶阶。

姑苏台畔夕阳斜，宝马金鞍翡翠车。
一自美人和泪去，河山终古是天涯。

姑苏啊姑苏，你是杏花一样的心思，是"宝马金鞍"出发地，衣上酒痕诗里字，美人和泪为离思。她的伤心到底是那驾"翡翠车"过后的南辕北辙，还是曾经沧海的"河山"？

万户千门尽劫灰，吴姬含笑踏青来。
今日已无天下色，莫牵麋鹿上苏台。

"吴姬"就这样静静地站在"劫灰"里，我还记得她应是含着笑踏青而来才对。是了，罢了，天下早已大变，左脚已是黄昏，右脚还在天涯，即便寻得那神骑"麋鹿"，也莫再去那颓垣断壁的"苏台"。

> 水驿山城尽可哀，梦中衰草凤凰台。
> 春色总怜歌舞地，万花缭乱为谁开。

整个"山城"都浸泡在悲哀里，"凤凰台"上"衰草"弥漫，怕是连草鸡都引不来一只。那么"春色"怜悯舞姬又是何必，"万花缭乱"终归是等不来一个歌舞升平的太平盛世。

> 年华风柳共飘萧，酒醒天涯问六朝。
> 猛忆玉人明月下，悄无人处学吹箫。

若"酒醒"之后还是梦语，忧伤之后还是忧伤，"年华"像轻轻垂下的柳枝，在楚箫的鸣咽声中追忆着"六朝"流水。那水岸分明站着梦里也徘徊的"玉人"，却不知为何在西风凉凉的"明月"下，独自练习"吹箫"，盈盈一水间，脉脉不得语。

> 万树垂杨任好风，斑骓西向水田东。
> 莫道碧桃花独艳，淀山湖外夕阳红。

"斑骓"可是去葬了倾城，任留"万树垂杨"自"好风"。世界上最富有的回忆便是"拥有过"，拥有过"碧桃花独艳"，拥有过"淀山夕阳红"，拥有过一个盛世繁华的家国。

> 平原落日马萧萧，剩有山僧赋《大招》。
> 最是令人凄绝处，垂虹亭畔柳波桥。

最终便是"平原落日"，万丈穹庐，独自"马萧萧"。山僧也是可以自我放逐的，权当宣泄是古今幽恨难平的凄楚。衲的哀苦不只是学《楚辞·大招》的招魂哀音，还有那"垂虹亭畔"的眷恋，伴着那愤而无力的亡国之哀，才是最最"凄绝"。

> 碧城烟树小彤楼，杨柳东风系客舟。
> 故国已随春日尽，鹧鸪声急使人愁。

故国，故梦，故人，故事。"杨柳"过客，"碧城""彤楼"，纵是梦魂也成虚吧？纵是强半天涯亦是秋霜秋草黄吧？家国何处？都不过是"鹧鸪声"中的"春日尽"散，寥落不知何年。

> 白水青山未尽思，人间天上两霏微。
> 轻风细雨红泥寺，不见僧归见燕归。

悲恻踉跄的诗人"白水青山"话不尽尽你的愁思。滚滚红尘，何处以寄恨焉？如今"人间天上"皆是道雨中闻断铃，残阳里温旧梦唯有独自空怅痛。便想是拥有超脱的襟怀，闲适的心境，又怎能在杂草堆中的"红泥寺"中寻得轻松。国将亡，庙已败，燕归僧不归。

苏曼殊的这一组八首七绝，借由吴宫深处千年的遗憾，将家国将覆的哀音宣泄而出。步移景异，点点滴滴信手拈来，皆可述惆怅。凄风苦雨，亡国之感扑面而来，一个真正的爱国者又如何能做到置身事外。真正的诗人，他情感的归宿必定是一个繁盛的家国。

1913年底，苏曼殊撰成《燕子龛随笔》共65则，既为随笔内容也比较杂，涉及学习札记、游记、小品、诗文等，其中透露出苏曼殊的日常生活。在革命方面，表达出他以武力解决问题的魄力。佛教在中国的发展中，素来提倡不杀生，但是对于"窃国"者，曼殊拥有果敢的见识。他同情百姓的疾苦，写道：

> 挑灯舍泪叠云笺，万里缄封寄可怜。
> 为问生身亲阿母，卖儿还剩几多钱？

颇有王粲《七哀诗》"路有饥妇人，抱子弃草间。顾闻号泣声，挥涕独不还"的味道。

在《燕子龛随笔》中，他也记述了自己的日常生活，常透露出他贪吃可爱的一面。有一段写法云寺：

> 年余十七，住虎山法云寺。小楼三楹，朝云推窗，暮雨卷帘，有泉、有茶、有笋、有芋。师父居羊城，频遣师见馈余糖果、糕饼甚丰。嘱余端居静摄，勿事参方。
>
> ……
>
> 山寺中北风甚烈，读《放翁集》，泪痕满纸，令人心恻。最爱其"衣上征尘杂酒痕，远游无处不销魂。此身合是诗人未？细雨骑驴入剑门"一绝。尝作《剑门图》悬壁间，翌日被香客窃去。

世人皆是看人人，曼殊和尚独独看自己。他的日常生活就是念佛观己，有诗、有味、有情、有泪，哭过笑过，痛饮过，和尚心内自澄澈，世间一切虚妄皆是佛祖的留白。

1913年12月底，苏曼殊从上海东渡日本，有诗致陈独秀：

东行别仲兄

江城如画一倾杯，乍合仍离倍可哀。

此去孤舟明月夜，排云谁与望楼台？

陈独秀亦有答：

曼殊赴江户余适皖城写此志别

春申浦上离歌急，扬子江头春色长。

此去凭君珍重看，海中又见几株桑。

至西京琵琶湖游次，病复大作。逆旅主人视余甚善，余甚感天心仁爱。是间为三山最胜处，然"河山信美非吾土，小凤当思我经钵飘零否耶？"

这是1914年初苏曼殊在日本写给叶楚伧的书信。"二次革命"失败的打击让他更加消沉，去年底刚到日本他复游琵琶湖，肠病连绵，经济又陷于困境。

苏曼殊所患的大多为肠胃疾病，旧历腊月，他与友人刘三、柳亚子等人的书信都提及他"病大作"，与柳亚子信中直言自己所得乃"疟疾"。这种全球性的急性寄生虫传染病，在我国古代也称为"瘴气"。病患会周期性冷热发作，脾肿大、贫血，以至伤及脑、肝、肾、心、肠、胃等。直至今天，全球因患疟疾而死亡的人数依然在每年100万以上。曼殊得了疟疾，"少试西药"，终日缠绵病榻，幸亏旅舍主人心地十分善良，对他照顾有加，让他"甚感天心仁爱"。内心柔软的曼殊但凡遇到别人对他稍加关爱，便会立时觉得人间有情，十分感动，即便与友人书信，亦将他人的善举挂在心头。

待他病情稍加缓解，便至大森。此地在日本东京郊外，有八景园，是当地著名风景游览区。曼殊抵达大森，冬日湖面落雪封冰，观天地间白茫茫而生无限恨。曼殊信步湖边，见植有"梅花数百株，并是古物"。梅花本是气质高冷、秉性孤洁之花。他触景生情，多年心血付之东流，焦灼苦闷之感俱汇于胸，遂口中吟道："已知无奈姮娥冷，瘦损梅花更断肠。"

刘三足下：

　　别又两月，湖光梅影，云胡不思？雒时相见否？海棠哥作何消遣？燕日来病势不佳，须赴千叶县疗治，岁末赴弗西归，担忧惆怅耳。灵素夫人无恙？

燕影谨状

　　大森的梅花别有一番风味，冬尽春将至，引得许多名人雅士纷纷前往观赏。"二次革命"失败后，孙中山后来也寻至此地，在此设立秘密军事训练所，培养军事人才，名曰"浩然庐"。这一年，张义安、胡景翼、林伯渠等人聚于此地，林伯渠曾有一首知名的《大森看梅》亦堪称佳作：

不负梅花约，驱车赴大森。

寒云半岭重，春色一湾深。

　　自古以来诗人以梅花入诗者不乏佳篇俊作，多写梅花风骨、神韵、傲斗霜雪之姿，然而林伯渠的这首诗却独辟蹊径，以拟人手法赴梅花之"约"，仿似老友相约，人花心心相通，但下文笔锋一转，对梅花却只字未提，只描绘了"寒云"绕岭的雄浑之景，于海湾辗转处，隐隐透露出春意已深。

　　苏曼殊离开大森后，赴千叶县疗治。此地位于日本关东平原东南部，东京圈东侧。县东南方面朝太平洋，西侧濒临东京湾，风景优美，气候宜人，十分适合养病。曼殊被疟疾缠身，终日腹泻，严重消瘦下去，常一晚起床腹泻数次，每日眼下乌青一片。医生交代他此病一定要忌口，吃些清淡的饮食，以清粥小菜为主，适当少饮牛乳补充营养，须将胃肠功能调理好了方能增加饮食种类。

　　可是这样清淡的饮食对于曼殊来讲，比杀了他还要难受。他近年在上海终日出入豪奢酒楼，没有鲜肥滋味的生活如同炼狱，医生在他看来像是牢头一般。终于趁护士不注意，他偷跑出去大吃年糕，像个小孩子似的以为逃脱成功，洋洋得意。年糕本就是不易消化之物，他又嘴馋吃了许多，回来之后病情突然加剧，腹胀如鼓，连泻数日，比来之前更为严重了。

入夜他抚摸着自己胀气满满的肚子，思及偷食年糕的快乐，不禁口舌生津，一夜不是去如厕，便是躺在床上哀号着想着各种美食。清晨护士进来命他服药，他竟央求道："可是又来令我服药？"

护士故意板着脸道："速速吃药，可不许你再偷偷丢掉药片。"

曼殊可怜巴巴道："可怜衲不喜服药，甚苦甚苦！"

护士憋不住笑，温和道："吃完用温水漱漱口吧。"

曼殊瘪着嘴不肯吃，护士又劝道："这不尚有两丸有糖衣吗？全当是吞糖。"

他扶着额头叹气道："唉，这苦药再怎么着糖衣，又怎比得上昔日所食八宝饭？料想这世间百般滋味如同做人，亦是两极皆有。"

曼殊岂不孩子气，药当然没有八宝饭好吃，只是他如今已是32岁，却还如此顽童心性，令人可怜可叹，该罚才是。入夜，四下安静，他躺在榻上，透过窗，见外面残月当空梅影憧憧，孤山环绕天地间灰蒙蒙地透着寒气。眼见着就要过新年了，想起国内好友再无睡意，披衣下地给柳亚子写了封家书，述说了近况：

亚兄足下：

联接两笺，深以为慰。大久保书，被洪乔投向石头城下矣。病骨支离，异域飘寄，旧游如梦，能不悲哉！瑛前日略清爽，因背医生大吃年糕，故连日病势又属不佳，每日服药三剂，牛乳少许，足下试思之，药岂得如八宝饭之容易入口耶？京都虽有倚槛窥帘之胜，徒令人思海上斗鸡走马之快耳。今晨天气和朗，医者诚勿出外，欲一探儿时巷陌，不可得也。尽日静卧，四顾悄然，但有梅影，犹令孤山邓尉，入吾魂梦。伏望足下无吝教言，幸甚幸甚。佩君无恙。

二月廿六日

阿瑛谨状

在天顺堂住院治疗后，曼殊的身体渐渐好起来。他已知此时回国也没有昔日的快意了，众革命友人大多远逃避难，不如在日本暂且游玩一番。其间他多次去看望河合叶子，途经各地写下不少风流诗文：

憩平原别邸赠玄玄

狂歌走马遍天涯，斗酒黄鸡处士家。
逢君别有伤心在，且看寒梅未落花。

悲苦归悲苦，文人的洒脱与豪迈自是不可抛却，虽然整首诗弥漫着凄清的意味，但"狂歌走马遍天涯"此句，却充分流露出漂泊者的潇洒豪情。想曼殊和尚于苍茫天地间，独行了无挂碍，放歌任马纵横。这种狂歌长啸、意气风发的气度，虽不是豪杰，亦有豪杰心性。

同盟会发起人之一的田梓琴，见此诗大为所动。田梓琴在武昌首义时，与黄兴等至武汉任战时总司令部秘书长。后来汉阳被攻破，黄兴自责不已，力求战死以殉革命，田梓琴曾劝说黄兴："全国大部分省已宣告独立，先生身系国家大事，切不可为一个汉阳牺牲个人生命。"他们由汉阳向武昌撤退，黄兴见岸上尽是火海，悲愤欲绝，欲纵身投江，田梓琴拼死抱住黄兴将他救了回来。后来，田梓琴成了孙中山的得力助手，一生风骨高洁，为人沉稳，实乃沉稳睿智又不失革命风骨的侠士。他对苏曼殊的诗大为褒赞，和诗一首以示敬意：

答苏曼殊平原别邸赠元韵

廿载囊剑走天涯，海上纵横到处家。
今日喜同方外客，垂杨溪畔嚼梅花。

一日，曼殊游玩至千叶町莲池中岛，见一名艺伎曼妙美丽。曼殊上前攀谈，得知此女名"小品"，便主动为其摄影，并在照片背面题写一首五言律诗：

佳人

佳人名小品，绝世已无俦。

横波翻泻泪，绿黛自生愁。

舞袖倾东海，纤腰惑九州。

传歌如有诉，余转杂箜篌。

又一日，苏曼殊外出乘汽车时遇到一位女郎。女郎穿素服，鞋面有一小块麻布，面有戚戚之色。曼殊见窗外繁华热闹，她却低着头双眼无神，眼圈泛红已神游。曼殊向来怜香惜玉，又细观她手提一个小袋，上面写有"志"小字，心内已是了然。在日本，家有丧事穿素服，上辈或平辈还要戴孝，一般客人送来慰问礼金，便会用写有"志"字的小袋装少许钱为"谢礼金"，还要回礼洗澡巾、毛料、陶器、茶叶等物。

曼殊温言道："妙女子可是家有悲事？"

女子愣了一下，抬眼一看是一和尚打扮的年轻人，形销骨立，目光柔和，便哀哀道："确有丧事，舍妹已故。"

"唉，你尚且如此年轻，令妹却已先去，可叹可悯。"说罢从怀中拿出一串手珠，托高在眉前道："衲昔日南去印度，于散陀那古庙瞻礼得念珠一串，请赠予令妹随安。"曼殊便是这样的善良心性，最听不得佳人多舛早亡，钱财也好，法器也罢，都是身外之物，只要他心中欢喜便立时赠予他人，从不见吝啬。

"大师厚赠，怎敢领受。"女郎见这手串已是油润发亮，料想是经年随身的法器。这样的大德之物，十分珍贵，怯懦着不敢伸手去接。

曼殊索性塞到她手中，道："不必推拒，已是相赠，此物便不归衲所属。"

车内窄小不便行礼，女子两声道谢，颔首以示回礼："既如此，代舍妹多谢高僧超度。"说罢又整理了下手中小袋，将里面的洗澡巾和一小包茶叶用白麻布又包整齐，重新放入袋中，双手托起对曼殊道，"回敬大师法恩。"

曼殊大方接过，眼圈泛红："可否相告令妹为何早殁？"

"舍妹怀仁仗义，乘摩多车冒风而殁。"

"南无阿弥陀佛，悲哉哀哉，实恨事矣。"曼殊所念"阿弥陀佛"乃佛家无量寿佛。据大乘经载，阿弥陀佛在过去久远劫时曾立大愿，建立西方净土，广度无边众生，成就无量庄严功德。"南无阿弥陀佛"系佛教术语，意思是"向阿弥陀佛归命"。

女子闻言更加悲伤："舍妹自幼与我亲厚，如今早殁，余怜而悲之。"车行不久，女子目的地已到，再次向曼殊道谢后先行下车。

曼殊一个人坐在车上，怅惘落泪，痴痴傻傻地回到寓所竟浑不记得后来都去了哪里，倒头躺在床上，辗转许久方入睡。第二日，清早起来，已是眉目清明，不见昨日悲色。洗漱后，吃了些清粥米饼，便给庭前的花草浇水，这是他在日本十分惬意的事，近日来每天早上都会如此侍弄花草。待打理妥当，坐在廊下看着院中花草发呆。不一会儿起身行至案前，落笔写下一首七绝：

偶成

汽车中隔座女郎，言其妹氏怀仁仗义，年仅十三，乘摩多车冒风而殁，余怜而慰之，并示湘痕阿可。

人间花草太匆匆，春未残时花已空。
自是神仙沦小谪，不须惆怅忆芳容。

国民党机关刊物《民国》于1914年5月10日创刊于东京，鼓吹反袁，实行"三次革命"。曼殊在该刊发表《天涯红泪记》小说，重刊《燕子龛随笔》。

《民国》在孙中山支持下，由逃亡日本的国民党员所办，胡汉民任总编辑，居正为发行人。参加编撰工作的有朱执信、邵元冲、田桐、周瘦鹃、苏曼殊、戴季陶、廖仲恺、汪精卫等，所写文章皆用笔名。《民国》杂志大三十二开本，每一期二百多页，是革命党人的舆论喉舌，孙中山常以杂志社为根据地召集党人召开会议，商讨党内问题。

孙中山在"二次革命"失败后，认真思索革命的失败原因，他分析认为："非袁氏兵力之强，乃同党人心涣散"，已经不能继续领导革命前进。基于这种形势，他苦思如何整顿党务显得十分必要。1913年7月8日，孙中山赴东京，开始"中华革命党"的组织工作，以此为武器继续进行反对袁世凯称帝的斗争活动。此时《民国》杂志社成为党人的活动中心，孙中山经常在这里与居正、邵元冲、戴传贤、杨庶堪、萧萱等革命党人相往还。

革命失败给孙中山造成压力。这一年对他来说还有一件重大变故，他与原配夫人卢慕贞所生的长女孙蜒因病去世，这给他沉重的心又蒙上了一层厚厚的阴霾。当年孙中山少年意气，在家乡毁坏了北极殿神像，乡邻愤怒不已纷纷指责孙府，其父母被迫送他赴香港读书以避走，后来他移居到美国檀香山，投奔到长兄孙眉处。可是不久因为与孙眉产生矛盾，而再次出走。1885

年，他回到了故乡翠亨村，孙眉建议家里为孙中山娶妻来使他定心。其母杨太夫人的妹妹给他介绍了同乡卢耀显之女卢慕贞。 然而1913年孙中山因发动讨袁失败流亡日本，卢慕贞无法跟从只能投靠定居澳门的孙眉。

昔年，廖仲恺与夫人何香凝曾赴日本留学并多次拜访孙中山，达成革命共识。当时廖仲恺在东京的家便是孙中山联络革命党人的联络点和开会场所，那时候苏曼殊便经常来参加会议。

对于苏曼殊的投靠，孙中山很高兴，并十分厚待他。二人在一典型的日式茶室见面。曼殊由于激动双颊泛红，他上前双手合十弯腰行礼道："总理先生，和尚来迟了。"

孙中山托住他的双手，温和笑道："尚不算晚，能为革命而奔波者，皆真英雄。"说罢拉着他的手，引他坐下，并倒了杯茶给他。

曼殊颤抖着双手接过茶盏，饮了一口呛得咳嗽起来。孙中山关切道："无妨吧？慢一些，总听说你这和尚贪食糖果，原来也贪茶。"

曼殊红着脸说道："衲原是见到总理先生，心里激动。"

"不急着一时，今日我空闲，你我正好长谈以慰平生。这茶是居正从国内带来的，十分甘香，你且好好品品。"

苏曼殊这才定下点神，托起茶盏好好啜了一口，不觉点头称赞："余家本是茶商，于茶道略通，家父曾任英国人茶行买办。总理先生此茶确为上品。"

孙中山朗笑道："和尚喜欢，便叫居正送你些，也好为你夜半参禅悟道。"

"家国兴亡，心内悲愤忧急，衲已无法安心入禅。"

"你是真和尚，世上却多假道义，中华革命党初初成立，不妨入此一同谋共和之路。"

苏曼殊感激道："昔年衲就读于早稻田高等预科学校，便蒙先生厚爱入义勇队。不想经年之后，先生依然如此关切衲。"

孙中山想起昔年曼殊的优秀表现，称赞他："你昔年在军国民教育会中，便十分突出。彼时听闻会员须每月捐款四角，你首捐二元，后又补捐一元。"

"区区三元钱罢了，总理先生却记得如此真切，衲诚感五内。"

"于昔日的你而言可不只是区区三元，当年余听钮永健说，你堂兄斋嵩，不过每月助你十元，远不敷所出，你每日以灰拌饭方省得钱来捐作公用。"

"惭愧至极。衲多漂泊，常至捉襟见肘之境，多得众友相助，方不致饿死路边。"

"出家人不谋经营之道，你又亲缘甚薄，实为可怜。"孙中山言语真诚，让曼殊十分感动，他站起来激动道："总理先生今革命果实顷刻难保，求收容衲于此，以尽愚钝薄力。"

"你若来了，这里的糖果岂不都要被你吃光？"曼殊正自激动，闻听孙中山如此言语不由得心头一愣，方明白过来这是中山先生在逗笑他，脸红起来显出窘态。

"衲多贪嘴，然佛主长留心中。若遇世间不义之事，便是手刃恶徒下至地狱，心亦如见如来。"

孙中山正色道："穷困却不失本真，参禅却不愚朽。曼殊实乃'真和尚'也。"

孙中山安排苏曼殊在居正家暂住。安宁之时日，他便积极地投入到写作当中，以求有助于《国民》杂志。他日夜积极创作，发表了《天涯红泪记》。讲述的是一位以捕鱼为业的隐者，有一名十分正义的弟弟，生的女儿也是剑术一流，颇有侠女之范。他们所隐居的地方，风景秀美，人们衣食丰足。村中种有奇树，终年产果，每日吃十颗，便可无饥无渴。这样的描写，与陶渊明笔下的世外桃源异曲同工，想是曼殊见此文，寄托了自己对世间太平丰衣足食的向往。可惜的是，这部小说只在《国民》上发表了第一章和第二章的前部分，令后人颇感遗憾。

居正世称"居觉生居士"，是推翻清朝、缔造民国的革命元老。他一生从事革命，是一位政治家，曾任司法院长十六年余。曼殊居住在居正家受到了很好的优待。此间，居正令其女儿向曼殊学习英语。他向来喜欢小孩，便认真地做起老师来。平日里依然不改自己孤僻的习性，与众多革命党接触算不得频繁。闲暇的时候，便整日静坐在那里，众人都以为和尚在参禅悟道，只有他知道自己这是一种心病，因他心中十分惦记国内的友人而郁郁寡欢罢了。旧历七月，他写信给邵元冲：

> 两辱手示，深以为慰。吾公行后，诸人仍在内务府行走，余即静坐终日，心知是病非禅。海上故人，别来何似？秋风又一度矣。棠姬淑媚无伦，阿蕉已亭亭玉立，似盛思阁下也。信四封奉转，望察收。阁下如不得志，还来就赤松子游，世间亦不少明眸善睐之人，可与晤言也。
>
> 七月十八日
王昌顿首

中山先生每日繁忙，鉴于以往的教训，对本次中华革命党的入党条件做了严格的规定。廖仲恺辅助中山先生每日来往频繁。他的女儿廖梦醒这时候年方十岁，十分聪慧可爱。有时忙起来，廖仲恺无暇照顾女儿，便将她放在居正家。曼殊见了她，便会翻找口袋拿糖给她吃。

廖仲恺每次来接女儿，见曼殊总是坐在那里发呆，便觉不满。一次，孙中山给众革命党人发薪水，廖仲恺拒绝发钱给苏曼殊，便发言说："苏曼殊昔年尤擅射击，如今无所事事，何必管他！"孙中山认为曼殊是出家人，不许过多参与红尘中事，但身为和尚却是热衷革命，常为《国民》投稿，亦算是对窃国者口诛笔伐，还是让廖仲恺将钱发给曼殊。

经此一事，曼殊便不欲在居正家久居，遂搬去较远的旅馆居住，也从不同革命党人提钱资报酬。

时光飞逝，东京旧事终作古。曼殊逝去后，廖梦醒长大成人投身革命，她曾担任过宋庆龄的秘书。她1933年后在共产党的第一个对外宣传机构中国工人通讯社中担任英文翻译工作，柳亚子曾将曼殊遗墨两帧拿给她看，她忆起童年往事，便写了一篇跋以悼之：

> 民国三、四年间，梦醒侍父母居日本东京，屡见曼殊大师于居觉生先生处。大师每出囊中糖果贻畀，时梦醒尚在髫龄也。忽忽二十年，大师墓有宿草，先父亦殉国已久。梦醒遭逢侘傺，国仇家难，犹有难言之恫，比亚子先生出大师遗墨见示，重话旧缘，为之唏嘘不置。爰志数语于后。

后来，中山先生听说他住在旅馆，生活十分困顿，店主人已不肯为他提供饭食，便命人为他送去500块钱。曼殊深恐革命党人会为这500块钱多有非议，结清旅馆所欠费用之后，便大宴群朋，宴后还请大家至帝国大剧场看戏。东京帝国大剧场建于1911年，由日本实业家涩泽荣一、大仓喜八郎共同设立，是日本第一座西式剧场。由横河民辅负责建筑设计，洋溢着文艺复兴时期的建筑风格。当年最流行的宣传口号就是"今日的帝剧，明日的三越"，象征揭开消费时代的序幕。曼殊速速散尽这500块钱，方觉一身轻松。

8月，他完成了《汉英三昧集》和《双枰记序》。

《汉英三昧集》为《文学因缘》的姊妹篇，所辑皆为英译中国古典名诗，共计71首；另收文章两篇，每部定价壹元。其中所选皆是古诗经典，如《诗经》中《关雎》《氓》《涉江采芙蓉》《陌上桑》《采蘼芜》等26首经典，另有曹操的《短歌行》、曹丕的《燕歌行》、曹植的《七步诗》、鲍照的《拟行路难》等四首，杜秋娘的《金缕曲》、张籍的《节妇吟》、李白的《送友人》《乌夜啼》《秋浦歌》等八首，杜甫的《绝句》《春夜喜雨》《石壕吏》等十首，张九龄、陶渊明等人的诗皆入此集。曼殊经常贫困潦倒，须靠典当度日，曾多次典当衣物换钱充饥，作为和尚他也数次因无钱化缘，西风浪子飘零，日子不过是得过且过。明月总被云欺，有时候生活除了残忍地给予他苟且，其余所剩无几。那些"俱怀逸兴壮思飞"的志向，最容易被穷困潦倒的现实生活倾覆。

《双枰记》讲述的是苏曼殊与章士钊共同的友人何梅士的故事，以"烂柯山人"为笔名发表。何梅士与朋友在公园下棋时，旁边有两个妙龄女子也在下棋，可是不一会儿便有两个洋人来调戏她们。何梅士最见不得这种泼皮无赖，便出手教训了洋人。女子十分感谢他，便想要报答，何梅士认为这是大丈夫应有之举便婉拒了。其中一个女子回家后细思此事，倾心于这个义士侠客，苦于无处寻他。第二年在张园的聚会上二人重逢，彼此一见倾心。可惜的是，女子自幼被许配给她的表兄，其母知道此事后便送女子回老家去了。何梅士留学到日本后，日夜难忘佳人，最终耐不过相思之苦，投海自尽。苏曼殊写此记，文笔清丽悱恻。他序为：

燕子山僧案：烂柯山人此著来意，实纪亡友何靡施性情遭际，从头至尾，无一生砌之笔，所谓无限伤心，却不作态，而微词正义，又岂甘为何子一人造狎语邪？夫士君子惟恐修名不立，顾为婴婴婉婉者损其天年。奚独何子？殆亦言者一往情深，劝惩垂诚焉耳！

若夫东家之子，三五之年，飘香曳裾之姿，掩袖回眸之艳，罗带银钩，绡巾红泪，帘外芭蕉之雨，陌头杨柳之烟，人生好梦，尽逐春风，是亦难言者矣。乃书记翩翩，镇翡翠以为床，拗珊瑚而作笔。宝鼎香消，写流魂于异域；月华如水，听堕叶于行宫。故宅江山，梨花云梦。燕子龛中，泪眼更谁愁似我；小敷山下，手持寒锡吊才人。欲结同心，天涯何许？不独秋风鸣鸟，闻者生哀也已。

甲寅七月七日

一个出家人以如此笔法关注"东家之子"，香艳旖旎地描绘"三五之年"，也算史无前例。

这一年，曼殊手头宽裕时便常去省母河合叶子，其间与日本女子千叶子相爱，并作《东居杂诗》（十九首），一如他往日风格，爱得至深至痴，但又比任何一次恋爱要来得猛烈而癫狂，似乎要将他一生的爱情都在此宣泄殆尽。他与千叶子交往不到三个月，但却是满身心都在她身上，对革命对朋友全都抛诸脑后了，甚至过起了隐居生活，每日唯千叶子而已。

这样的女子却不是一妙龄少女，甚至在年龄上应当比曼殊还略大一些，每日在东京依靠唱歌卖艺为生。奇的是千叶子通汉文，与曼殊结识后十分仰慕他的才华，在诗文方面常与曼殊知音相和。曼殊自幼缺乏母爱，也许只有这样风韵犹存的徐娘，才最懂得如何安慰他、体贴他，最能撩拨起他内心深处的爱恋。成熟的风韵往往是最温柔的，她不会任性，不会矫揉造作，在社会经验和生活阅历上都更为丰富。这样特有的魅力，往往更能让脆弱的曼殊产生依赖感。除了爱情，还带来了无穷的关爱和照顾。曼殊沦陷得很彻底，像是飞蛾扑火，以往对佛教的虔诚，因不幸而产生的不自信，通通不见了。他的眼中尽是千叶子，仿佛她一举手一投足都带着圣母的光环。为此，曼殊为其一连写下十九首诗篇，是以往任何一个女子都没有过的待遇。

东居杂诗十九首

却下珠帘故故羞，浪持银蜡照梳头。

玉阶人静情谁诉，悄向星河觅女牛。

流萤明灭夜悠悠，素女婵娟不耐秋。

相逢莫问人间事，故国伤心只泪流。

罗襦换罢下西楼，豆蔻香温语未休。

说到年华更羞怯，水晶帘下学箜篌。

翡翠流苏白玉钩，夜凉如水待牵牛。

知否去年人去后，枕函红泪至今留。

异国名香莫浪偷，窥帘一笑意偏幽。

明珠欲赠还惆怅，来岁双星怕引愁。

碧阑干外夜沉沉，斜倚云屏烛影深。

看取红酥浑欲滴，凤文双结是同心。

秋千院落月如钩，为爱花阴懒上楼。

露湿红蕖波底袜，自拈罗带淡蛾羞。

折得黄花赠阿娇，暗抬星眼谢王乔。

轻车肥犊金铃响，深院何人弄碧箫？

碧沼红莲水自流，涉江同上木兰舟。

可怜十五盈盈女，不信卢家有莫愁。

飘灯珠箔玉筝秋，几曲回阑水上楼。
猛忆定庵哀怨句：三生花草梦苏州。

人间天上结离忧，翠袖凝妆独倚楼。
凄绝蜀杨丝万缕，替人惜别亦生愁。

六幅潇湘曳画裙，灯前兰麝自氤氲。
扁舟容与知无计，兵火头陀泪满樽。

银烛金杯映绿纱，空持倾国对流霞。
酡颜欲语娇无力，云髻新簪白玉花。

蝉翼轻纱束细腰，远山眉黛不能描。
谁知词客蓬山里，烟雨楼台梦六朝。

胭脂湖畔紫骝娇，流水栖鸦认小桥。
为向芭蕉问消息，朝朝红泪欲成潮。

珍重嫦娥白玉姿，人天携手两无期。
还珠有恨终归海，睹物思人更可悲。

谁怜一阕断肠词，摇落秋怀只自知。
况是异乡兼日暮，疏钟红叶坠相思。

槭槭秋林细雨时，天涯飘泊欲何之？
空山流水无人迹，何处蛾眉有怨词？

兰蕙芬芳总负伊，并肩携手纳凉时；

旧厢风物重相忆，十指纤纤擘荔枝。

　　珠帘下你懂得故作娇羞地梳头，遇我"故国伤心"事时，你懂得了然沉默地为我擦去泪痕。"罗襦换罢"的你似"豆蔻"少女般的体香。你有时不正眼看我，偏偏要在帘后偷窥一笑，你用你"红酥"一样温润的身子，与我"双结是同心"。我最爱在花丛中与你相偎相依，你绣着"红藕"的袜子被露水沾湿，却体贴地拈起罗带羞涩入我怀。每次去看望你，未见其人先闻箫声，那样盈盈如水的目光下，与我"同上木兰舟"。要是离开你哪怕只有一日，"人间天上"风云万物都为我们的分离而满怀愁绪。入夜，"银烛金杯"灯影憧憧中，你的"云髻新簪白玉花"，身上"蝉翼轻纱束细腰"，与你相守便是"蓬山"仙境中，尽望六朝"烟雨楼台"。

　　无奈年底曼殊几乎身无分文，他又一次感到恐惧，终于想起了自己无力负担爱情。千叶子也意识到这个男人无法成为一个家庭的男主人，不可能给她想要的安稳人生。热恋的冲动得以平息后，曼殊痛定思痛准备与千叶子告别。

　　"衲……该是要去了，我并非你命中的良人。罢了，如今想来你我是爱得太过痴迷，以致忘记了糙米柴盐。"

　　他终于鼓起勇气说分别，而她竟未做任何挽留。曼殊非常痛苦，他知道迟早会结束，可为何连一句冠冕堂皇的挽留都没有，难道曾经的爱恋都是假的吗？

　　遗珠归海，"睹物思人"，自此吟出的都是"断肠词"。没有你的日子，"天涯飘泊欲何之？"就算得不到你的片点消息，我又何曾"有怨词"。只在那午夜梦回，似见你我昔日"并肩携手纳凉时"你纤纤素手为我剥荔枝。唉，"旧厢风月"已过，回忆太苦，离别太伤。

　　这次失恋给苏曼殊带来了巨大的打击，尤甚以往任何一次恋爱。他彻底绝望了，从未如此深刻地认识到自己的无能和渺小。使得他多年的抑郁症突然严重起来，疯疯痴痴，几近精神病的状态。与千叶子的爱恋，亦是他一生中的最后一次爱情。

樱花落

十日樱花作意开，绕花岂惜日千回？

昨宵风雨偏相厄，谁向人天诉此哀？

忍见胡沙埋艳骨，休将清泪滴深杯。

多情漫向他年忆，一寸春心早已灰。

　　1915年，苏曼殊的精神病空前地严重起来，他的理想世界在现实无情的摧残下逐渐崩塌。他的革命，他的爱情，他理想中的桃花源，都恰如枝头绽放的樱花。即便只有十天的花期，让我为这浪漫绕树千回，也是值得的！可是，昨天风狂雨骤，连这短短十天的花期上天也不愿意施舍。谁又能替这美景向天哀诉此间的不平与哀愁？美好的事物，一旦深深逝去，不是只有惋惜那么简单的。樱花春雨千年，是说芳华离殇，花落人散梦已残，我是谁？我又能去哪里？故事已经有了结局，为何我还不能解脱？

　　曼殊读李煜的词《谢新恩》："樱花落尽阶前月，象床愁倚薰笼。远似去年今日，恨还同。双鬟不整云憔悴，泪沾红抹胸。何处相思苦，纱窗醉梦中。"引得他内心深处深深地共鸣，凄凉寂寞愁苦于斯，希望梦中可以得到安慰。难道梦真的能给他安慰吗？乌烟瘴气的浊世，将一切美好破坏殆尽，奸贼窃国者横行，有识之士只能眼睁睁看着理想一点点地幻灭。

　　1915年5月9日，袁世凯接受了日本灭亡中国的"二十一条"。经过长期准备，他认为条件已经成熟，遂即着手帝制复辟活动。8月，首先由他的外国顾问古德诺（美）和有贺长雄（日）出面，先后发表《新约法论》《共和与君主论》等，鼓吹"中国如用君主制，较共和制为宜"，公开叫嚷让袁世凯当皇帝。紧接着，袁世凯又指使杨度纠合立宪党人和革命派的叛徒在北京成立筹安会，公然策划复辟活动。国内的形势一天不如一天，苏曼殊在日本每一次收到国内的消息，都悲哀得不敢去听。在极度的颓废中，他更加不节制地暴饮暴食，以求速死。

1915年5月，旧历乙卯兔年三月，苏曼殊患上肺炎，终日病痛缠身，有时竟大量咯血，加上他多年的肠胃疾病，腹痛如刀绞般难忍，每日依靠吸食少量鸦片止痛。5月4日，他身上的钱所剩无几，在东京开始"寄食城外小庙"。小庙环境尚算清雅，"小园嘉树列植，足以流盼"。有一日，曼殊身上染了虱子，便解下衣服置于地上捉虱子。庙中有一倭儒，也从头发中提出一只虱子，便强言是曼殊脏污将虱子传染给他。

"都是你这支那和尚太过脏污，将身上的虱子传染给我！"

曼殊觉得太受羞辱怒不可遏，愤而言曰："我的虱子来自身上，是白色的；你的虱子来自头上，是黑色的。为什么强词夺理说是我传染给你的？"

倭儒被他的气势所震慑，一时语塞。曼殊接着怒骂道："你这厮也不必'支那'挂于口上。昔年我求佛于印度，古印度人称中华为'chini'，据此自'秦'的音译，引梵文佛经入中土后，因要译成汉文，高僧大德编辑将chini译成'支那'！其时尔东瀛小岛，尚不知梵文为何物！"

倭儒听他学识广博气得说不出话，伸手指着他哆嗦着骂道："脏和尚岂敢如此同我说话！"

曼殊高抬着下巴，蔑视道："尔蛮邦孤岛，误以为'支那'所意，竟取词辱骂我国人，实乃无知无耻也！"

倭儒被他骂得一句话也说不出口，愤而转身离去，将此事告知庙中众人。曼殊虽说得畅快，但想起昔日，鲁迅跟他讲自己弃医从文的原因，不由得大有同感，自觉"弱国之民"，无颜在此继续居住，回房收拾行囊便离开了。他将此事书信一封给郑桐荪和柳亚子：

桐荪亚子两兄：

福履多豫，幸甚幸甚。吾患肺炎几一月，昨日始来东京，寄食城外小庙。闻伯华先生尚区神田，但不知其地址。前闻桐兄赴美利坚国，阿傅赴杂港，然否？湘四秦筝阿崔诸人，何以不能安贫乐潜也？小园嘉树列植，足以流盼，时解衣觅虱，放于地上；有侏儒亦于发中摸出一虱，强谓余过彼。余言："余之虱自身上，色白，子之虱自头上，色黑；何强加言余以过？"侏儒虽语塞，然吾是弱国之民，无颜以居，无心以宁，亚子岂知我愁叹耶？近日发明一事，以中华腐乳涂面包，又何让外洋痴司牛油哉！牛乳不可多饮，西人性类牛，即此故。吾病愈归广东。体中何如？善保元吉。

三月二十二日
孝穆再拜

这一次他使用的笔名是"孝穆"，被庙中的侏儒刺激后，连用腐乳涂面包这种事，都上升到了爱国的境地，认为"以中华腐乳涂面包，又何让外洋痴司牛油哉"，在他看来牛奶性热不可多饮，洋人就像牛一样，也不可多交往。他内心已经十分想回国了，只是身体经不起远洋舟船劳顿，十分愁叹。

有时他会躺在床上回忆，自己昔日骑着驴子过苏州吃采芝斋粽子糖，有时又会对这个社会充满悲观情绪，甚至认为，国人不必出洋留学，认为多一个洋学生，则多一个卖国之人。

亚兄足下：

吾日吸烟片少许，病亦略减，医者默许余将此法治病矣。柏顺同阿二昨日趁法兰西公司船返国。计余在此，尚有两月返粤；又恐不能骑驴子过苏州观前食采芝斋粽子糖，思之愁叹。阿崔欲来游学，吾甚不谓然，内地已有"黄鱼学堂"。吾谓多一出洋学生，则多一通番卖国之人。国家养士，舍辜鸿铭先生而外，都是"土阿福"；若夫女子留学，不如学毛儿戏。

三月二十七日

曼殊患了严重的抑郁症，几乎达到了精神病的状态，给友人写信经常语无伦次，东拉西扯令人费解。只是对粽子糖、摩尔登糖、夹沙酥糖、红豆酥糖……这些糖果，心心念念不改初衷。旧历四月与邵元冲书：

> 小凤小杜丽娟，都不与我一言，岂像煞有介事耶？君便中购摩尔登糖四瓶，外国火腿一只，为我代送至小花园，可否？君何不携老三来游箱根？轻轻嫁一富人，自云不得志也。此处有酒能赊，无油可揩，君将何以教我？

"小凤小杜丽娟"是谁？因不与他说话，便要邵元冲替他买糖买火腿送过去，小花园又在哪儿？写来写去，又写到能赊酒，不能揩油，这叫邵元冲如何帮他？月末的时候，曼殊病得更重了，两日一小便，五日一大便。医生说他得了"散里哆扶斯病"，劝他再吸食鸦片三分。曼殊素来极度鄙夷吸食鸦片的瘾君子，如今自己亦颓废无止境，他自觉已入"枯鱼之肆"的境地。

> 吾病两日一小便，五日一大便，医者谓散里哆扶斯病，劝余每日吸食鸦片三分；他日君来，索我于枯鱼之肆矣！方伯仍不见来。丽娟秦筝作么生，何姗姗其来迟也？小凤多福，甚慰。

弘顿首顿首

一个人孤独地在日本病着，国内的革命形势又急转直下，他的精神时常处于恍惚状态，偶有清醒便挂念国内的友人，怀念昔日在盛泽游红梨湖的惬意，对柳亚子说"想此时返红梨矣"；他也想念着郑桐荪，信中询问亚子"桐荪教授秣陵，体重何如"。只是一切惦念都是徒劳，最后无奈地告诉柳亚子："匈疾未愈，还国之期，仍未定也。"

所幸，令后人感到欣慰并钦佩的事是，无论曼殊身处何境，无论他是清明或是癫狂的，他始终没有停止对文学世界的探索。文学是曼殊对岁月和空间的提炼，集中了他对人性和自然的感悟，能让他摆脱平庸和狭隘，寻找到精神依托。

去年岁末曼殊就开始准备著百回长篇小说《绛纱记》，这本著作与以往的小说有所不同。此作为文图合集，每回章节曼殊都绘插画附之，画中多有着袈裟的僧人，给人苍茫孤凄之感。此时，最令曼殊苦恼的是无资刊印，只能求助于孙中山。单纯的曼殊并没有意识到此时众多革命党人在日本的开销已让孙中山捉襟见肘。孙夫人知道和尚无钱印书，慷慨解囊八十元相助，曼殊得知这几乎是孙夫人全部积蓄，内心感动愧疚，加上其他诸多原因刊印仍最终无果。

自然，以苏曼殊的文学风格，《绛纱记》所述依然是爱情悲剧。书中描绘的人物十分丰富，富商、反贼、海盗等等不一而举。有人本性善良，有人欺世盗名；有固守封建伦常者，也有为爱情而自杀者；有博爱精神的西班牙人，也有落井下石趁机杀人的意大利人。总之，《绛纱记》像是曼殊这些年海内外所见芸芸众生的一个缩影，化而成文学人物跃然纸上，组成一个光怪陆离的世界。

主人公姓薛氏，名瑛，号梦珠，岭南人也。这样的设定，带着浓浓的曼殊自传味道。"瑛少从容淡静，邑有醇儒谢翥者，与瑛有恩旧，尝遣第三女秋云与瑛相见，意甚恋恋，可瑛却不顾秋云的爱慕。秋云以其骄尚，私送出院，解所佩琼琚，于怀中探绛纱，裹以授瑛。"令人想不到的是，瑛得了玉佩后奔入集市将玉卖了。卖玉后，瑛径诣慧龙寺披剃，住厨下，刈笋供僧。

有趣的是在对瑛经历的描述上，曼殊写道："一日，瑛与沙弥争食五香鸽子，寺主叱责之，负气不食累日。"这倒是像其幼时偷食五香鸽子之态。在书中许是他对幼时被杖罚赶出寺庙之事，深感悲切，便在故事中写道："寺主愍念其来，荐充南涧寺僧录。未几，天下扰乱，于是巡锡印度、缅甸、暹罗、耶婆堤、黑齿诸国。寻内渡，见经笥中绛纱犹在，颇涉冥想，遍访秋云不得，遂抱羸疾。瑛后来行踪不定，时文爱、程散元创立的祇洹精舍做英文教授，后阳公归道山，瑛沉迹无所。或云居苏州滚绣坊，或云教习安徽高等学堂，或云在湖南岳麓山……"

秋云自瑛走后，巨富陈乡绅想要娶她，其父不舍谢绝。陈先生便诬告其父谋反，老先生无法自证清白，吞金自杀。父亲死后，秋云想投井自尽，被家姊劝阻，后逃至香港投靠姊姊生活。后来秋云在香港见到报纸上有梦珠求禅印度途经新加坡的照片。秋云瞒着姊姊，坐船南巡，追寻梦中的足迹三年却不得见。几经波折，终于听说梦珠寄身苏州城外小寺，终日喜食糖果，欣然前往，终与梦珠重逢。

秋云走至梦珠面前，二人"默视无一语"。她见梦珠衣襟间"露出绛纱半角"，抽出细看为昔年包裹玉佩之纱。可就在秋云感动地抱着梦珠哭时，梦珠的肉身化为尘灰，只有绛纱留在秋云手上。秋云便用此纱"裹灰少许，藏于衣内"。

这样的结果，实在令读者的脑筋转不过弯来。曼殊为人天马行空惯了，在他悲观意识下，用此"怪诞式"的结尾，抒发他不能圆满的人生态度。瑛的种种经历，分明就是曼殊昔日生活的文学加工版，秋云又十分类似老师庄湘的女儿雪鸿。也许，在他极度抑郁的情绪下，也冀望自己能化作一缕灰烬，空留定情物于佳人之手。这便是他认为最合理、最悱恻的结局，最苏曼殊式的结局。

《绛纱记》中昙鸾与麦五姑的爱情又显示出因悲情而出家的一面，这与曼殊本性上的矛盾亦是吻合。昙鸾在家败后，被迫与麦五姑退婚，化情为禅最终走向出家之路。也许是苏曼殊此时已有些精神分裂，语言表达和结构安排上往往不够紧凑，甚至有几处文字有脱节之象，在叙述的裂缝中，有几段毫无关系的材料。钱玄同曾夸赞曼殊的"《双枰记序》《碎簪记》《绛纱记》这是20世纪初年有价值之文学"，胡适却认为"实不能知其好处，《绛纱记》所记，全是兽性的肉欲。其中用硬拉入几段毫无关系的材料，以凑篇幅，盖受今日几块钱一千字之恶俗之影响者也"。钱玄同的夸赞不假，曼殊的小说在20世纪初的文坛上，确实产生了深远的影响。胡适的评价固然有些过于偏颇，但也从材料结构上发现了此书的弊端。文学是世界的，亦是自己的，也许在曼殊看来写得随心所欲，才恰恰能真实地展现一个时代的缩影。

1915年8月，在《绛纱记》发表后，苏曼殊紧接着发表了《焚剑记》。此书曼殊的立意，原在写几个妇女的悲苦命运，并无意着笔广阔的社会背景。但文学创作源于生活高于生活，人物是没办法完全脱离时代的，因此从侧面反映出恰似鲁迅笔下的"吃人"社会。

《焚剑记》的人物往往处于狭窄的家庭或情人圈子，但是命运的颠沛流离，使得他们入了"鬼村"遭遇了骇人听闻的经历：

时夜将午，忽红光烛天。老人执生臂曰："噫，乱兵已至此矣！"言已，长揖生曰："吾老，不复久居于世，我但深念二孙。吾久将阿兰许字于子；阿蕙长成，姻亲之事，亦托于子。"老人言毕，抚其二孙，恸极，呕血而死，生与二女魂飞神丧。时有流弹中屋，屋顶破，三人遂葬老人于屋侧。

生念："吾身世孤子，死何足惜？但二女可怜，他乡未必可止。吾必护之至香港，使自谋生，不负老人之托。"时二女方哭于新坟之侧，生勉携之至山脚，二女昏然如醉，生抱之登小舟，沿流而下。已二日，舍舟登陆，憔悴困苦，不可复言。村间烟火已绝，路无行人，但有死尸而已。此时万籁俱寂，微月照地，阿蕙忽牵生手，一手指丛尸中，悄语生曰："此尸蓬首挺身欲起，或未死也。"生趋前问尸曰："子能起耶？"尸曰："苦哉！吾被弹洞穿吾肩，不知吾何罪而罹此厄也？汝三人慎勿前去，倘遇暴兵，二女宁不立为齑粉？暴兵以半日杀尽此村人口。此虽下里之民，然均自耕而食，自织而衣，素未闻有履非法者。甚矣，天之以人为戏也！"生既扶其人徐起，其人始哭。哭已，续言曰："吾有老母爱弟，并为暴兵戮死，投之川流。继而吾中弹，忍痛潜卧尸中，经一夜一日。今遇汝三人，谢上苍助我。此去不远，为吾田庄，汝三人且同留止，暂避凶顽。"生扶其人，徐步至庄。庄内已焚掠一空。其人赴围栅之侧，知新米一包尚在。二女于是采葵作羹，四人得不饿。

过三朝，其人出村边一望，闸口有木片钉塞，傍贴黄榜朱字云：此是鬼村，行人莫入。

这样的描述旧社会应当有之，也许是曼殊有所见闻，或是道听途说，抑或是他内心对这个社会冷酷麻木的恐惧。总之，他将此复刻于字里行间。书中人吃人、阿蕙嫁木主的情景读之难忘：

> 其家故巨宅，先见一老苍头抱木主出。接阿蕙至礼堂，红灯绿彩，阿蕙扶侍女，并木主行婚礼。既毕，旋过邻厅，既其天丧屋也，四顾一白如雪。其姑乃将缟素衣物，亲为阿蕙易之，阿蕙即散发跪其夫灵前，恸哭尽礼。

青果子般羞涩的少女，却要穿上缟素，置于"四顾一白如雪"的丧屋，何如直接取其性命？嫁与"木主"这种精神上的折磨，绝望会像剔骨刀般在未来的每一日凌迟她对未来的憧憬。曼殊笔力不凡，"红灯绿彩"中，散发跪地"恸哭尽礼"，若拍成恐怖片子，票房必不会低。然而，比这种惨幕更绝望恐怖的是，她哭是自愿的，嫁是自愿的，守节是自愿。将封建礼教思想对妇女的深刻毒害，除肉露骨地示众。

另外，苏曼殊在文中对当时庸俗的市侩风气也进行了针砭。阿兰因惧怕抢婚，逃至香港伍姓人家，伍家看似对阿兰极好，收为义女。一日，伍家女主人的外甥窥见阿兰，垂涎着"以为非人世所有"。女主人为其外甥给阿兰说媒。

> 阿兰知村间风俗劣，有抢婚之事，遂背其妹、阿大等，潜至香港，佣于上环伍家。女居停遇之甚殷渥，收为义女。女居停有外甥莫氏来省，忽窥见女，以为非人世所有，及归，神已痴矣。父母苦问之，始得其故，于是遣人至伍家说意旨，居停欣然许之。其人去，居停乃微笑向阿兰曰："古有明训：'男大须婚，女大须嫁。'吾今为汝觅得嘉婿矣，则吾外甥莫氏。其人望族也，尝游学于大鹿国，得博士衔，人称洋状元，今在胡人鬻饼之肆任二等书记。吾为汝贺。"阿兰闻言不答，居停以为阿兰心许矣。
>
> 过三日，阿兰知期已逼，长叹曰："人皆以为我贸易，我无心以宁，无颜以居，我终浪迹以避之耳。"遂行。

"洋状元"任"二等书记",写得高明,讽刺得不遗余力。辛亥革命后,封建帝制被推翻,社会处于新旧事物的交替中。苏曼殊同许多进步人士一样,追求自由平等,力求实现民主共和的政治制度。然而,袁世凯窃取革命果实,以致军阀割据混战,正义之士如孙中山等逃亡海外。老百姓在清政府被推翻的美梦中,尚未完全入睡,却又陷入更深的水深火热当中。下层小市民的市侩嘴脸,商贾妇人的庸俗姿态,小人物的飘零孤苦,都在折射那个黑暗的社会。曼殊向来对世道感到迷茫,借由小说的悲剧性,揭露封建枷锁压榨下人不像人、人不如鬼的现状。

当然《焚剑记》同《绛纱记》类似,都在结构上松散,实有赘述,无关情节亦有插叙,二者皆由于缺乏统一的主题,也没有脱离古代传奇小说的俗套。尤其是《焚剑记》中的独孤粲,他剑气如虹,行侠仗义,"出腰间剑令周林焚之,如焚纸焉",写得神乎其神。如同《绛纱记》的结局梦珠成灰一样,缺乏真实性和社会价值。

1915年8月16日,曼殊病重入住筑地圣路加医院。此地距东京不远,筑地意为填海所造地之意。直至两个月后,曼殊方出院,精神涣散,形容憔悴,不似壮年之人。

12月12日,离该年结束还有19天,袁世凯加冕登基为皇帝。第二年,将民国五年改为"中华帝国洪宪元年",史称"洪宪帝制"。革命党人的胜利果实被彻底窃取了,民主共和暂告失败。

苏曼殊闻此消息,愤懑捶胸,呕血恸哭不止。他拒绝吃饭,接连几日暴食糖果,闭门不出。包天笑写诗评价苏曼殊喜食甜:

> 松糖橘饼又玫瑰,甜蜜香酥笑口开。
> 想是大师心里苦,要从苦处得甘来。

曼殊曾自称"糖僧",究竟是糖的甜味打动他,还是浮世太苦让他无处可逃。

1915年底至1916年初的冬天真难熬啊，苏曼殊在日本忍受身体和精神的双重折磨，像是寒风中的烛火随时都会熄灭。

有一次，他住在医院身上已是分文不剩，将衣物皆拿出去典当，赤着上身躺在床上。友人来访惊讶不已，遂赠予他几十元买衣御寒。曼殊恍恍惚惚地拿着钱去买衣服，路上却将钱买了新式玩具，回来后摆弄几下便随手送人了，依然是赤着膀子躺在床上发呆，总归这也不是他头一回当衣服。

也许，对于一个连这个世界都不爱的人，金钱、衣物、玩具都不过是眼外心外之物。他在冰冷中浸泡得久了，由热情变得麻木，由麻木变得抑郁，又由麻木变得疯癫。或许，他已经渐渐嗅到了死亡的味道，并渐渐懂得除此之外别无解脱之法。

1916年1月，他完成了《曼殊杂记》，既是杂记便琐碎许多，其中列了一串名单，亭玉馆、桐花馆、洪霞云、杨兰春、李金凤、花雪南、周意云、金宝宝、柏玉霜、谢宝玉、叶蕙珠、陈月华、春镜楼、秦宝宝……皆为青楼女子的花名，有名有姓有确切住址的便有28人，由此可见其交往的青楼女子众多。苏曼殊也有记账的习惯，他的拈花小楷写得极为漂亮，只他残留账目之中花费不当便令人咋舌。当初，在东京初为少年时与朋友们在日本忍饥挨饿，陈独秀拿出衣服叫他去典当买食物，他却买了书还被众人打骂抱怨一番。如今，时光荏苒，这些年穷困阔绰几经周折，从他记的账中可见买书500多元，而在秦楼楚馆的荒唐处开销则多达1877元，而当时一个警察月工资仅为2元。

正当他再也忍受不了日本的孤独时，国内传来好消息，革命党斗争形势好转。早在去岁，孙中山在东京组织成立中华革命党后，多次召集本部军事会议，决定组建国内四大中华革命军：东北军、东南军、西南军、西北军。东北军以居正为总司令，总部设于山东青岛；东南军以陈其美为总司令，总部设于上海；西南军以胡汉民为总司令，总部设于广州；西北军以于右任为总司令，总部设于陕西三原。孙中山分派众党人到各省去兴兵讨袁。

5月，居正受命前往山东兴兵讨袁，任东北军总司令，曼殊闻讯大喜。他曾住东京居正家，对他的宽厚和气节十分敬服，便再也按捺不住，火速赶回国内。讨袁似乎成了他溃败的精神防线里一线仅存的堤坝，让他能每日有所期盼，不致全无挂念。曼殊已无甚行装可收拾，空空乎孑然一身，带着少量的手稿和书画，形如槁木地踏上返国之旅。

回国后，他亟亟去青岛看望居正。此次讨袁兴起，湖北、湖南、上海、广东、山东、安徽、陕西、奉天等省都有中华革命军活跃，其中以陈其美在上海发动的讨袁起义，以及居正主持的中华革命军东北军攻占十余县和三次攻打济南的战斗最有影响。居正此时工作繁忙，曼殊便在他府上暂住，闲暇时又去崂山游玩。因身体已经大不如前，此番游崂山十分辛苦。

崂山位于山东半岛南部，青岛市东南隅，黄海之滨。它是山东半岛的主要山脉。苏曼殊游历其附近的巨峰、三标山、石门山和午山四条支脉，一路走来，跌宕起伏的丘陵地形让他的心绪始终浮浮沉沉。曼殊平生敏锐多思，这本极为耗费心神，加之他自幼少人疼爱而对自己的身体不知爱惜，一番游历有时竟夜宿山林，露寒湿衣透，竟是喜欢折磨自己一般。经过数日游历，他最后登顶崂山最高峰。崂山的最高峰名为巨峰，又称"崂顶"，海拔1132.7米，峰顶面积约1.5平方公里，为中国海岸线第一高峰，素有海上"第一名山"之称。苏曼殊登崂顶俯瞰沧海，渺渺乎天地间，自己恰如一粟。他听闻当地有一句古语云"泰山虽云高，不如东海崂"，不禁叹道："泰山不可见，崂顶真可代乎？"

周南陔回忆与苏曼殊游青岛崂山的情形时道：

忆民国五年，曼殊在青岛，与之游崂山。汽车半山而止，复乘山轿。曼殊即不胜其惫，怨言思归。一步三叹，游兴为之锐减。当时强之行，并迫其不许多语。而曼殊困苦之色，现诸眉宇。盖其体力精神，内亏已甚矣。宿崂山下宫，夜半，曼殊忽喧呼有鬼物掣其足，惊惧竟夜，予沉酣独不知。同行者为刘白先生，伴之竟不能眠，亦奇事也。

1916年4月，孙中山派遣骑兵队队长兼飞机队队长吴光海，率领队员马超俊等人驾驶飞机战斗，以配合革命军对驻扎在潍县、周村一带的靳云鹏部发动攻势。他们先行轰炸了敌方的指挥总部——设在济南城内的山东都督府，战果赫赫；这是中国首次使用空军兵力作战。之后，革命形势大有好转。孙中山于攻打济南前夕急电居正："现在比较各地形势，不特山东为扼要，且觉最有望……期以必占济南，则东北全局，可迎刃而解。"

居正坐镇山东，革命军以济南一带为主要据点，将分散在山东各地的革命党武装，组成两个纵队、5个支队和由3架飞机组成的空军飞行大队，为进攻北京创造了极为有利的军事条件。

值得一提的是，为了支援"必占济南"的进攻计划，加拿大的华侨，也积极响应孙中山的号召回国讨袁。加拿大洪门组成讨袁敢死先锋队，侨胞黄惠龙带头与国内取得联系。廖仲恺安排这些华侨在日本秘密进行了5个月的军事训练，最后约300侨胞投入到济南战役。

5月中下旬，苏曼殊游历崂山归来，居正见济南战役一触即发，担心他的安危劝他暂时离开。曼殊亦觉在此对革命党并没有什么帮助，便返回上海，住在环龙路44号孙中山宅。虽说是孙中山宅，但其实为中华革命党办公地点，中山先生则住马路对面。

1916年5月1日，孙中山从日本回到上海，暂住萨坡赛路（今淡水路）14号陈其美寓所。5月9日在沪发表《第二次讨袁宣言》，讨伐方向直指袁世凯："袁氏未去，当与国民共任讨贼之事；袁氏既去，当与国民共荷监督之责。" 5月18日，袁世凯指使杀手在沪将时任中华革命党总务部长的陈其美暗杀。孙中山向来视陈其美为左膀右臂，闻讯极为悲痛，不顾左右劝阻亲自去陈府吊唁，并在祭文中言"百折不挠，以明所守"。上海的形势日渐危急。

　　第二天，孙中山的夫人宋庆龄亦回到上海。中山先生不顾危险，亲自前往码头迎接夫人。夫妇俩回环龙路44号居住。宋庆龄晚年在一张便笺上写道："1915年（按：应为1916年）孙先生从日本东京暗暗到上海。他住在法国报馆（*L'echo chine*）楼上总编辑的房间里。""*L'echo chine*"即为《中法新汇报》，报馆设于由洋泾浜填筑的爱多亚路（今延安东路）东首；正因如此，孙中山和宋庆龄均曾以"55 Yang King Pang, Shanghai"（上海洋泾浜55号）作为通信地址。

　　袁世凯迫于形势取消帝制，仍称"大总统"，命杀手布控上海，恨不能除孙中山而后快。虽然时局极度不利，孙中山仍无所畏惧地积极联络中华革命党军，密切关注起义进展。宋庆龄展现大家之风，对丈夫的工作十分支持，她在写给梅屋夫人的信中说：

　　　　他从来都无所畏惧，即使有许多密探跟踪他也是如此。我当然非常为他担忧，如果他不与我在一起，我就感到不安。但是，有一些事情他必须亲自处理，因为只有他才能在这艰难的年代拯救中国，使之免遭灭亡。因此，为了国家的利益和得救，我必须冒许多危险。

　　到了6月，孙中山和宋庆龄悄然租用环龙路63号（今南昌路59号）做寓所。马路对面的环龙路44号（今南昌路180号），则成为中华革命党本部事务所，由朱执信、廖仲恺等负责日常事务。苏曼殊于危险中每日出入44号，着一身僧袍缓步慢行，毫无惧危怯懦之态，令众人十分钦佩。其间，孙中山不止一次称赞其为"真和尚"。

　　直至1919年10月10日，中华革命党改名为"中国国民党"，本部事务所仍设于环龙路44号，主持者为居正、谢持、廖仲恺。那时曼殊已经去世一年有余，居正常回忆起曼殊和尚，对其爱国之情褒赞不已。

　　1916年6月6日，传来袁世凯病死的消息。7月25日，孙中山指示各地停止军事行动，济南战事因之取消，中华革命军于夏秋间停止军事行动，先后遣散。袁世凯一死，苏曼殊心情大好，人也精神许多。他休养了两个多月，于10月底至杭州西湖，住旅舍。

秋来的西湖桂花飘香，金菊争晖，湖上偶有几枝晚败的荷花，恰似夜归歌女，疲累地拖着一袭粉色的裙子。这让苏曼殊想起了花雪南，当初她那冷艳如波的眼神、柳条般的腰、桃花般的唇都成了回忆。他兴之所至，吟诵了白居易的一首西湖诗："江山与风月，最忆是杭州。北郭沙堤尾，西湖石岸头。绿舫春送客，红烛夜回舟。不敢言遗爱，空知念旧游。"

记忆往往最是无用，堪堪只能伤害自己。苏曼殊漫步湖边竹林陷入了深思：算起来这一生接触了诸多女子，花雪南对自己最是温柔体贴，以往来去随性，她皆不曾有丝毫怨言。世事便是如此让人无奈，若不是回头的时候，又怎么知道你是那般美好？我所往眷分在西湖，欲往从之竹影深，种种风姿不俗恰似那埋冷西湖的苏小小，当日为你题诗轻言"油壁车"，如今苏小小墓尚在附近，而你却不知散落在何处天涯。

苏曼殊想到了苏小小后，便有意去寻她的墓。第二日，打听好去路便出发了。今天，浙江省绍兴市越城区东湖公园内，有一"陶社"旧址，乃民国三年（1914）绍兴各界人士为纪念陶成章烈士而建。他们将原东湖通艺学堂改作"烈士祠"，命名"陶社"。两月前，孙中山先生还曾亲临陶社向陶成章致祭。

曼殊所寻苏小小墓的附近便是陶社，他口渴非常便入院休息。见此社朝南而建，为三间三进结构，面青山而坐，临碧水而立，正门中间悬有孙中山亲题的"气壮山河"匾，两侧悬长联："半生奔走，有志竟成，开中华民主邦基，君子六千齐下拜；万古馨香，于今为烈，是吾越英雄人物，湖山八百尽增光。"

此时负责管理陶社的为盖仁志女士，为人有大家女子之风范。其16岁时便入上海爱国女校，成为蔡元培先生的得意门生，昔年曾入革命党人于上海的暗杀团。因对陶成章颇多感念，与曼殊沏了壶西湖龙井闲话起来。

"衲曾听闻女史乃豪杰本性，昔年入党人于上海之暗杀团，敬服之至。"

"曼殊大师谬赞，吾年方十六入上海爱国女校，深得鹤卿（蔡元培字）先生栽培感恩不尽，只是不成气候，辱没师门。"

"女史自谦，敢问何年入得光复会？"

"如今想来已十二年矣，彼时吾负责（西湖）白云庵之联络处。"

"可敬可佩！"苏曼殊见其言谈气度不凡，却无桀骜之态，眉眼慈和十分亲人，接连说了几次敬佩之语。

"非吾可敬，实乃诸君坦荡，不轻视吾女子之身委以重任，实不敢辜负诸友。"盖仁志所言之事，乃四年前陶成章生前好友蔡元培、鲁迅等十三人，遵循烈士生前普及妇女教育之意愿，发起创办成章女校，并成立校董会，推举光复会成员盖仁志女士为首任校长。

二人又闲话许久，曼殊的肚子尴尬地叫了起来，盖仁志莞尔一笑，体贴道："聊了许久，吾早已饿了，大师若赏光不如留下来用顿便饭。"

曼殊不好意思地挠挠头道："多谢体谅。"

晚餐叫的是西湖醋鱼，乃杭帮菜之经典招牌菜，别名为"醋搂鱼"，通常选用草鱼作为原料烹制，烧好摆盘后，复浇上一层平滑油亮的糖醋，胸鳍竖起，鱼肉嫩美，带有蟹味，鲜嫩酸甜。苏曼殊吃得十分尽兴，此后每日必点此菜，一连数日食之不厌。盖仁志见他如此钟爱此菜，便同他讲了西湖醋鱼的历史："话说清人方恒泰有《西湖》诗赞此佳肴：'小泊湖边五柳居，当筵举网得鲜鱼。味酸最爱银刀鲙，河鲤河鲂总不如。'"

"如此说来，并非衲一人贪嘴，千古食客皆慧眼独具。"

"杭帮菜精巧别致，确属上品。"

"只不知如此美味，可有食谱留下？若有一日狼烟起而百姓流离失所，失传岂不可惜？"曼殊真乃一等食客，不仅惦记着眼前美食，还为后人担忧会因战乱而失传烹制方法。

有趣的是，民国时期梁实秋亦同苏曼殊一般迷恋此菜，他曾记录下烹饪方法：选用西湖草鱼，鱼长不过尺，重不逾半斤，宰割收拾过后沃以沸汤，熟即起锅，勾芡调汁，浇在鱼上，即可上桌。

住西湖期间，苏曼殊因馋糖果曾给邵元冲写信。邵收到信后十分担忧他的身体，也怜悯他无依无靠，匆匆买了他平日爱食的糖果邮寄给他，聊以安慰。曼殊回了一封短信给他，盼望他能来西湖一聚，并告知自己患了脑流，不知何时能痊愈，言语之间尽是无望之感。

摩尔登糖二百三十七粒，夹沙酥糖十合，红豆酥糖十合，敬领拜谢。闻有维扬之行，然则何日来湖上？不慧患脑流之疾，何日可愈，不能知也。肃问玄中子好。

栾弘顿首顿首

曼殊得了脑流后，盖仁志女士对他颇加照料。他收到邵元冲的糖果，开心得每日大嚼特嚼，只是这些年喜食甜食早已是一口龋齿。盖仁志每餐都会为他点上一盘"楼外楼"的西湖醋鱼，饭后时常因蛀牙疼痛难忍，盖女士赠他一银簪剔牙。这样宽厚体贴的为人，让曼殊与她熟络起来，有时竟像个小孩子般撒娇索要美食，不注意分寸。

苏曼殊的脑流病恐是十分严重，以至于让他滞留西湖养病，半年多了却不见好。七个月后他给柳亚子的信中说："日来湖上颇暖，不慧忽患脑流之疾，日惟静卧。"可怜他大好年华却终日静卧养病。在陶社养病寡居期间，他写就了《碎簪记》，此又是一篇佳作。

由题目"碎簪"二字便可知道，曼殊此作又是无法逃离自杀的悲剧式结局。然而更悲惨的是，此篇三个主人公最后皆殁。小说以"余"的观察和冷静叙述为笔法，抨击封建礼教，追求人本精神、恋爱自由。故事写的是庄湜和杜灵芳、燕莲佩的三角爱情。因为整个故事始于第三人称的叙述，庄湜这个主人公的性格没有完全展现开来。

故事讲述的是袁世凯想要称帝之时，庄湜对好友杜灵运的妹妹杜灵芳心有所属，但他的叔父想要他娶婶母的外甥女燕莲佩。庄湜与杜灵芳仅有一面之缘，叔叔婶婶为了培养他与莲佩的感情，便将莲佩接来家中以便撮合二人，无奈庄湜对她视而不见。这似乎让我们想到《红楼梦》中贾宝玉与林黛玉、薛宝钗之间的感情，钗黛二人各有各的好，只有黛玉才是宝玉的心头爱。庄湜便如同宝玉，叔叔婶婶作为封建家长的代表人物，多方阻挠庄湜与灵芳相爱。

故事展开前二女皆来寻过庄湜皆无果，"余"亦不知二女为何人，但见庄湜时常忧心忡忡，强颜欢笑。"余"不知庄湜因何事而愁苦，故事谜团重重。后"湜日来忽发热证，现住法国医院"。灵芳前来探病。"余"以观者的眼光方知原来此前庄湜钟情灵芳，其叔父骗他灵芳已将嫁作他人妇，使得庄湜伤心失魂以致住院。如今佳人前来化解误会，此前谜团方一点点解开：

> 女曰："妾湖上访君未遇，令叔亦知之耶？"
>
> 庄湜曰："惟吾与曼殊知之耳。"
>
> 女曰："令叔今去通州，何日归耶？"
>
> 庄湜曰："不知。"
>
> 女郎至此，欲问而止者再，已而嗫嚅问曰："君与莲佩女士见面否？与妾同乡同塾，其人柔淑堪嘉也。"
>
> 庄湜曰："吾居青岛时，曾三次见之，均吾姊绍介。"
>
> 女曰："君偕曼殊君游湖所在，是彼告我者。彼今亦在武林，未与湖上相遇耶？"
>
> 庄湜曰："且未闻之。"
>
> 此际，余始得向庄湜插一言曰："子行后，果有女子来访。"
>
> 女惊向余曰："请问先生，得毋密发虚鬐、亭亭玉立者欤？"
>
> 余曰："是矣。"
>
> 庄湜闻言，泪盈其睫。女郎蹶然就榻，执庄湜之手，泫然曰："君知妾，妾亦知君。"言次，自拔玉簪授庄湜曰："天不从人愿者，碎之可耳。"

作为尴尬的旁观者，"余心良不忍听此女作不祥之语"来渲染令人怜惜不忍的气氛。通过"庄湜闻言，泪盈其睫"的表面反应，来展现他倾心的佳人乃是灵芳。然而，灵芳"蹶然就榻，执庄湜之手"，可感此女有万千柔肠，无限情波。

一日，灵芳来寻庄湜，其叔父明言相告庄湜不可能与之结为连理。叔父此番所言令灵芳不仅伤了自尊，也彻底打击了她对爱的希望。她请叔父碎其赠庄湜之玉簪。"余"见到庄湜，他凄然言说："灵芳之玉簪碎矣！"痛彻心扉之际，佳人莲佩却至。她关切地询问庄湜可是自己有何不妥"开罪于君"，庄湜"百问不一答"。莲佩"幼工刺乡，兼通经史，吾姊至爱之"，是何等通透心肠，她"心知其哭也为彼"，不禁在庄湜身旁"掩面而哭"。
庄湜所得非所爱，所爱非所得。莲佩落花有意空付无情流水，此段描写得入
情入理，令观者喟叹：

> 迨余等返江湾，庄湜频频叹喟，复时时细诘侍婢。是夕，余至书斋
> 觅书，乃见庄湜含泪对灯而坐。余即坐其身畔，正欲觅辞慰之，庄湜凄
> 声语余曰："灵芳之玉簪碎矣！"
>
> 余不觉惊曰："何时碎之？何人碎之？"
>
> 庄湜曰："吾俱不知，吾归时，即枕下取观始知之。"
>
> 庄湜言已，呜咽不胜。适其时莲佩亦至，立庄湜之前问曰："君何
> 谓而哭也？或吾有所开罪于君耶？幸相告也。"
>
> 百问不一答。莲佩固心知其哭也为彼，遂亦即庄湜身畔，掩面而
> 哭。久之，侍婢扶莲佩归卧室。余见庄湜战栗不已，知其病重矣，即劝
> 之安寝。

"余"见到庄湜叔父，其愤怒地说已经碎庄湜之玉簪：

> 其叔怒曰："此人不听吾言，狂悖已甚。烦汝语彼，吾已碎其玉簪
> 矣。此人年少任情，不知'炫女不贞，炫士不信'，古有明训耶？"言
> 已，就案草一方，交余曰："据此人病状，乃肝经受邪之症，用人参、
> 白芍、半夏各三钱，南星、黄连各二钱，陈皮、甘草、白芥子各一钱，
> 水煎服，两三剂则愈。烦为我照料一切。"言时浩叹不置。
>
> 余接方，嗒然而退，招侍婢往药局配方。

既然灵芳已被叔父逼退，叔父为何要发怒？一切不是都按照叔父设想的
那样发展吗？"余"同侍婢去配药的路上，方愕然得知真相：

> 侍婢低声语余曰："燕小姐昨夜死于卧室，事甚怪。主母戒勿泄言
> 于公子。"

余即问曰："汝亲见燕小姐死状否？"

侍婢曰："吾今早始见之，盖以小刃自断其喉部也。"

余曰："万勿告公子。汝速去取药。"

　　莲佩，这个精通英语、受过西式教育的进步女郎，却在多方对庄湜示好无果后，终感绝望，在卧室以小刀割喉自戕。她选择了极其惨烈的方式结束自己，是解脱还是另一种无言的抗争？

　　既然伊人已逝，虽令人惋惜，但二人间终无莲佩，似可终成眷属。然而生错了时代，有没有莲佩此情皆不可善终。"余"见庄湜悲痛非常"面色复变而为青"，似是知道了莲佩的事，但却猜想应无人告诉庄湜。原来灵芳回去后，自感此生无望，自缢而亡，临别有信留于庄湜。此时，侍婢端来药，庄湜乖乖地慢慢喝下，安静地躺在床上，脸上再也不见泪痕。

　　灵芳的绝笔信，写得凄凄切切，善良不失遗恨：

湜君足下：

　　病院相晤之后，银河一角，咫尺天涯，每思隆情盛意，即亦点首太息而已。今者我两人情分绝矣！前日趋叩高斋，正君偕莲姑出游时也，蒙令叔出肺腑之言相劝。昔日遗簪，乃妾请于令叔碎之，用践前言者也。今兹玉簪既碎，而吾初心易矣。望君勿恋恋细弱，须一意怜爱莲姑。妾此生所不与君结同心者，有如曒日。复望君顺承令叔婶之命，以享家庭团圞之乐，则薄命之人亦堪告慰。嗟乎！但愿订姻缘于再世，尽燕婉于来生。自兹诀别，夫复何言！

灵芳再拜

　　"余"似乎是一个不该存在的人物，主人公约会看剧时他在，灵芳赠簪时他在，莲佩掩面而哭时他也在……可恰恰是由于"余"的存在，才使得故事悬念重重。苏曼殊此篇小说故事情节环环相扣，语言唯美，人物形象个性鲜明。用无辜青年的死，有力地控诉了家族势力扼杀爱情婚姻自主的罪恶！殉情者，归根结底不过是旧思想的陪葬品。

写完《碎簪记》苏曼殊的脑流有所好转，继续住在陶社养病。他将手稿寄给了陈独秀，陈请刘半农校对此稿，于当年10至11月的《新青年》杂志上连载三期发表。刘半农曾在辛亥革命时任革命军文书，苏曼殊去西湖前在陈独秀家与之有过一面之缘。不久，陈独秀因与汪孟邹北上募集出版资金，故临行前委托刘半农与苏曼殊联系。刘半农曾因校对苏曼殊的小说时，不解梵语，给苏曼殊写信，问其小说中梵语"达吐"的含义。信末，刘半农告诉苏曼殊，准备明春到西湖一游。年底的时候，苏曼殊去信给刘半农询问杂志出版情况，并开始写《人鬼记》。

半农先生：

来示过誉，诚惶诚恐，所记固属子虚，望先生不必问也。杂志第三本如已出版，望即日赐寄一分（份），因仲子北行，无由索阅。尊撰灵秀罕俦，令人神往。不慧正如图腾社会中人，无足为先生道也。近日病少除，书《人鬼记》，已得千余字。异日先生如见之，亦不必问也。

"达吐"似尝见诸《梵语杂名》，此书未携归，因不能遽答。西域术语，或神秘之名，即查泰西字书，不啻求马于唐市。尝见先生记拜轮事，甚盛甚盛。不慧曾见一书，名*With Byron in Italy*。记拜轮事最为详细，未知沪上书坊有之否耳？先生明春来游，甚佳。比来湖上欲雪，气候较沪上倍寒，舍闭门吸吕宋烟之外，无他情趣之事。若在开春，则绿波红槛间，颇有窥帘之盛。日来本拟过沪一行，畏寒而止，匆匆（匆匆）此覆，敬叩撰安。

昙鸾再拜

12月17日，苏曼殊收到了刘半农寄来的两期《新青年》，即第二卷第三期和第四期，上面发表了他的《碎簪记》。苏曼殊还细看了杂志上刘半农半译作的《拜伦家书》即《灵霞馆笔记·欧洲花园》和《灵霞馆笔记·拜伦遗事》。阅后颇感兴奋，立时回信给刘半农：

半公足下:

　　惠寄杂志,甚感。《拜伦记》(原译《拜轮记》)得细读一通,知吾公亦多情人也。不慧比来胸膈时时作痛,神经纷乱,只好垂纶湖畔,甚望吾公能早来也。朗生兄时相聚首否?彼亦缠绵悱恻之人,见时乞为不慧道念。雪茄(雪加)当足一月之用,故仍无过沪之期。暇时寄我数言,以慰岑寂。

古历十一月二十三日
玄瑛顿首顿首

　　近见杭人《未央瓦》句云:"犹是阿房三月泥,烧作未央千片瓦。"奇矣。有新制望寄一二。

　　年终将至,已近圣诞节了,刘半农收到苏曼殊的信后,邮寄了Christmas Card(圣诞贺卡)给他。陈独秀此时还在北京没有回上海,苏曼殊久盼他的信不得,心里很想念这个最好的朋友,趁机回信询问陈独秀的情况。

半公足下:

　　来示敬悉,Christmas Card亦拜领,感谢无量。拜伦学会之事,如借大雅倡之,不慧欣欢顶礼,难为譬说矣。日来湖上颇暖,不慧忽患脑流之疾,日惟静卧。返沪仍未有期。仲子亦久无书至,正思念之。此间有马处士一浮,其人无书不读,不慧曾两次相见,谈论娓娓,令人忘饥也。如学会果成,不慧当请处士有所赞助,宁非盛事?率尔奉覆。敬问著安!

玄瑛再拜

　　1916年的圣诞节曼殊一个人在杭州寂寞地生活,1917年1月初与林之夏、诸宗元等一起泛舟游湖。春节前,他再也受不了西湖的孤寒,返回上海。可不知为何,春节刚过他又返回西湖,不久又回上海。他究竟在寻找什么,又或者是为了什么无法在一处久居?如此反复折腾了几次,4月初曼殊启程赴东京看望河合叶子。或许,在无望之后,"姨母"的怀抱,才是他最后可寻的温柔港湾。

1917年1月，苏曼殊与诸宗元、林之夏又一次泛舟西湖。千百年来，西湖水最是柔肠，引诗人墨客辞章赋句。忆君子倦游四方，归来垂柳复青杨。

诸宗元也是一位文化名流，民国时期重藏书，他是党内有名的藏书家。早年诸宗元与黄节、邓实等人在上海创办国学保存会，后任电报局局长。他尤喜书画，十分欣赏曼殊的画作，此番能一同游湖可谓平生快事。林之夏是福建闽侯人，早年入福建省武备学堂，1905年任江宁第九镇参谋，寻升第三十四标统带并加入同盟会。武昌举义之后他秘密策划革命，直至中华民国成立后任中央第一师师长。闽军政府成立后，被推为参谋部及军务部部长。如今林之夏徜徉湖山，过起了安居生活，苏曼殊敬重他素有侠义之名，又钦佩他擅工画，三人同游西湖轻松自在，漫谈平生，畅议古今。

"曼殊上师，素日听闻您画工不凡，如今同游西子，一见如故矣。"

"林兄谬赞，闻贞壮（诸宗元字）兄言您昔日行侠之举，衲不胜钦佩。"

"曼殊上师游于俗尘之外，我等凡夫行径焉能入得法眼？"

"衲曾闻林兄光复江宁有功，任命中央第一师师长兼军政部部长，乃授陆军上将衔。讨袁之时林兄尚居京都，然兄闻听革命，佯装以摆脱军警之围困，功名皆尽抛却。衲闻此五内俱燃，钦佩二字尤不能表衲之敬服。"苏曼殊说罢，对林之夏合掌念佛号以示敬佩。

"曼殊所言不虚，民国三年，林贤弟应浙江督军朱端聘请，任督军署高等顾问，何等俊姿！如今徜徉湖山，浮华抛却颇具竹林之风。"诸宗元年长林之夏三岁，素来对他的豪侠之气钦佩之至。

"得二位褒赞，林某受之有愧。功名实过眼云烟，数千年华夏政权交迭如浩海，波涌诡谲，我等不过芥子之舟，匆匆看客而已。"

"是也非也，我等虽蜉蝣之力，却也当为共和尽余生之志。"诸宗元直言道。

曼殊快言快语道："如今段祺瑞主持国政，与袁贼无异，且多揣度以图日后讨之。"

林之夏微笑点头，眼中尽是志同道合之神采。此时西湖尚存余雪，风来霜起，舞作迷茫景致。林之夏转言道："听闻贞壮兄最喜藏书，不知所藏已至何数？"

"吾区区所好令贤弟见笑，如今所藏可万余卷。"诸宗元嗜购书藏书，更富古今名人字画，每有机会必购书以藏，如今刚过不惑之年，藏书竟过万卷，二人闻此不仅十分惊叹。

"兄实乃藏书大家，他日必登门以睹方慰平生。"

"闻听光绪年间兄曾与顾先生合编经录，不知确否？"林之夏曾听说诸宗元曾与顾燮光合编《译书经眼录》，却从未见此书，得此机会不禁询问。

"确曾编有《译书经眼录》一书，只因手拙笔漏怕是贻笑大方，亦听闻贤弟著诗文成集，可否借来一观？"诸宗元问道。苏曼殊也曾听闻林之夏欲成诗文集，只是他平日话不多，此时见他二人言语热络竟不想再说话，倚靠在船舷上仰面观天，晕晕旋旋的，逍遥自在。

三人游罢西湖，尽兴而归。不久苏曼殊返回上海，春节后仍住西湖畔陶社。3月14日，曼殊途中在春申江遇到了邓家彦和邵元冲，撰写《送邓、邵二君序》相赠：

> 余游东岛归，遇邓孟硕、邵中子于春申江上。二君天性孝友，宽平而不忮，质净而无求——昔人所谓"术素修而志素定，不以时胜道"者。故与之游，忘日月之多也。
>
> 今孟硕就王博士之召，中子作边地之游。悱然有感于离合之数。余亦将有意大利之行。绝域停骖，胡姬酒肆。遥念二君白马骄行，山川

动色。即他日以卧雪之身，归来乡国，复见二君含饴弄孙于桃花鸡犬之间，不为亡国之人，未可知也。

民国六年二月二十一日

君子往来其淡如水，曼殊一生与众人皆可算君子之交，他来去自由，不攀权贵。书信赠序大多言语不长，平生所遇名人无数，却从未被名利所绊，赤心常挂念诸友却喜寂寞度过流年。余生况味，一半高山，一半流水。

1917年4月1日，曼殊启程东渡，历时五天到达日本，亟亟地去探望"姨母"河合叶子。他选择的路线是从上海乘船过马关到达神户，再改乘火车到东京，如此预计旧历十四日便可到东京。他打算在河合叶子家居停数日，与她一起往游箱根。舟车劳顿，途经长崎时他思念柳亚子即去信一封，两人十年未见"回忆前尘，恍若隔世"，他期望下月返沪时，能与柳亚子相聚。

亚公足下：

湖上接手教，以乱世流离，未能裁答，想亚子必有以谅我也。今东行省亲，未知何日与亚子相见，思之怃然。去岁走访桐兄，其同寓谓桐兄归乡，亦不得一晤。昨夕舟经长崎，今晨又晴又雪，计明日过马关，后日达神户，由神户改乘火车，十四日可到东京。家居数日，即侍家母往游箱根。留东约月余即西返，彼时亚子能来沪一握手否？与亚子别十余年，回忆前尘，恍如隔世。闻无忌公子竿头日进，幸甚幸甚。去冬独秀约游邓尉，溥泉亦有此意，衲本意要亚子同行；今独秀溥泉先后北上，和尚复有在陈之叹，故未如愿，惜哉！

林惠连自长崎舟中发

苏曼殊如他预计的那样，在河合叶子家居停数日，偕她去距东京90公里素有"国立公园"之称的箱根游玩。箱根位于神奈川县西南部，由于约40万年前的一次火山爆发，这里形成温泉地质环境，正适合疗养他的身体。曼殊陪同"姨母"赏游箱根，处处翠峰环拱，溪流潺潺，景色秀丽。二人相处融洽，曼殊不再是出家人，也不再是诗人，他只是个孩子，一个拉着母亲的手享受母爱、感受亲人温暖的孩子。这是苏曼殊最后一次去看望河合叶子，临别前他不舍道："姨母请多多保重，三郎此去不知归期。"

河合叶子看着他骨瘦如柴的身体，流下泪来："竟终是我害了三郎，三郎太苦，全赖我昔日不曾留你在东京。"

"那时余尚年幼，料是重回定不离姨母身畔。"河合叶子一把抱住他，眼圈泛红道："便是如今不走亦可。"

"不可不去，国内革命又陷岌岌可危之态，不可不回。"

"你如今身体哪经得住打杀，切莫再痴魔！"

"即便不为此，亦当速回。昔年余仅六岁，更名亚戬随黄氏返沥溪认祖归宗，如今宗族虽寒我心削我骨，然落叶终须归根。"

"你方三十有四，如何说得丧气话至此？"河合叶子说罢转过身去，捂着嘴哀哀地哭起来。

曼殊见河合叶子如此伤心，知道自己不该引她悲痛，喃喃道："不说便罢，不说便罢，只是此番返国姨母切莫盼吾早归。"说罢深吸一口气跑了出去，河合叶子在身后连连叫他也不回头，便这么落荒似的走了。这是苏曼殊与他的母亲河合叶子最后一次见面，终如他所预料的那样，此番回国后再也没有东渡，不意竟是母子永别。

返上海，寓霞飞路宝康里，现为淮海路段，早在1865年（清同治四年），法公董局越界辟筑坟山路（今龙门路）南段，并与公共租界工部局于八仙桥西南开辟坟地建成。5月初，苏曼殊由日本回国便居于此处。1917年1月13日，中华自由党在此召开选举大会；2月25日，章太炎等在此发表禁烟演说，与会者千人；此前袁世凯派人在上海暗杀了陈其美，苏曼殊刚一回国，国会便决定为陈其美举行国葬。孙中山亲自主持了陈其美的悼念仪式，革命党人将他的遗骨安送回浙江湖州安葬，前来送殡者众多，拥堵街巷，一眼望去应有万人之多。

曼殊见此时国内革命形势低迷也情绪低落，人更加倦怠起来。柳亚子等人此时也住在霞飞路宝康里，见他形容憔悴，几乎每日都来探望他。他终日神色恍惚，又结识了名伶小杨月楼、小如意，过从甚密。小杨月楼人称"七岁红"，江南"四大名旦"之一，是戏风刚柔相济的南派名旦。曼殊与之结识，因此终日征逐歌舞，身体熬得几近油尽灯枯。

形势果如当日在西湖泛舟林之夏预料的那样，6月24日，为反对段祺瑞政府与日本签订密约，"中华全国学生救亡会"成立，会址便设在霞飞路宝康里，长孙镜亚任干事。苏曼殊有时整日不出门，因大吸雪茄，柳亚子的夫人郑佩宜有时给他送八宝饭，推门进屋被烟呛得猛咳嗽。郑佩宜想打开窗子让他透透气，他坚决制止，说这样甚好。见有八宝饭吃，光着脚跑下床，也不梳洗，捧着碗狼吞虎咽，吃罢便回床上倒头大睡。郑佩宜可怜他形近枯槁，双目毫无神采，想让他振作一些，又碍着他倔强的性格不好相劝，叹着气回去后对柳亚子说："和尚怕是对这世道厌恶尽了。"

7月底，苏曼殊从宝康里搬至卢家湾程演生寓所。初秋的时候，他身体更加虚弱，又搬至白尔路新民里蒋介石宅中，与陈果夫同住。

苏曼殊一生与上海颇有缘分。幼时他因食五香鸽子肉被六榕寺赶了出来，后随姑父姑母赴上海，投奔父亲苏杰生和大陈氏。西班牙老师罗弼·庄湘最早发现他有天才般的语言天赋。随着留学日本之风渐起，1898年初春，曼殊执意求父亲应允他随表兄林紫垣从上海赴日本横滨求学。从此，他加入同盟会，结识了毕生挚友陈独秀。

后来，苏曼殊因参加革命遭到表兄林紫垣的强烈反对，不肯再资助他每月可怜的十元钱，他无奈只好回上海投奔陈独秀。当时，《国民日日报》让他惊世的翻译天赋得以展现，《惨世界》的翻译是他文学生命中的第一座译作丰碑。那段时光曼殊在上海过得十分惬意，他第一次热烈地展现自己的文学天赋，他的文字像是绝色佳人，亦可倾国倾城，沸腾了革命界的湖水，世人知道有一个天才问世了。

1912年，他从爪哇任教后回到上海，却因为袁世凯窃取革命果实而抑郁悲痛，移走西湖。曾经他恨不得化作鸥鸟一夜飞过沧海回到上海。可回来后，不是上海容不下他，是他的心容不下那样一个上海。

如今由霞飞路又辗转至白尔路新民里蒋介石府上，是他与上海的最后一段缘分。蒋介石闻听他身体欠佳，又手头拮据，便令陈果夫接他来新民里11号自己府上居住。7月的时候，孙中山南下"护法"，建立中华民国军政府；8月，孙中山召集原国会部分议员在广州开会，此次国会因到会人数不足，故称"非常国会"。此后孙中山担任军政府大元帅，并以此名义通电全国，否认以冯国璋为总统、段祺瑞为国务总理的北京政府，号召北伐，北京政府闻讯立即下令通缉孙中山。蒋介石此时因受粤军将领排挤，离职滞居上海。蒋便想着与张静江、陈果夫、戴季陶等合伙开交易所。曼殊虽居住在蒋宅，但却丝毫不过问他们的生意往来，依旧常与小杨月楼、小如意等人往来歌饮。上海是他梦想启程的地方，也是他魂消魄散的地方。

入冬以后，苏曼殊病势沉重，众人明白他的病再难痊愈，将他送入海宁医院以图缓解病痛。他已身无分文，许久不曾领过薪水，全靠众人资助。这一住院便是大半年。在病榻上趁有"病少除"之机，坚持完成了他生命中最后一篇小说《非梦记》。这是他最后一次写才子佳人的故事，最后一次以殉情的悲伤书写爱情。

故事讲述了一个老画师有一个貌美端庄的女儿名唤薇香，曾想将她许配给自己的学生燕生。二人自幼一起学画，青梅竹马、情投意合。薇香将母亲遗留给她的"合心花钿"，赠给燕生为定情之物。无奈燕生家觉得门户不当，欲令燕生娶其婶娘的外甥女凤娴。凤娴心思灵活，接近讨好燕生，甚至手剥荔枝，擎至燕生唇畔叹道："有人咏荔枝壳云：'莫道红颜多薄命，昨宵曾抱玉郎来。'"如此风情，如此楚楚可怜，寻常男子怕是神晕意醉。只可惜，燕生心中只有薇香：

> 生正在垂眉闭眼，适其时微闻足音，憬然回顾，则凤娴、阿娟同至。生延坐曰："谢表妹远道临存。"凤娴曰："我来求教，何言谢也？"忽而愕视生曰："表兄胡为颜色猝变？寺中风露侵人，表兄今日同吾归乎？"生乃凝思曰："表妹勿为吾忧，吾山居乐也。"阿娟将荔枝进生，凤娴为生擘之。此时各有心绪，脉脉不宣。阿娟既退，凤娴含笑问曰："有人咏荔枝壳云：'莫道红颜多薄命，昨宵曾抱玉郎来。'二语工乎？"生似有所念，已乃漫应曰："工。"凤娴方欲再言，生颇踧踖，时见天际雁群，忽而中断，至于遥遥不见，遂对凤娴脱口言曰："累劳玉趾，良用歉仄。既承垂爱，今有至言相告：吾多病，殆不能归家，即于寺中长蔬拜佛，一报父母养育之恩，一修来生之果。幸表妹为

白婶娘，请婶娘哀恕之。"凤娴闻言，蕴泪于睫，视生曰："表兄，此言何谓？吾岂敢传于尊婶？须知吾身未分明，万一尊婶闻此言，以为吾必有所开罪于表兄，则吾与表兄无相见之日，表兄彬彬温蔼之人，岂忍之乎？"

其婶婶见燕生如此钟情薇香，便设计遣男子冒燕生之名与薇香幽会。燕生远观薇香幽会他人，五内俱伤，回家后遣人归还了"合心花钗"后赴虎山出家为僧。叔婶找不到燕生，将薇香控告入狱，直至薇香妹妹偶遇燕生方将误会澄清。燕生夜约薇香，疏星之下，有情人多番磨难终得相聚。可是薇香不欲燕生为难，望他能顺从叔婶的意思娶凤娴为妻，自己则终身不嫁。燕生反复劝说薇香不要抛下自己，她都不肯答应，最后竟跪在她的面前，决然道："汝不嫁人，我亦终吾身不娶；婶娘如见逼者，有死而已！"正所谓情之所钟，至死不渝，一生一世不离不弃。

忽一夕，生约薇香于疏星之下，以伤切之声言曰："父母双亡，亦有何乐？薇香知吾言中之意乎？"薇香俯首低声曰："知之。"生曰："善！吾爱汝，心神俱切，顾运与人忤，吾两人此生终无缘分矣。今兹汝我前事，都不必提，惟吾两人后此之心，当如何得其归宿，则不能不于此夜今时解决之耳。"薇香再三叹息，乃谨容答曰："人生为泪，死为魂耳。吾前此不曾谓君毋以我累君家庭之乐乎？"生曰："然，事势至是，婉恋之情当即断绝。然而天地绵绵，我今试问汝立志不嫁他人，亦有以教我作人不？"薇香曰："此言何为至于我哉？女子不嫁，寻常事耳。"生反复与言，终无动志，乃跪薇香之前言曰："汝不嫁人，我亦终吾身不娶；婶娘如见逼者，有死而已！"薇香扶生于怀，言曰："是何言耶？君殊亦未为吾计也，须知吾之处境，实不同君，君如学我，是促吾命耳；君果爱吾者，舍处顺而外，无第二义。望君切勿以区区为念，承顺尊婶，一不辜尊婶之恩，二不负凤娴之义。"

生死聚散皆不可动，若非要生离，便宁为死别。燕生几次寻薇香，她

都拒不相见。即便凤娴多手段，将脸贴在燕生胸口，娇泣不止地说："表兄爱之，固其宜矣，独弗体尊婶之心，而云终身不娶？抑以我不肖，弗屑缔盟耶？"燕生亦不为所动。姹紫嫣红，莺声燕语纵然是人间绝色，奈何独爱杨柳青青，相顾无言。薇香的端正温柔与凤娴的小妇人之态相比，高下立见。燕生与薇香本来是天造地设的一对，却偏偏不能终成眷属，只能各自黯然销魂，相思相望难相亲。

最后薇香投江殉情，以求能成全燕生和凤娴，不致使燕生受礼法责难，致亲人失和。燕生此后至五指山，为执役僧，不再归家。

> 其后年春，遣凡行次五指山，遇一执役僧，即生也。见遣凡，不谈往事。逾数月，遣凡见生山居宁谧，遂卷单而别。

苏曼殊去岁初撰时，拟名《人鬼记》，成稿后改为《非梦记》。取意"盖薇香为'人'，而刘氏与凤娴为鬼为蜮，则为'鬼'也"。

有一种梦境，总在醒来之后才了解何为眷恋，何为执念。花自飘零水自流，到底是谁的错？是凤娴的娇俏手段，还是燕生以爱为名的逼迫？还是薇香不能摆脱的封建桎梏？错在相逢，错在两小无猜，如若生错了时代，一开始便都是错的。失了薇香，燕生便一无所有。这样的男子，本为天上多情子，不是人间富贵花。苏曼殊在小说中多处述广东地名，如西樵、烟村、鼎湖、虎山，似乎他开始想念广东，那个他童年初初记事的地方，那个祖籍所在之处，梦回也会感到寒冷的地方。

年底，《非梦记》在《小说大观》第十二集上发表。

1918年是他生命的最后一程，"一切有情，都无挂碍"，这个世界终将告别，迟早，迟早。

亚子足下：

　　病卧半载，未克修候，歉疚何似？至今仍不能起立，日泻六七次，医者谓今夏可望痊可，此疾盖受寒过重耳。闻足下见赐医费三十金，寄交楚伧，但至今日，仍未见交来，不知何故也？何时过沪？甚望与足下一握手也。佩宜大家无恙否？无忌公子亦无恙否？

古历二月初三日

元瑛伏枕拜白

　　曼殊一病便是大半年，如今年关将至，每日腹泻六七次，已经到了无法下床走动的地步。生活上的拮据也时刻压迫着他，柳亚子来信中说托叶楚伧带给他三十块钱，叶因事耽搁未能将钱早些交到曼殊手上，他便有些急切起来，专程写信给柳亚子，告诉他自己病痛惨状，并专程询问为何钱迟迟不到。这封信落款处尤为让人怜悯，"元瑛伏枕拜白"，想他病重卧床，趴在枕头上写信给好友，殷殷地盼望资助的三十块钱能快些到自己手上。前两日程演生来医院探病，他拿出了多张当票，想让程代他赎出旧物。

　　"曼殊，你近来可好些？"程演生坐在他的床边关切地问。

"昨日腹泻七次，今日一早又三次，精力俱尽矣。"曼殊的嘴唇因频繁腹泻失水，一层厚厚的嘴皮翘起角来。

"须饮食清淡些，切莫再贪嘴了。"程演生见床头有水杯，又加了些热水，试了试水温正合适，便托起他的头，喂他喝了两口水，见他嘴唇湿润些，才放心地坐下来。

"多谢源铨（程演生字），衲今日气力全无，若再不食糖恐怕挨不到明日。"

"和尚又诡辩！你腹泻频繁自然无力，然胃肠虚弱不可再吃甜食，须等调养好了再任性吧。"程演生摆起脸色来，希望他能稍加节制。

"衲终日躺于病榻，了无生趣，再无糖不如即刻死了。"曼殊扶着额头哀叹，可怜巴巴地看着程演生。

"切不说这个。我陪你说会子话，不就有生趣了？"程演生见他可怜，不忍再批评他，便转移话题。

曼殊打开床头小抽屉，从里面拿出一沓票据来："近日衲已无法行走，之前多有旧物付于当铺。"

"和尚都当了何物？"

"一些身外之物也便罢了，只是有几样心念之物。大凡是昔年花雪南所赠绢帕，另有调筝人所遗香盒并仲甫兄所赠曲谱等。可否烦请兄为吾赎出？"曼殊向来对金钱之事不上心，可如今病入膏肓，又眼见当期临近，舍不得昔日心爱之物而日日焦心，其境况窘迫之至。柳亚子的三十块钱叶楚伧迟迟没有送来，他心中知道程演生并不富裕，向他开口也是实属无奈。

"你这和尚一世情痴，也甚是可怜。唉，非不愿助你，只是近日吾亦客居金尽，实乃有心无力也。"程演生如今日子也不好过，客居上海囊中羞涩，自己已是捉襟见肘的地步，实在无力帮助曼殊，也只能无奈感叹。

"罢了，衲知你素日品性，若力所能及定会助我，是衲唐突了。"

"你我之间不必如此。改日我去筹措，若得钱再来取当票。"程演生也不与他客套。

"源铨近日可有打算？"曼殊问道。

"本欲北上至京仲甫先生处，因事耽搁故推迟些时日。"程演生曾留学法国，获法国考古研究院博士学位，并任该院研究员，归国后一直想赴北京考古。

"过些时日，吾病必愈，待吾书信一封你北上捎至鹤卿仲甫。"

"这个容易，吾代你转交便是。"

所幸曼殊缠绵病床之际，并未心灰意冷。给陈独秀的信中还认为自己"吾病必愈"，他计划病好后去意大利习画，想要蔡元培和陈独秀为他申请公费资助。

过了几日，叶楚伧购买了些彩贴到医院看望他，并将柳亚子的三十元钱交给他，还在彩贴上写了新年祝福赠予他。此时的曼殊已经病得很严重了，不能像程演生来时那样说很多话。他强打精神与叶楚伧闲话几句，让叶从床下拿出他偷藏的雪茄点一支给他。叶楚伧不忍拒绝，点燃后手持雪茄送至他嘴边，待他浅吸几口便拿开。

曼殊心态已不似之前那么乐观。他叹气道："衲今后不知还有没有命吸雪茄。"

叶楚伧灭掉雪茄，帮他掖好被角，坐在床边椅子上劝慰他："待你病好了，自然多买些给你。"

"你不是出家人，也不要打诳语。"

"和尚放心，自然兑现的。"叶楚伧见他今日光景不容乐观，面上强作轻松，不想他看出自己心中的忧虑担心。

陈果夫得空来看望他，不过个把小时他便如厕两次，回来后人都站不直了。陈果夫上前搀扶他，惊讶地摸到他身上已是瘦骨嶙峋。曼殊说不上几句话便直言："疲惫至极，须闭目养神。"陈果夫后来回忆：

　　先生得的是胃病，在医院里很苦……邓孟硕先生和先生很密切的，常常送菜来给他吃。他是没有主意的，胃口稍微好些，一餐就吃完了，所以他的病总不容易好全。那些时来看望他的同志很多。每天晚上，我总到他那里谈谈。有时他讲些游玩风景，有时讲些佛经的真谛。他自己也讲到他病的原因，必须自己改过自己的性情。

大约是2月的中下旬，苏曼殊又有一封信给柳亚子，这应是他可考书信中的临终绝笔：

亚子足下：

　　读手示，敬悉一切，台从春间不克来沪，为之怅然。尊款托友往催，前日始交友人带来矣，感激无量。贱恙仍日卧呻吟，不能起立，日泻五六次，医者谓须待夏日方能愈，亦只好托之天命。如果有痊可之一日者，必践尊约，赴红梨一探胜迹耳。佩君均此道候。

元瑛拜覆

他已经不像之前给陈独秀去信那时乐观地认为"吾病必愈"，如今他只期望"如果有痊可之一日者"，能赴柳亚子同游红梨湖之约，如今的曼殊自知大限将至，十分畏死。有时神情恍惚极易受到惊吓，好友们来看望他，他也只能断断续续地说上几句话。他的痢疾拖得太久肠胃已然坏透了。

星期天，周南陔前来看望他，带了点他喜欢吃的小点心。曼殊高兴地说："身畔无一时计，日夜昏昏，不知命尽何时？幸得你体谅，临终带着可口之物给我，不叫衲饿着肚子而去。"

"医生自然是命你吃得清淡些，我这点东西你只尝一口含在嘴里，品品味道便吐出也可。"周南陔自知他是胃肠疾病，不该给他买点心，可是又心疼他病重，心内也是矛盾。

"你不知这里医生不善看护，请你代为交涉一下，不可再虐待我了。"周南陔点头应允，说一会儿他睡了就去医生办公室问问究竟。

周南陔解下胸前佩戴的怀表放到他手里道："和尚，送给你罢，切莫嫌弃。"曼殊抬起手看看那表，点点头，似十分喜欢，微笑起来像个孩子模样，令周南陔备感心酸。

出了曼殊的病房，周南陔直奔院长的办公室而去，心里微微有些不满，想医院定是慢待曼殊，他孤苦无依，自己定要为他撑住面子。院长见周南陔有不满之态，转身从柜子里拿出三四包糖炒栗子，反而抱怨说："他不遵医嘱，私下偷食禁忌之食物。这些便是昨日从他枕畔搜出来的，如此何时能痊愈？"周南陔惭愧地同院长道歉，嘱托他："切勿同曼殊计较，还请多多费心。"

旧历年底，居正也入上海广慈医院治疗，就住在曼殊隔壁。居正想起在日本时，和尚住在他家，教导自己小女儿学习英语的情景历历在目。居正几次去隔壁看望曼殊，二人谈起佛法，曼殊都惊恐地对他说："不知是否真有西方极乐？衲大限将至，为何从不见佛陀来引路？想必佛法都是宽慰生者，未曾为死者引路。"

"你我一生皆修习佛法，怎可因小病而质疑大乘之德？"居正安慰他，不过是吃坏了肚子，好好休养些时日便可。

"衲有两愿未曾达成，一则去拜伦墓凭吊，二则欲往意大利习画。今番卧病不似以往，自知五内俱朽，来日已不多。"曼殊说罢惶恐地闭上眼睛，眼角流下泪来，摸索着从枕头下翻出一块糖，颤抖着剥开糖衣。

居正拦着他不让他放进口中，又抬起枕头一角惊见下面放着一堆摩尔登糖，便劝他道："想要病速愈，便不要再吃，你何时又偷藏这许多糖果？"

"若无糖可食，衲唯盼速死。"说罢拂开居正的手，放进嘴里，甜味在口腔化开，他满足地闭上眼睛。

居正叹气道："在日本时便是你日日给小女糖吃，惹她一口蛀牙，时常喊痛。待换牙后，她再不敢多吃糖，你这贪嘴的馋样连娃娃都比不过。"

曼殊闻言笑道："若衲还与君同住，令爱定是爱糖如故，是你们吓坏了她。"

"那你少吃些，速速好起来，再让她同你学英文。"居正说着便感酸楚，几乎要落下泪来，他见曼殊含着糖疲累非常，给他盖好被子嘱咐，"和尚再睡一会儿吧，含着糖睡，梦里也香甜。"

曼殊虚弱得说不出话，只是微微点头，眼角处又有泪流出来。居正回到自己的病房，夫人见他红着双眼便知和尚怕是不成了。

居正对夫人说："实不忍心曼殊如此孤单且畏死。"

夫人温和言道："人终有一死，或早或晚罢了。"

"如今已可确认，和尚命不久矣。只是他惊惧畏死，不愿他受此煎熬。"

夫人有巧智，劝他编个谎骗曼殊，就说梦到了神仙，得知曼殊不久即可病愈，以省却他日日畏死担惊受怕。居正是一个虔诚的佛教徒，本不欲撒谎，但他的夫人劝他说："佛普度众生。你如今是行善事，变通些也无妨。"居正潜心于佛经的研究，文采颇高，擅作诗写文，平时凡朋友去世或周年忌日，都作文哭之。如今曼殊尚未去世，他便落泪，可见怜悯曼殊孤苦。居正琢磨了好一会儿，想好如何编故事开解他。

第二日一早，居正又来看望他，见护士刚喂曼殊喝了些清粥，碗中还剩一大半他便不肯再吃了。居正装作很兴奋的样子，疾步走到曼殊的床畔，拉着他的手道："和尚，我昨夜梦见神仙了。"

曼殊轻笑道："神仙长……长什么样子？"

"看不真切，只是隐约见仙雾之后其双目慈善，脸颊泛红光，个子比我足足高了一个头！"

曼殊也开始兴奋道："是也！这正是神……神仙该有的样子。他可曾……曾与你说些什么？"

居正握紧他的手道："神仙站在一片祥云之上，对我说，曼殊崇佛法，修禅宗，病当速愈。"

苏曼殊听他这么说，强撑着直起身子，急切道："未曾诓……诓骗和尚？"

"我也修习佛法，怎会打诳语？我祈求神仙赐福给你，他欣然应允，方驾着祥云而去。我跪地不敢起身，直至护士唤我醒来服药才知如此真实竟是场梦，想必是神仙借梦而来。"

苏曼殊听他这么说才放下心来，又躺下来虚弱地急喘着气，双手合十，口念"南无阿弥陀佛"数声。居正见他眼中又焕发出一点神采，不似近几日那么颓败，乘他不备急忙擦去眼角泪水。居正后来回忆说："（我）骗曼殊言说'夜来梦一神人如佛状，云中宣言曼殊病当速瘳，予复为子求福，良久乃寤，子疾必愈矣'。曼殊闻而大乐，于衾中合十谢佛祖及居正，其状尤可悯。"

新年刚过，众人已经得知和尚病重恐不成。十五过后，郑桐荪与朱少屏来看望他，得居正开导又逢元宵，他心里盼着能吃黑芝麻馅汤圆，心情十分不错，精神也好了些。朱少屏逗他开心说："和尚，我一路行来，见许多卖糖果汤圆的小贩都愁眉苦脸，你可知什么原因？"

曼殊自然摇头称不知。朱少屏笑道："没有曼殊法师去照应生意，他们都说今年赚钱少了许多。"朱少屏说得眉开眼笑，曼殊也跟着微笑起来，他对郑桐荪说："他心疼我，要逗我开心。"

郑桐荪拿出些钱掖到他枕头下，感觉手下有异物，拿出来一看是一把糖纸，便板着脸道："那你该听医生的话，先戒口才是。"

曼殊无力地对郑道："前几天几乎要死，现在已经出险。以后我的雪茄烟及糖，不能再乱吃了。"说罢闭上眼睛，神情黯淡，房间里一时陷入尴尬的沉默。朱少屏强颜欢笑将话题岔开，二人又陪他好一会儿，见他实在打不起精神，晕晕然似睡着了，便悄声退了出去。

自1915年，苏曼殊的身体便愈加羸弱，那时"两日一小便，五日一大便"，"每日吸鸦片三分"后抵抗力更加弱。第二年去青岛看望居正游崂山时，周南陔便回忆他"曼殊即不胜其惫，怨言思归。一步三退，游兴为之锐减"。旧历二月底，上海的天气已经温暖起来，万物复苏，许多人已经开始褪去棉衣，曼殊的病房却炭炉烧得火热。

午后，张卓身来探望他，问他："和尚何以将炭火烧得如此炎热？"

曼殊告诉他："衲身无几两肉，体温低，极畏寒。"张卓身见他瘦得颧骨凸起，不觉叹气帮他盖好被子，又将炉火烧得更旺些。

4月底，平智础途经上海，相邀龚未生一起到医院看望曼殊。此时，曼殊已经病骨支离，几近弥留之际。他已经不太能聊天，只眼巴巴地看着诸友，愧疚地说："对不住……"

旧历四月初，待孙伯纯从宫崎寅家得悉曼殊病危的消息，赶到病榻前时，曼殊已不能语。众人围在病床边心内了然，知和尚即将入寂，默默不语。彼时，孙中山在岭南，众人告知他曼殊和尚已病危。中山先生长叹："苏和尚要化佛去矣。"曼殊每日昏睡时间多于清醒，因痔疮严重，有时只能弓背趴着入睡，这是一种极不舒服的姿势，他常哭着说："曾欲求速死，今方知死亦不易。"徐季龙来看他，对他说："子谷受罪矣，吾实不忍，不忍。"曼殊的睫毛动了几下，嘴角似乎有淡淡的弧度，徐季龙轻轻拍拍他的肩头，安慰了他几声，见他又似昏睡过去，叹气而去。

1918年5月2日下午4时，苏曼殊睁开眼睛喝了点水，脸色微微泛着潮红。孙伯纯知道他是回光返照了，便寸步不离地守在床边。朱少屏紧握着他的手，悲伤默然。曼殊环顾好友道："但念东岛老母，一切有情，都无挂碍。"说罢轻轻地闭上双眼，离开了人世。

大家收拾他的遗物，已所剩无几，唯一精致的几样东西皆为女人所用的胭脂扣、香帕等物。被子下有许多他偷藏的糖纸，想起他昔日吃糖时的欣喜，众人不由落泪。汪精卫等人在报纸上发表了《讣告》："曼殊上人苏元瑛师，于五月二日在法租界金神父路广慈医院示寂。择于三日，午后三时成殓……"曼殊入殓时，前来举哀者甚少，仅包笑天、孙伯纯、龟井、宫崎寅藏的夫人等诸友人送殓，灵柩暂置于广肇山庄，沈尹默悼诗云："君言子谷死，我闻情恻恻。"

灵柩在广肇山庄存六年后，1924年6月9日，孙中山特捐出千金，令陈去病将他的骸骨安葬，随同者居正、诸宗元、林之夏等寥寥数人。几人商讨，一时间没有合意安葬之地，徐自华女士捐赠西湖孤山之阴一处自留地，遥望相对苏小小之墓。同年，李叔同也选择剃度，落发为僧。也许，这一年有些不同。刘半农有悼念诗为：

> 残阳影里吊诗魂，塔表摩挲有阙文。
> 谁遣名僧伴名妓，西泠桥畔两苏坟。

墓前立着一座石塔，上镌刻诸宗元所题"曼殊大师之塔"，塔侧是陈巢南所撰《为曼殊建塔院疏》：

> 西湖之阳，孤山之阴，林和靖之偕梅鹤以为棲迟，白石翁籍歌词以发清响者，固吾师当日所尝低回凝想，心摹口写而去者也。既葬遗蜕，同社诸子游杭，必吊其墓而香花供奉也。

曼殊已葬，世上又少了一个纯净的人。时事未明，动乱迭起，众人心情沉重，借酒浇愁。林之夏已醉成泥状，陷在椅子里只顾灌酒，陈去病拍案悲泣道："若子谷在此，定会畅饮大嚼，诸位切不可忘记和尚。"说罢众人扶肩痛哭。

西湖孤山北麓、西泠桥南塊，苏曼殊静静地沉睡着。他与这个冰冷的世界抗争了35年，天国再也没有伤痛，没有轻贱和别离。红梨晚渡，冠盖京华，都不再与他有关。吴越山青，燕子回时，他不必再用空空的衣袖藏起晨曦的冷风。江南山色远，才子埋骨，柳空空。

跋

赵冠舒

沧波无迹，云烟有踪。

我一直相信，人生中的种种际遇，冥冥中早有安排。一如许多人用飞蛾扑火的方式将生命演绎得淋漓尽致，哪怕剑走偏锋，依然故我地追寻着唯美的凋零。苏曼殊，一个流走的生命，他的爱如此美好，痛竟也如此美好。

为曼殊写传记是刹那间的决定。多年来，从塞北到岭南，工作之余读读写写，文学路上寻寻觅觅，而后忽然有一天，当我沿着青石板小道走进苏家巷时，一座古色古香的小院映入眼帘。那一日，风长气清，秋光正好。

曼殊故居院内，但见菊叶青青，翠竹掩映，泛黄的杨桃挂满枝头。房前屋后，已经被鳞次栉比的高楼所包围。唯有此家小院，独自悠闲自在，依然保留着岭南民居的形态和气息。苏曼殊，这位曾经叱咤文坛、名传天下的一代奇才，在跨越了时光、隐去了岁月之后，我们就这样不期而遇，他就站在那儿，我缓步走至他的铜像前与其淡然相视。这样一个清冷面庞的男子，平生多落寞，断肠话往昔，他用最炙热执着的姿态，换来一生孤欢落寞的命途。

在曼殊故居内每一间屋舍目睹古物，凝视图片，阅读每一幅书画和每一页信笺，由此带来的震撼，未抵现场者难以言述。苏曼殊独特的身世、传奇般的人生经历、无与伦比的艺术才华着实令人惊叹。于是，遍寻曼殊遗作，查找与曼殊相关的各种图书并摆到我的案头，成了我灯下阅读的快乐。数十种版本的诗文原作和人物传记在我的脑海中编码重叠，最后生成了我心中的曼殊肖像及其人生故事，终至铺展成此书。

苏曼殊7岁在家乡接受中国传统文化教育；13岁到上海习中英文；15岁赴日本求学，先后就读于横滨大同学校、早稻田大学高等预科中国留学生部、成城学校。他一生行踪不定，多次出家。曾先后任教于苏州吴中公学社、湖南实业学堂、长沙明德学堂、长沙经正学堂、安徽旅湘中学、泰国曼谷青年会、南京江南陆军小学、芜湖皖江中学、南京祇垣精舍、爪哇中华学校、安庆安徽高等学堂等。苏曼殊精通英、日、梵数种语言，具有强烈的爱国思想。1903年加入拒俄义勇队和军国民教育会，广交革命志士，曾任《国民日日报》助理编辑、翻译，并撰写稿件，是中国同盟会机关报《民报》的主要画家；曾任《太平洋报》编辑，并加入革命文学团体南社。曾发表讨袁宣言，声援孙中山的"二次革命"，孙中山先生赞誉他为"真和尚""革命和尚"。苏曼殊1918年5月2日病逝于上海，年仅35岁。其小说、诗集、画作及翻译作品在社会上广为流传。苏曼殊不但是著名的诗人、小说家、散文家和画家，还是第一个把雨果的小说和拜伦、雪莱等诗人的诗介绍到中国来的翻译家。其别具一格的各类作品，一度风靡于世，鲁迅先生称之为"曼殊热"。19世纪末到20世纪初，苏曼殊这个名字在中国，特别是在文化界，是很响亮很出名的。柳亚子称苏曼殊为"一代天才"，郁达夫称苏曼殊为"中国古典文学最后一座山峰"，孙中山先生亲自为其遗作题写"曼殊遗墨"。中外学者对苏曼殊及其作品的研究经久不衰，认为他是"近代中国文学史上之一彗星""清末三大翻译家之一""中国近代杰出的思想启蒙者和文坛奇才"。

这座掩藏于珠海香洲上冲关外自然村落中的老宅，被列为省级文物保护单位已有多年，当地政府编列专项文物保护经费管理维护，尽心尽责的看门老人苏锦联就是苏曼殊同宗同族的后辈。诗人洛夫先生曾经专程寻访至此，小说家莫言先生也曾来过，诗人叶延滨先生多次到访，他们与苏曼殊于苏家小院相逢相望，心慕神交。而今，抵临珠海的作家、诗人，亦多有前往并鞠躬致意。

成书之际，欣见曼殊故居周围连片的城中村握手楼虽正在进行大面积拆除改造，但唯独这座古旧的苏家小院得以完整保存。当地政府高度重视文化历史的连接，在规划建设中延请本地作家、诗人为新建的道路街巷逐一命名——"苏家巷""花朝街""曼殊大道"，这些深深带着曼殊印记的街名、路名将会久久延承下去。

沧海浩渺，奔腾无迹却波澜不息；云烟轻轻，高行碧霄而有形有踪。有的人，虽福享百年却因光阴虚度而碌碌无为；有的人，即使生命短暂，却如星星之火燎原于世。苏曼殊是珠海文化历史的一个符号，也是中国近代文坛的一个符号。他奇绝、跌宕、癫狂、痴迷的一生值得我们去细致了解，去认真书写。

好梦由来醒，寒时暮半沉。

残红抛小径，不易辨人心。

几句浅薄的诗语，自知不能完整地勾勒出曼殊的肖像，但我对曼殊的理解，或能接近一二。寥寥二十几万字，不足之处甚多，还请读者与方家指正。

感谢花城出版社鼎力支持，为本书出版提供诸多帮助；感恩所有为《多情漫作他年忆——苏曼殊传》写作出版提供了帮助的朋友。这一卷书香，这一份欣悦，值得我们共同拥有。

苏曼殊 年表

赵冠舒 整理

◎ 1884 年　一岁

　　10 月 9 日（清光绪十年甲申八月二十一日）生于日本横滨，名宗之助。

◎ 1885 年　两岁

　　住横滨云绪町，由庶母河合仙抚养。

◎ 1886 年　三岁

　　离河合仙，与苏杰生、嫡母黄氏、庶母大陈氏同住山下町。

◎ 1887 年　四岁

　　由生母河合叶子接去东京小住。

　　初现绘画天赋，伏地绘狮子。

◎ 1888 年　五岁

　　居横滨，入家籍，更名苏戬。

◎ 1889 年　六岁

　　随黄氏返广东沥溪，排行三，称三郎。

◎ 1890 年　七岁

　　居沥溪，入私塾开蒙，师从苏若泉。

◎ 1891 年　八岁

　　居沥溪，体弱多病，受苛待。

　　庶母小陈氏嫁入苏家。

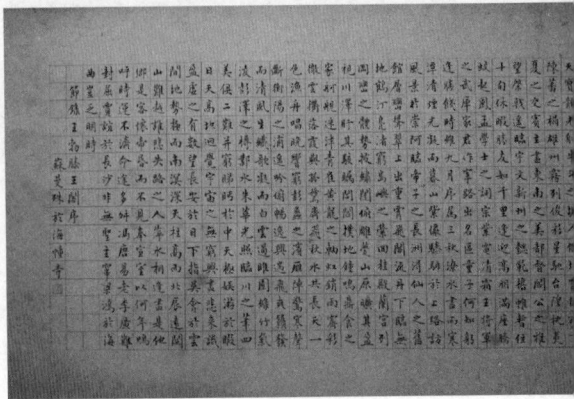

◎ 1892年　九岁

　　居沥溪，苏杰生经营不当，家道中落。

◎ 1893年　十岁

　　居沥溪，备受同村幼童欺凌嘲讽。

◎ 1894年　十一岁

　　居沥溪，师从苏若泉，初展文学天赋。

◎ 1895年　十二岁

　　重病，被弃置柴房，几近早夭。

　　随赞初大师离家，至广州六榕寺出家，做驱乌沙弥，因偷食五香鸽子肉，被驱逐出寺。

◎ 1896年　十三岁

　　投奔姑母，至上海寻苏杰生。入某学校习英文，师从西班牙老师罗弼·庄湘，展现惊人语言天赋。

◎ 1897年　十四岁

　　祖父苏瑞文病逝，苏杰生与大陈氏返沥溪，随姑母居上海，继续习英文。

◎ 1898年　十五岁

　　随表兄林紫垣赴日，就读于横滨大同学校，师从汤国顿。

◎ 1899年　十六岁

　　于大同学校学习，随河合仙至逗子樱山，与菊子相恋。因家族反对恋情，菊子投海

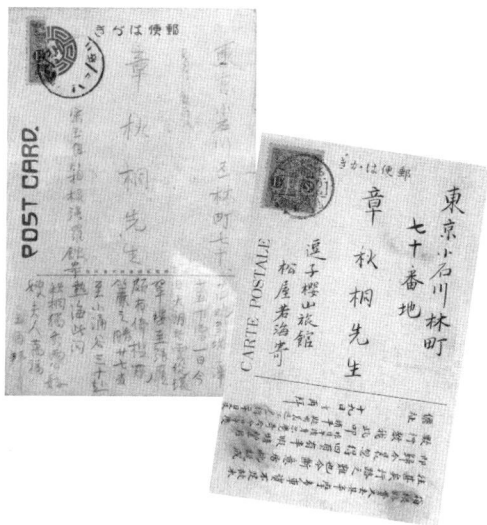

自尽，回国入蒲涧寺出家，做门徒僧。秋，返回日本，于大同学校学习。

◎ 1900 年　十七岁

　　于大同学校学习，升入甲级。

◎ 1901 年　十八岁

　　于大同学校学习，助教美术。

◎ 1902 年　十九岁

　　于大同学校毕业，入东京早稻田大学高等预科学习。冬，入青年会，参加革命。

◎ 1903 年　二十岁

　　经侨商保送，易名苏湜，转入成城学校。

　　4 月 29 日　加入拒俄义勇队。

　　5 月 11 日　加入军国民教育会。

　　9 月　回国，任教于苏州吴中公学社，兼教唐家巷小学。作《吴门道中闻笛图》《儿童扑满图》。

　　10 月　至上海，于《国民日日报》任翻译，发表《女杰郭耳缦》《呼吁广东人》。

　　11 月　译《惨世界》《茶花女》。

　　12 月　赴香港，居中国日报社陈少白处。

　　岁末，于番禺县海云寺落发为僧。

◎ 1904 年　二十一岁

　　1 月 2 日受比丘戒，4 日受菩萨戒。

　　2 月　偷已故师兄博经的度牒，前往罗浮山金堡古刹修行。

3月　父亲苏杰生病危，拒绝归家。15日，苏杰生病逝。

拜访罗弼·庄湘，拒绝娶其女雪鸿。

至杭州、上海、四川、云南等地。

4—6月，游历暹罗、缅甸、印度、锡兰等国。

经越南受戒，臂落戒疤。

7月　至长沙，任教于实业学堂、明德学堂。

入华兴会。

◎ 1905年　二十二岁

上半年任教于实业学堂。

7月　至上海，出入秦楼楚馆。

至杭州，作《江山无主月空圆图》。

作七绝《住西湖白云禅院作此》。

8月　任教于南京陆军小学。

与伍仲文对诗。

热恋名妓金凤，千金散尽。

◎ 1906年　二十三岁

3月　任教于长沙明德学堂，途中作《東金凤兼示刘三》《集义山句怀金凤》《渡湘水寄怀金凤图》。

7月　任教于芜湖皖江中学。

9月　至日本省母河合叶子不遇，拒说日语。

译拜伦诗，自撰《拜伦诗选序》。

10月　游西湖。

至上海，得《露伊斯·美索尔像》，一见倾心，作赞于画背面。

11 月　游温州后返上海，穷困潦倒，求助表兄林紫垣未果，又求助刘三。

◎ 1907 年　二十四岁

2 月　因反清遭上海镇守郑尔城通缉，与刘师培、何震夫妇逃走日本。途经长崎县平户岛"郑成功诞石"处，作《过平户延平诞生处》。

至日本，居东京民报社，为配合章太炎发布《讨满洲檄》。

创绘五幅画，发表于《民报》增刊《天讨》：《猎狐图》《陈元孝题奇石壁图》《岳鄂王游池州翠微亭图》《徐中山王莫愁湖泛舟图》《太平天国冀王夜啸图》。

完成《梵文典》首卷。

6 月　居天义报社，发表九幅画：《女娲像》《孤山图》《秋思图》《江干萧寺图》《清秋弦月图》《登鸡鸣寺观台城后湖》《寄邓绳侯图》《寄钵罗罕图》。

夏，与鲁迅等人积极准备创办《新生》。

7 月 15 日　秋瑾就义，为其诗集作序。

9 月　至上海，居国学保存会藏书楼。

出入青楼，结识名妓花雪南等人。

11 月　友人诸贞壮赴南昌，偕花雪南送其至滨江铺，隔年作画补赠。

12 月　《法显〈佛国记〉、惠生〈使西域记〉地名今释及旅程图》成书。

◎ 1908 年　二十五岁

1 月　游长崎。

2—6 月　在《河南》杂志发表四幅画：《洛阳白马寺图》《潼关图》《天津桥听鹃图》《嵩山雪月图》。

收何震为女弟子，教授画艺。

《文学因缘》出版。

何震为其出版《曼殊画谱》未果。

5月　因刘师培与章太炎决裂，搬出天义报社，患抑郁症。

7月　至南太町寻河合仙，与河合仙及其新婚丈夫在"料亭"共餐两次。

8月　发表《娑罗海滨遁迹记》。

中旬至上海。

9月　至杭州，挂单韬光庵。

10月　应杨仁山之邀至南京在祇垣精舍教书。

◎ 1909 年　二十六岁

1月　至日本，居东京小石川，与张卓生、罗黑芷、沈兼士等同住。

2月　过若松町，作《失题》《过若松町有感》《过若松町有感示仲兄一首》。

3月　结识"江户名花第一枝"的演艺明星春本万龙。

热恋调筝人百助枫子，作《本事诗》（十首）、《为调筝人绘像》（二首），绘《金粉江山图》。将调筝人画像制成明信片。

6月　省母河合叶子，居淀江道，作《七绝·淀江道中口占》《花朝》。绘《文姬图》赠刘三。

8月　至上海。

至西湖，挂单白云庵，绘《山水横画》赠白云庵得山大师，绘《古寺蝉声图》赠意周和尚。

与刘三在南楼小聚。

译彭斯诗《炯炯赤墙靡》。

收匿名的恐吓信，诬与刘师培一同变节，匆忙至上海以证清白。

冬，至爪哇，偶遇罗弼·庄湘父女。

作英文《潮音序》。

作《拜伦诗集》。

◎ 1910年　二十七岁

　　任教于爪哇，游印度。

◎ 1911年　二十八岁

　　任教于爪哇，与黄水淇交好，认黄母为干娘。5月，至日本西京。

　　5月　　至东京。遇飞锡，请飞锡为《潮音》作跋。该年《潮音》由东京神田印刷所刊行出版。

　　7月　　至爪哇，作《步韵答云上人三首》。

　　译《燕子笺》，请雪鸿在马德利刊登。

　　著《南洋丛书》。

◎ 1912年　二十九岁

　　春，至香港，与堂兄苏维翰会面。

　　至赵声墓祭拜。

　　4月　　经广州拜访了蔡哲夫、黄晦闻。

　　至上海，居柳亚子七浦路的寓所。

　　加入南社。

　　在《太平洋报》发表《南洋话》《冯春航谈》《华洋义赈观》等文，致力呼吁政府改善华侨在南洋的境遇。

　　绘《饮马荒城图》，托人焚于赵声墓前。

　　至日本省母河合叶子。

　　5月　　游玉娘湖。

　　至上海。

　　小说《断鸿零雁记》在《太平洋报》上连载。

　　绘《湖上双鬟图》赠陈去病，绘《汾堤吊梦图》赠叶楚伧，绘《黄叶楼图》赠刘三，

绘扇面赠高吹万，绘《燕子飞翻图》《葡萄》及扇面十余柄。

　　《无题诗三百首》成书。

　　6月　飞锡《潮音跋》在《太平洋报》发表。

　　《梵书摩多体文》成书，桂伯华题写书名。

　　10月　游琵琶湖。

　　秋，至舞子省母河合叶子，绘《舞子海滨图》。

　　11月　至上海。

　　12月　任教于安徽高等学校。

◎ 1913年　三十岁

　　2月　与李一民、张卓身同游西湖，偶遇宋教仁等人。

　　热恋花雪南。

　　3月　宋教仁遇刺后离上海，至苏州。

　　6月　与沈燕谋、郑桐荪游盛泽。

　　至苏州居滚绣坊，与沈燕谋、郑桐荪合编《汉英辞典》和《英汉辞典》。

　　7月　在《民立报》发表《释曼殊代十方法侣宣言》。

　　秋，游西湖，挂单白云庵。

　　11月　至上海。

　　12月　发表《燕子龛随笔》。

◎ 1914年　三十一岁

　　1月　得疟疾，至东京天顺堂疗室治疗。

　　5月　《民国》创刊，发表《天涯红泪记》、《燕子龛随笔》（重刊）。

　　7月　谒孙中山。

　　8月　《英汉三昧集》出版。

撰《双枰记序》。

11月 寄居居正家，授其小女英文。

此年，多次省母河合叶子，与千叶子相爱，作《东居杂诗》（十九首）。

◎ 1915年 三十二岁

3月 作七律《樱花落》。

5月 患肺炎咯血，寄食东京城外小庙。

6月 抑郁症加重。

7月 《绛纱记》发表。

8月 《焚剑记》发表。

病重入住筑地圣路加医院。

12月 袁世凯称帝，闻讯呕血不止。

◎ 1916年 三十三岁

1月 赴青岛探望居正。

游崂山。

返回上海，居环龙路44号孙中山宅。

10月 游西湖，住旅舍。

11月 移居陶社，患脑流。

12月 发表《碎簪记》，撰《人鬼记》。

◎ 1917年 三十四岁

1月 与诸宗元、林之夏游西湖。

2月 旧历春节返上海，计划赴意大利学习绘画。

3月 于春申江偶遇邓家彦和邵元冲，撰《送邓、邵二君序》。

4月　东渡日本。

游日本箱根。

5月　返上海，寓霞飞路宝康里，结识名伶小杨月楼、小如意。

7月　住卢家湾程演生寓所。

8月　移居白尔路新民里蒋介石府。

9月　痔疮严重，每日便血，蒋介石安排他入海宁医院就医。

12月　发表《非梦记》。

◎ 1918年　三十五岁

3月　病重，移广慈医院就医。

5月2日下午4时病逝，汪精卫主持料理后事。

5月6日灵枢移广肇公所寄存。

◎ 1924年　（逝后六年）

孙中山特出千金，令陈去病将曼殊遗骸安葬西湖孤山。陈去病、居正、林之夏、诸宗元等人一同为其料理安葬事宜，徐忏慧将自己在孤山之阴的预留墓地中划出一侧，以做苏曼殊安息之地。其墓与苏小小"埋骨西泠"处，遥遥相对。

参考文献

图书：

[1] 苏曼殊著、柳亚子编辑：《苏曼殊全集》，哈尔滨出版社2011年版。

[2] 柳亚子等：《苏曼殊年谱及其他》，上海科学技术文献出版社2014年版。

[3] 徐星平：《苏曼殊传》，中国青年出版社2014年版。

[4] 黄轶：《苏曼殊与中国文学现代转型研究》，东方出版中心2016年版。

[5] 邵盈午：《民国范儿：风流总被雨打风吹去》，东方出版社2012年版。

[6] 吴江市政协文史资料研究会：《吴江文史资料》，1994年。

[7] 邵盈午：《苏曼殊新传》，东方出版社2012年版。

[8] 萨沙：《民国往事》，北京联合出版公司2015年版。

[9] [美]唐德刚：《从晚清到民国》，中国文史出版社2015年版。

[10] 徐百柯：《民国风度》，九州出版社2011年版。

[11] 滕征辉：《民国大人物》，台海出版社2017年版。

[12] 吕宁：《民国秘史之江湖传奇》，北京印刷工业出版社2013年版。

[13] 唐宝林：《陈独秀全传》，社会科学文献出版社2013年版。

[14] 何虎生：《孙中山传》，工人出版社2016年版。

[15] 马勇：《民国遗民：章太炎传》，东方出版社2015年版。

[16] 李蔚著、珠海市政协编：《曼殊评传》，社会科学文献出版社1990年版。

[17] 道宣律师：《四分律行事钞资持记校释》，宗教文化出版社2015年版。

[18] 包天笑：《钏影楼回忆录》，上海三联书店2014年版。

[19] [日]紫式部著、丰子恺译：《源氏物语（精装版）》，人民文学出版社2015年版。

[20] 逸舟红尘、第二影子：《还卿一钵无情泪》，光明日报出版社

2013年版。

［21］刘师培著、陈辞编：《中古文学论著三种》，辽宁教育出版社1997年版。

［22］李蔚编：《曼殊妙迹百帧》，北京远东联合国际拍卖有限责任公司2018年版。

［23］民国文林编著：《民国范儿》，现代出版社2011年版。

［24］涂国文：《苏曼殊情传》，知识出版社2015年版。

［25］马文戈：《一切有情　都无挂碍》，万卷出版公司2012年版。

［26］上海市历史博物馆上海市档案馆：《孙中山与上海》，上海书店出版社2006年版。

［27］刘继兴：《民国大腕》，中国友谊出版公司2010年版。

［28］佛典、道藏、圣经文学精华编委会：《佛典道藏圣经文学精华——中外宗教文学鉴赏》，团结出版社1994年版。

［29］李玉安、黄正雨：《中国藏书家通典》，中国国际文化出版社2005年版。

［30］萧邦齐：《苦海求生》，山西人民出版社2016年版。

［31］桐柏英雄：《苏曼殊情传》，网络连载小说。

［32］朱洪：《陈独秀风雨人生》，湖北人民出版社2004年版。

［33］娄承浩、薛顺生：《消逝的上海老建筑》，同济大学出版社2002年版。

［34］张晓波：《民国的开端：宋教仁评传》，光明日报出版社2013年版。

文章/论文：

［1］孙昌建：《苏曼殊：一切有情都无挂碍》，2010年。

［2］焦霓、郭院林：《〈天义报〉宗旨与刘师培、何震的妇女解放论》，2010年。

［3］黄顺力：《孙中山与章太炎民族主义思想之比较——以辛亥革命时期为例》，2001年。

［4］杨天石、王学庄：《同盟会的分裂与光复会的重建》，1979年。

［5］杨天石：《何震揭发章太炎》，1994年。

〔6〕莫娟娟、傅嘉明：《赤字真情刘文典》，2011年。

〔7〕张鸣：《武夫办学》，2008年。

〔8〕成方晓：《宋教仁遇刺案中的"艳电"考析》，2009年。

〔9〕马静：《电报在近代中国的创办历程》，2005年。

〔10〕郝金红：《"君子"动手，风度全无》，2014年。

〔11〕任子鹏：《PS改变历，清末革命家一张家照片斗倒两广总督》，2012年。

〔12〕李海珉：《柳亚子"平生不二色"》，2006年。

〔13〕周永珍：《柳亚子情事》，2013年。

〔14〕伏涛：《风尘倦客苏曼殊与新文化运动》，2017年。

〔15〕黄轶：《苏曼殊与〈拜伦诗选〉》，2006年。

〔16〕吴长华：《鲁迅的一个古怪朋友苏曼殊》，2002年。

〔17〕陈世强：《末世异才恨海悲歌》，2001年.

〔18〕王坚：《章太炎与孙中山的恩恩怨怨》，2011年。

〔19〕龚玉和：《苏曼殊在杭州的行踪》，2017年。

〔20〕许冬云：《苏曼殊汉英互译作品集与梵学的因缘》，2011年。

〔21〕李敏杰、朱薇：《近代外国文学译介的先驱——苏曼殊》，2009年。

〔22〕彼得·扎罗、张家钟：《何震与中国无政府女权主义》，1989年。

〔23〕李四龙：《"阿尔格尔"考：杨文会的弘法理念与国际视野》，2010年。

〔24〕陈杨桂：《孤僻怪异的苏曼殊轶事》，2011年。

〔25〕敖光旭：《苏曼殊与早期新文化派》，2012年。

〔26〕李蔚：《苏曼殊的绘画和画跋》，1988年。

〔27〕杨晓容：《南社与吴江人》，1997年。

〔28〕蒋苍苍：《民国名人与平湖糟蛋》，2012年。

〔29〕曾园：《1740年雅加达红溪惨案》，2010年。

〔30〕沈伟东：《陈去病与辛亥前夕的反清社团》，2011年。

〔31〕黄轶：《苏曼殊文学论》，2005年。

〔32〕吴丹丹：《论苏曼殊的悲剧意识及其小说创作》，2014年。

〔33〕张静如、李颖：《散论陈独秀》，2004年。

［34］董根明：《陈独秀对封建婚姻的批判》，2000年。

［35］汪军：《苏曼殊的安庆岁月》，2017年。

［36］刘清洁：《南京国民政府时期国立大学教师薪俸制度研究》，2014年。

［37］张晓波：《刺客与政客——1913年宋教仁遇刺案与民初政局》，2013年。

［38］张淑燕、王嘉伟：《1913年7月12日，孙中山兴兵讨伐袁世凯，发动"二次革命"》，2013年。

［39］刘星：《论宋教仁的民主宪政思想》，2012年。

［40］赵亚宏：《"婚制新旧交接之一片影"——章士钊小说〈双枰记〉剖析》，2008年。

［41］卢天玉：《走不出的情与佛——从〈绛纱记〉看苏曼殊的思想矛盾》，2004年。

［42］林志仪：《从"红颜薄命"中揭示出若干真实——〈焚剑记〉评析》，2010年。

［43］吴安宁：《跟着和尚喝花酒——民国上海滩的饭局规则》，2014年。

［44］李之凡：《孙中山领导的中华革命军东北军》，2016年。

［45］朱少伟：《孙中山留在上海的身影和足迹》，2016年。

［46］黄轶：《他年海上饶相忆——苏曼殊与上海》，2018年。

［47］迪之：《苏曼殊托足蒋寓时的蒋介石夫人》，1996年。

［48］毛策：《苏曼殊〈断鸿零雁记〉最初发表时地考》，1987年。

［49］张永久：《鸳鸯蝴蝶派作家毕倚虹的悲欢人生》，2010年。

［50］张永久：《寂寞文章几人识？——毕倚虹的悲欢人生》，2009年。

［51］张会回：《论辛亥革命前期的革命刊物》，2012年。

［52］江华：《胡璋及其绘画艺术》，1987年。

［53］傅国涌：《1904年5月21日〈苏报〉案宣判》，2003年。

［54］倪明：《寻找消失半个世纪的海云寺》，2004年。

［55］罗喻臻、陈星桥：《南传佛教重镇——斯里兰卡》，2015年。

注：部分资料引用于百度百科等网络资源。